DIE STAATSANWALTLICHE ASSESSORKLAUSUR

Anklage und Einstellung

2017

Dr. Rolf Krüger
Rechtsanwalt und Fachanwalt für Strafrecht

Rainer Kock
Staatsanwalt

Dr. Patrick Rieck
Oberstaatsanwalt

ALPMANN UND SCHMIDT Juristische Lehrgänge Verlagsges. mbH & Co. KG
48143 Münster, Alter Fischmarkt 8, 48001 Postfach 1169, Telefon (0251) 98109-0
AS-Online: www.alpmann-schmidt.de

Zitiervorschlag: Krüger/Kock/Rieck, Staatsanwaltliche Assessorklausur, Rn.

Dr. Krüger, Rolf
Kock, Rainer
Dr. Rieck, Patrick
Die staatsanwaltliche Assessorklausur
Anklage und Einstellung
10., überarbeitete Auflage 2017
ISBN: 978-3-86752-531-2

Verlag Alpmann und Schmidt Juristische Lehrgänge
Verlagsgesellschaft mbH & Co. KG, Münster

Unterstützen Sie uns bei der Weiterentwicklung unserer Produkte.
Wir freuen uns über Anregungen, Wünsche, Lob oder Kritik an: **feedback@alpmann-schmidt.de**.

INHALTSVERZEICHNIS

1. Teil: Einleitung

1. Abschnitt: Die Aufgaben in der staatsanwaltlichen Assessorklausur

Bei **staatsanwaltlichen** Assessorklausuren erhalten Sie in aller Regel eine Ermitt- 1
lungsakte mit allen wichtigen Vorgängen bis zum Ende des Ermittlungsverfahrens.
Dabei müssen Sie die Rolle des Staatsanwalts einnehmen, der – anders als der Verteidiger oder Nebenklagevertreter – aus einer objektiven Position heraus entscheidet.[1]
Dabei haben Sie die Aufgabe:

■ den Inhalt einer kurzen Strafakte zunächst **materiell-rechtlich** zu begutachten
(sog. A-Gutachten),

■ sodann den verfahrenspraktischen Fortgang aufzuzeigen (sog. B-Gutachten)

■ und schließlich die Praxisentscheidung (im verfahrensrechtlichen Teil C) zu formulieren.

Die Praxisentscheidung beinhaltet im Regelfall eine sog. **Abschlussverfügung**. Diese ist

■ als „reine" Einstellungsverfügung (selten) denkbar oder

■ als Anklage nebst Begleitverfügung (Regelfall). Die Begleitverfügung kann dabei
auch eine Teileinstellung beinhalten und/oder (zusätzlich) einen Antrag auf Erlass
eines Haftbefehls (§ 112 ff. StPO) oder auch die vorläufige Entziehung der Fahrerlaubnis (§ 111 a StPO).

Als **besondere Aufgaben** könnte gegebenenfalls auch „nur" ein Antrag

■ auf Erlass eines Strafbefehls gemäß §§ 407 ff. StPO (vgl. 5. Teil, Rn. 311 ff.),

■ eines Haftbefehls gemäß §§ 112 ff. StPO (vgl. 5. Teil, Rn. 321 ff.)

■ oder eines Durchsuchungs- oder Beschlagnahmebeschlusses gemäß §§ 94 ff.,
102 ff. StPO (vgl. 5. Teil, Rn. 333 ff.)

zu prüfen sein (selten).

Trotz der „Verpackung" in einer Akte und prozessrechtlicher Einzelfragen liegt in
der staatsanwaltlichen Assessorklausur regelmäßig der **Schwerpunkt beim materiellen Recht**. Die vielfach verhassten „Streitstände" haben zwar bei einer pra-
xisorientierten Aufgabe einen geringeren Stellenwert (s.u. Rn. 46). Strukturen, De-
finitionen und Auslegungsprobleme müssen Sie aber parat haben und ständig ak-
tualisieren. Beruhigen Sie sich nicht damit, dass Sie in der Prüfung die Kommentare zur Hand haben. **Im Klausurstress ist keine Zeit, sich die notwendigen
Rechtskenntnisse erst anhand eines Kommentars zu verschaffen.** Dieses Hilfs-
mittel ist nur für Detailinformationen gut und setzt zudem voraus, dass man weiß,
wo man suchen soll. Lesen Sie zu den typischen Problemen des materiellen Strafrechts das Skript: *Krüger/Schneider/Bönte*, Materielles Strafrecht, 2. Aufl. 2016. Weiterhin empfehlen wir die Lektüre und Analyse der Entscheidungsbesprechungen
in der AS-Rechtsprechungsübersicht (RÜ und RÜ2).

---

1   Vgl. § 160 Abs. 2 StPO (Ermittlung auch entlastender Umstände) und § 296 Abs. 2 StPO (Rechtmittel zugunsten des Angekl.).

2. Abschnitt: Erfassen der Aufgabe

A. Aktenvollständigkeit

2 Kontrollieren Sie vorab die Lesbarkeit des Aktenauszugs und das Vorhandensein einer durchgängigen Seitennummerierung. Fehlt eine Seite oder liegt ein unleserlicher Fehldruck vor, sollten Sie sich im Examen unverzüglich an die Aufsichtsperson wenden.

B. Bearbeitervermerk

Ein typischer Bearbeitervermerk lautet:

Vermerk für die Bearbeitung

I.

Der Sachverhalt ist dahin zu begutachten, ob die Beschuldigten einer Straftat oder mehrerer Straftaten hinreichend verdächtig sind; die Entschließung der Staatsanwaltschaft ist zu entwerfen.

Eine Sachverhaltsschilderung ist entbehrlich.

Im Fall einer Anklageerhebung ist die Darstellung des wesentlichen Ergebnisses der Ermittlungen erlassen. Im Falle einer Verfahrenseinstellung ist die Sachverhaltsdarstellung ebenfalls entbehrlich.

Die tatsächliche Wertung des Sachverhaltes ist bei den einzelnen Merkmalen der untersuchten Straftatbestände vorzunehmen.

Sollten weitere Ermittlungen für erforderlich gehalten werden, so ist davon auszugehen, dass diese durchgeführt worden sind und keine neuen Gesichtspunkte ergeben haben. Davon abweichend darf die Durchführung einer nicht im Aktenstück enthaltenen verantwortlichen Vernehmung nicht unterstellt werden.

II.

Die Staatsanwaltschaft entscheidet über die Erhebung der Anklage am 9. Dezember 2016.

Die Beschuldigten sind bislang strafrechtlich noch nicht in Erscheinung getreten.

Die Voraussetzungen für einen Antrag auf Anordnung der Untersuchungshaft sind nicht zu prüfen.

III.

In ihrem eigenen Interesse bitte ich Sie, am Ende der Klausur anzugeben,

a) welche Auflagen der zugelassenen Kommentare Sie benutzt haben und

b) auf welchem Stand (Ergänzungslieferung) sich die von Ihnen benutzten Beck'schen Textausgaben befunden haben.

Hinweis:

Das von Ihnen benutzte Exemplar des Aufgabentextes wird nicht zu Ihren Prüfungsunterlagen genommen.

---

3 **Lesen Sie den Bearbeitervermerk genau.** Es ergeben sich hieraus der genaue Inhalt und vor allem wichtige Grenzen Ihrer Aufgabe.

Für das materiell-rechtliche Gutachten nimmt der Bearbeitervermerk oft **Ordnungswidrigkeiten** von der Prüfung aus.

Beispiel: Es wird nach dem hinreichenden Tatverdacht für das Vorliegen von Straftaten gefragt.

Teilweise werden **Randdelikte des StGB oder des Nebenstrafrechts** ausgeklammert. Teilweise sind auch nur einzelne Bereiche des Nebenstrafrechts von der Begutachtung ausgenommen.

Beispiel: Pkw-Fahrt ohne Fahrerlaubnis unter Drogeneinfluss mit einer Waffe. Es ergeht der Hinweis, dass Straftatbestände des Nebenstrafrechts nicht zu prüfen sind. Nur die in Betracht kommenden Straftatbestände aus dem StGB wären demnach Prüfungsgegenstand.

Ferner enthält der Bearbeitervermerk häufig auch **Hinweise zur Person des Beschuldigten** und hinsichtlich **prozessualer Fragestellungen**.

Beispiele: Datum des Strafantrags und Angabe des Zeitpunkts der Abschlussentscheidung.

Auch für den **Inhalt der Abschlussverfügung** ergeben sich aus dem Bearbeitervermerk regelmäßig Hinweise, die die Bearbeitung vereinfachen.

Beispiele: Nichtanwendung der §§ 153 ff. StPO oder eines Strafbefehls. Ferner können Sachverhaltswiedergaben erlassen sein.

C. Lückenlose Aktenkenntnis

Der Aktenauszug im zweiten Examen enthält alle Informationen in Form von Einzelschriftstücken (Strafanzeige, Vernehmungsprotokolle, Vermerke usw.). Aufgrund der Vielzahl der sich daraus ergebenden Informationen besteht die große Gefahr, dass wichtige Daten oder entscheidende Details übersehen werden.

4

So finden sich oft in den Vernehmungsprotokollen – bei den Formularen häufig rechts oben – weitergehende Hinweise, ob es sich um einen Erwachsenen, Heranwachsenden, Jugendlichen oder um einen ausländischen Beschuldigten handelt. Diese Angaben sind teilweise bei der materiellen Prüfung der einzelnen Delikte im A-Gutachten (z.B. § 3 JGG) oder auch für das verfahrensrechtliche B-Gutachten (z.B. für die Zuständigkeit des Gerichts oder für MiStra-Mitteilungspflichten) von Bedeutung.

> **Klausurhinweis**: Lesen Sie den Aktenauszug beginnend von der ersten Seite an sorgfältig durch! Fertigen Sie währenddessen ein stichwortartiges Inhaltsverzeichnis zum tatsächlichen Geschehen und zu den verfahrensmäßigen Besonderheiten mit den dazugehörigen Daten und Fundstellen in der Akte an. Markieren Sie gegebenenfalls den Aktenauszug mit verschiedenen Farben, bspw. jeweils eine für das A- und eine für das B-Gutachten sowie für die Angaben des/der Beschuldigten und des/der Zeugen. Faustregel: Sie müssen sich die Akte vor der gutachterlichen Bearbeitung so gut verinnerlicht haben, dass Sie in der Lage wären, einen mündlichen Sachbericht darüber zu erstatten.

D. Feststellung des/der formell Beschuldigten

Beschuldigter ist jeder, gegen den das Strafverfahren aufgrund eines in der Akte manifestierten Willensaktes der Strafverfolgungsbehörden betrieben wird.[2] Nach Maßgabe dieser Definition ist die Person des Beschuldigten anhand des Aktenauszugs im Regelfall einfach festzustellen. So begründet die verantwortliche Vernehmung bei der Polizei (§ 163 a Abs. 4 StPO) oder bei der Staatsanwaltschaft (§§ 163 a Abs. 3, 168 b StPO) die Beschuldigtenstellung. Aber auch aus einer bloßen Ladung zur verantwortlichen Vernehmung (§§ 133, 145 a Abs. 2 S. 1 StPO) oder aus der Stellung ei-

5

---

2   Vgl. BGH, Urt. v. 23.07.1986 – 3 StR 164/86, NStZ 1987, 83.

nes Haftbefehlsantrags (§ 125 Abs. 1 StPO) ergibt sich, wer als Beschuldigter zu prüfen ist. Schließlich kann sich die in Betracht kommende Person des Beschuldigten im Einzelfall auch aus dem Bearbeitervermerk ergeben (vgl. dazu Rn. 3).

Ergeben sich aus dem Aktenauszug keine vorgenannten Hinweise auf die Person des Beschuldigten, etwa weil der Aktenauszug nur eine Strafanzeige (vgl. dazu § 158 StPO) beinhaltet, dann ist abweichend vom vorgenannten Regelklausurfall – in dem die Prüfung das Ende des Ermittlungsverfahrens betrifft, m.a.W. sich die Frage des hinreichenden Tatverdachts (§ 170 Abs. 1 StPO) für die Anklageerhebung stellt – zu prüfen, ob der Staatsanwalt die Ermittlungen gemäß § 152 Abs. 2 StPO aufnehmen wird. Dies ist der Fall, wenn ein **Anfangsverdacht** für eine Straftat besteht. Die Beschuldigteneigenschaft ergibt sich in dieser (seltenen) Klausurkonstellation dann allein aus der Bezeichnung der angezeigten Person als Beschuldigter in der Strafanzeige.

Gegen Verstorbene findet kein Strafverfahren statt. Der **Tod des Beschuldigten** bildet ein Strafverfolgungshindernis. Zur Prüfung vgl. Rn. 31.

Ergibt sich im Regelklausurfall aus dem Aktenauszug neben der Person des Beschuldigten ein Anfangsverdacht für Straftaten anderer Personen, die **nicht Beschuldigte des laufenden Verfahrens** sind, so dürfen Sie die materielle Prüfung nicht von sich aus auch auf diese Personen erweitern. Skizzieren Sie in dieser – ebenfalls seltenen – Fallkonstellation knapp die neuen Verdachtsmomente im prozessualen B-Gutachten und veranlassen Sie in der Begleitverfügung die Austrennung eines neuen Verfahrens gegen diese Personen (vgl. dazu Rn. 153). Dasselbe Vorgehen empfiehlt sich, wenn der Beschuldigte in dem laufenden Verfahren Rechtspflegedelikte begangen hat, z.B. bei seiner Vernehmung in anderer Sache eine Falschverdächtigung gemäß § 164 StGB, eine Vortäuschung von Straftaten gemäß § 145 d StGB oder eine Beleidigung der Vernehmungsperson gemäß § 185 StGB. Diese Delikte bedürfen häufig nach dem Bearbeitervermerk keiner Prüfung oder die Bearbeiter haben davon auszugehen, dass diese Taten bereits ausgetrennt und in einem anderen Dezernat anhängig sind.

2. Teil: Das Gutachten

Das Gutachten besteht aus zwei Teilen: einem materiell-rechtlichen Teil (sog. **A-Gutachten**) und einem verfahrensrechtlichen Teil (sog. **B-Gutachten**).

1. Abschnitt: Das materiell-rechtliche Gutachten (A-Gutachten)

Sie wissen aus dem ersten Examen, dass in der gedanklichen Durchdringung des Falles die entscheidende Vorarbeit jedes Gutachtens liegt. Auch bei Klausuren zum zweiten Examen werden mit der richtigen Strukturierung des Sachverhalts und Ordnung der rechtlichen Prüfung die Weichen für eine gute Lösung gestellt. Im Einzelnen (in aller Kürze):   **6**

A. Bildung von Tatkomplexen

Im Regelfall beinhaltet Ihr Aktenauszug verschiedene prozessuale Taten, etwa wenn in einer Strafanzeige mehrere selbstständige historische Geschehnisse genannt werden oder wenn gegen denselben Beschuldigten mehrere Verfahren verbunden worden sind. Die selbstständige Behandlung ist im Gutachten dann stets durch **Bildung von Tatkomplexen** zu kennzeichnen.   **7**

I. Für **jede Tat im prozessualen Sinne**, also für jedes historisch zusammengehörige Geschehen gemäß § 264 StPO, ist zwingend ein Tatkomplex zu bilden.

II. Auch für verschiedene **materiell-rechtliche Taten i.S.d. § 53 StGB** innerhalb einer prozessualen Tat kann es sich anbieten, Tatkomplexe zu bilden, um diese später in einer möglichen Anklageschrift als „selbstständige Handlungen" kennzeichnen zu können.

Beispiel: Zwar ist eine Trunkenheitsfahrt mit anschließender Fahrerflucht ein historisches Geschehen, also eine Tat im prozessualen Sinn. Der Unfall bildet jedoch eine Zäsur. Deshalb bietet sich an, einen Handlungskomplex für die Fahrt mit dem Unfall und einen weiteren für das Verhalten nach dem Unfall zu bilden.

B. Reihenfolge der Prüfung der Tatbeteiligten

I. Innerhalb der jeweiligen Tatkomplexe ist der „**tatnächste**" Beschuldigte zuerst zu prüfen. Sind mehrere Beschuldigte wechselseitig als Täter und Teilnehmer in unterschiedlichen Rollen tätig, sind stets **Täter vor Teilnehmern** zu prüfen.   **8**

> Die Inzidenterprüfung der Strafbarkeit eines anderen Beschuldigten ist in aller Regel fehlerhaft. Lediglich in Fällen, in denen der andere verstorben ist oder aus sonstigen Gründen nicht verfolgt werden kann, ist dessen Inzidenterprüfung unvermeidbar. Aber auch dann wird nur das untersucht, was Sie für die Strafbarkeit Ihres Beschuldigten wirklich benötigen, also bei Teilnahme nur die vorsätzliche und rechtswidrige Haupttat und nicht auch noch die Schuld.

II. Ist die **Beteiligungsform** eines Beschuldigten zweifelhaft, sollte man stets von der stärkeren zur schwächeren abgrenzen, also ausgehend von Mittäterschaft / mittelbarer Täterschaft zur Anstiftung, zur Beihilfe oder zu den Vorstufen der Tatbeteiligung nach § 30 StGB. Liegt dann eine Beteiligungsform vor, sind die jeweils schwächeren materiell subsidiär und brauchen dann in aller Regel nicht mehr erwähnt zu werden.   **9**

Vergessen Sie nicht, dass die Beteiligungsform deliktsbezogen ist und daher von einem zum anderen Tatbestand innerhalb derselben prozessualen Tat wechseln kann. Bei verschiedenen Delikten derselben Tat können also durchaus verschiedene Beteiligungsformen vorliegen. Diese sind durch Tateinheit klarzustellen, z.B. Mittäterschaft zur gefährlichen Körperverletzung gemäß §§ 223, 224, 25 Abs. 2 StGB in Tateinheit mit Beihilfe zum Raub gemäß §§ 249, 27 StGB (bei fehlender Eigen- oder Drittzueignungsabsicht des Mitwirkenden) oder Anstiftung zur uneidlichen Falschaussage gemäß §§ 153, 26 StGB in Tateinheit mit versuchter Anstiftung zum Meineid, §§ 154, 30 StGB (wenn der zur Falschaussage veranlasste Zeuge nicht vereidigt wurde).

C. Vorauswahl der Strafgesetze

10   Welche Delikte für eine mögliche Strafbarkeit in Betracht kommen, erkennen Sie mit Ihrer Klausurerfahrung aus dem ersten Examen recht schnell. Gedankenstütze: **„Wer hat welche Rechtsgüter wie angegriffen?"**

Klausurhinweis: Bereits beim ersten Lesen der Akte empfiehlt es sich, die spontan gesehenen Tatbestände zu notieren, unabhängig davon, ob diese im schriftlichen Gutachten wieder auftauchen. Vermerken Sie sich auch sonstige Auffälligkeiten in der Akte, z.B. wenn ein Verteidiger auf eine mögliche Unverwertbarkeit einer Aussage hinweist oder eine Urkunde oder ein Kalender (Fristen) in der Klausur abgedruckt ist.

D. Reihenfolge der Deliktsprüfung

11   **I.** Innerhalb der für die nähere Prüfung vorgesehenen Tatbestände bestimmt die **Chronologie** der Deliktsverwirklichung die Reihenfolge der Prüfung. Das gilt auch, wenn zunächst leichtere und zeitlich danach schwerere Delikte verwirklicht worden sind, denn oft hängt die Strafbarkeit des späteren von der Feststellung des früheren Delikts ab.

Beispiele: Mord gemäß § 211 StGB zur Verdeckung einer vorherigen Straftat, Unterlassungsstrafbarkeit gemäß § 13 StGB aus Ingerenz wegen einer vorherigen Straftat.

Von dieser Reihenfolge gibt es zwei **Abweichungen**:

Wenn die zeitlich frühere Straftat gegenüber der späteren ein völlig untergeordnetes Bagatelldelikt ist, ist es praxisfern, dieses vorher zu prüfen. Man sollte es in der gebotenen Kürze nach Begutachtung der schwereren Straftat darstellen.

Beispiel: Hausfriedensbruch gemäß § 123 StGB durch Betreten der Bank und besonders schwere räuberische Erpressung gemäß §§ 253, 255, 250 Abs. 2 StGB durch den anschließenden bewaffneten Überfall.

Vorbereitungsdelikte, die im (meist subjektiven) Tatbestand auf ein anderes Zieldelikt verweisen, prüft man, wenn der Täter seine Absicht realisiert hat, am zweckmäßigsten erst nach Untersuchung des Zieldelikts.

Hauptfälle sind die §§ 239 a, 239 b u. 316 a StGB: Hat der Beschuldigte tatsächlich Raubmittel eingesetzt, um eine Sache wegzunehmen oder um sich zu bereichern, stellen Sie erst sicher, ob dieses Verhalten tatsächlich unter die §§ 249, 252 oder 255 StGB fällt. Wenn nicht, brauchen Sie bei den §§ 316 a, 239 a StGB nur kurz darauf zu verweisen und verneinen diese ohne umständliche Prüfung (es sei denn, § 239 b StGB kommt noch zum Zuge). Ist ein Raubdelikt erfüllt, können Sie darauf in den § 316 a oder § 239 a StGB verweisen und ersparen sich eine unnötige Inzidenterprüfung.

12   **II.** Könnten mehrere Straftatbestände zeitgleich, also durch dieselbe Handlung oder Handlungseinheit verwirklicht sein, so bestimmt die **Konkurrenzdominanz** die Prüfungsfolge. Das bedeutet, dass der Tatbestand zuerst ausführlich geprüft wird, der bei Bejahung andere im Wege der Gesetzeskonkurrenz verdrängt. Ist dieser Tatbestand zu bejahen, können Sie die nachrangigen Tatbestände im Urteilsstil sehr knapp bejahen und sofort zurücktreten lassen.

Beispielhaft dazu die Spezialtatbestände: Raub gemäß § 249 StGB ist immer vor Diebstahl oder Nötigung zu prüfen, Fälschung von Schecks und Wechseln gemäß § 152 a StGB geht natürlich der Prüfung des § 267 StGB vor.

Auch alle formell und materiell subsidiären Delikte – wie § 316 StGB gegenüber § 315 c StGB, § 145 d gegenüber §§ 164, 258 StGB oder §§ 246, 248 b, 265 a StGB gegenüber schwereren Delikten – werden nur noch dann ausführlich geprüft, wenn kein verdrängendes Delikt festgestellt worden ist.

III. Besonderheiten gelten bei Straftatbeständen, die in einem **Stufenverhältnis** stehen:

13

Privilegierungen werden stets zuerst geprüft, weil bei ihrer Bejahung alle anderen Straftatbestände im Wege der Spezialität verdrängt werden.

Hauptfall: § 216 StGB, Tötung auf Verlangen, prüft man vor Totschlag oder Mord.

Bei **Grunddelikten und Qualifikationen** hängt das Vorgehen vom Fall ab. Birgt schon die Prüfung des Grunddelikts gutachtliche Probleme (Abgrenzung zu andern Straftatbeständen, Tun oder Unterlassen, Vorsatz- und Irrtumsfragen, Rechtfertigungsgründe, Schuldausschließungsgründe), ist es zweckmäßig, das Grunddelikt auch erst isoliert zu prüfen, um danach auf die Qualifikationen zu sprechen zu kommen. Das vermeidet eine überfrachtete Darstellung.

Liegen beim Grunddelikt keine nennenswerten Schwierigkeiten, so kann man dieses gleich im Zusammenhang mit der Qualifikation darstellen.

2. Abschnitt: Zur Prüfung der jeweils im Einzelfall in Betracht kommenden Delikte

A. Prüfung der Verdachtsgrade

Im **Regelfall** erfolgt Ihre Prüfung in zeitlicher Hinsicht am **Ende des Ermittlungsverfahrens**. In diesem Zeitpunkt geht es damit um die Frage, wegen welcher Straftaten der Beschuldigte **hinreichend verdächtig** ist.

14

Hinreichender Tatverdacht, §§ 170 Abs. 1, 203 StPO

Ein hinreichender Tatverdacht ist gegeben, wenn es – aufgrund der vorläufigen Bewertung des Inhalts der Akte – am Ende des Ermittlungsverfahrens wahrscheinlicher ist, dass der Beschuldigte im Rahmen einer gedachten Hauptverhandlung verurteilt und nicht freigesprochen wird.

- Voraussetzung für die **Erhebung der öffentlichen Klage**, § 170 Abs. 1 StPO (Anklage, Strafbefehlsantrag, beschleunigtes Verfahren)
- Voraussetzung für die **Eröffnung des Hauptverfahrens**, § 203 StPO

Nur in dem Fall, in dem Ihr Aktenauszug nur eine Strafanzeige enthält, Ihre Prüfung also am **Anfang des Ermittlungsverfahrens** erfolgen muss, wäre der **Anfangsverdacht** zu prüfen. Gleiches gilt, soweit eine der Standard-Ermittlungsmaßnahmen, für die der genannte Verdachtsgrad ausreicht, in Betracht kommt. Die Prüfung der Aufnahme von Ermittlungen beziehungsweise einer Standardzwangsmaßnahme als Aufgabe in der staatsanwaltlichen Assessorklausur ist allerdings selten (s. bereits Rn. 1).

Anfangsverdacht, § 152 Abs. 2 StPO
Ein Anfangsverdacht ist gegeben, wenn es nach kriminalistischer Erfahrung **wahrscheinlich** erscheint, dass der Beschuldigte Täter oder Teilnehmer einer <u>verfolgbaren</u> Straftat ist ■ Voraussetzung für die **Einleitung eines Ermittlungsverfahrens**, § 152 Abs. 2 StPO ■ (ausreichend) für einige **Standardzwangsmaßnahmen**, z. B. §§ 81 a, 94, 102 f. StPO

Hiervon zu unterscheiden ist wiederum der dringende Tatverdacht, der für die Anordnung besonderer Eingriffsmaßnahmen, etwa dem Haftbefehl gemäß § 112 StPO oder der vorläufigen Entziehung der Fahrerlaubnis gemäß § 111 a StPO, erforderlich ist. Die Anordnung dieser „besonderen" Eingriffsmaßnahmen kann **jederzeit** während des Ermittlungsverfahrens in Betracht kommen.

Dringender Tatverdacht
Dringender Tatverdacht ist gegeben, wenn eine **hohe Wahrscheinlichkeit** dafür besteht, dass der Beschuldigte Täter oder Teilnehmer der Straftat ist ■ Voraussetzung für den Erlass eines Haftbefehls, §§ 112 ff. StPO ■ Voraussetzung für die vorläufige Entziehung der Fahrerlaubnis, § 111 a StPO

15 Im Folgenden wird die Prüfungsreihenfolge für den Klausurregelfall (und damit anhand des hinreichenden Tatverdachts) skizziert werden. Bei der Prüfung sollten Sie sich dabei von folgendem Schema leiten lassen:

Prüfung des hinreichenden Tatverdachts
■ Einleitungssatz ■ Deliktsbezogene Verfolgungsvoraussetzungen und -hindernisse ■ Materiell-rechtliche Prüfung der einzelnen Deliktsmerkmale ■ Beweisbarkeit ■ Konkurrenzen und Ergebnis

B. Einleitungssatz

16 Ein gravierender Unterschied zum Gutachten im ersten Examen liegt bereits im Einleitungssatz. Denn nach dem Bearbeitervermerk ist im Regelfall zu prüfen, ob der oder die Beschuldigten einer Straftat „hinreichend verdächtig" sind, denn nur dann besteht ein genügender Anlass zur Erhebung der öffentlichen Klage gemäß § 170 Abs. 1 StPO. **Sie prüfen also nicht – wie im ersten Examen – die Strafbarkeit!**

Der Begriff des **hinreichenden Tatverdachts** findet sich in § 203 StPO, wonach das Gericht die Eröffnung des Hauptverfahrens beschließt, „wenn der Angeschuldigte nach den Ergebnissen des vorbereitenden Verfahrens einer Straftat hinreichend verdächtig erscheint". Der Staatsanwalt nimmt diese Prüfung gedanklich vorweg und fragt am Ende der Ermittlungen, ob nach einer gedachten Hauptverhandlung die Verurteilung des Beschuldigten mit Wahrscheinlichkeit zu erwarten ist.[3]

---

3   Meyer-Goßner/Schmitt, StPO, 59. Aufl. 2016, § 170 Rn. 1.

Aus dieser Standarddefinition des hinreichenden Tatverdachts ergeben sich folgen- **17** de **Prüfungsebenen**:[4]

- Zunächst muss die **Wahrscheinlichkeit** bestehen, dass sich ein bestimmter Sachverhalt ereignet hat.

- Außerdem muss der Sachverhalt voraussichtlich mit den vorhandenen **zulässigen Beweismitteln** in der Hauptverhandlung **nachweisbar** sein.

- Aus diesem als wahrscheinlich eingestuften und nachweisbaren Sachverhalt muss sich **mit Sicherheit strafbares Verhalten** ergeben.

- Schließlich müssen auch die **Prozessvoraussetzungen** – bzw. das Fehlen von Prozesshindernissen – in tatsächlicher und rechtlicher Hinsicht **zu bejahen** sein.

Die Wahrscheinlichkeitsfrage stellt sich demnach nur in Bezug auf die für die Anwendung des materiellen Strafrechts relevanten Umstände und hinsichtlich der prozessualen Beweisbarkeit des Vorwurfs.

Die Einleitungspassage im Gutachten könnte wie folgt lauten:

A-Gutachten:

Gegen den Beschuldigten könnte genügender Anlass zur Erhebung der öffentlichen Klage gemäß § 170 Abs. 1 StPO gegeben sein. „Genügender Anlass" ist zu bejahen, wenn das Gericht die Eröffnung des Hauptverfahrens wegen hinreichenden Tatverdachts beschließen würde (§ 203 StPO). Das setzt voraus, dass am Ende einer gedachten Hauptverhandlung die Verurteilung des Beschuldigten hinreichend wahrscheinlich ist.

I. Hier könnte B wegen der Fahrt mit dem Motorrad eines Vergehens der Trunkenheit im Verkehr gemäß § 316 Abs. 1 StGB hinreichend verdächtig sein. ...

Natürlich brauchen Sie die Einleitungspassage nicht bei jedem Tatkomplex bzw. bei jedem Delikt wiederholen. Da Sie im A-Gutachten den Gutachtenstil verwenden müssen, muss die Deliktsprüfung entsprechend dem Obersatz mit der Bejahung oder Verneinung des hinreichenden Tatverdachts enden.

Klausurhinweis: Ihre Deliktsprüfung dürfen Sie **keinesfalls** mit der **Frage nach der „Strafbarkeit"** einleiten. Denn dann würden Sie nicht die Rolle des sachbearbeitenden Staatsanwalts einnehmen, wie es indes Ihre Aufgabe ist.

C. Deliktsbezogene Verfolgungsvoraussetzungen und -hindernisse

Ein weiterer gravierender Unterschied zum ersten Examen betrifft die **Prozessvo-** **18** **raussetzungen**. Im Assessorexamen ist die prozessuale Betrachtung vorrangig und damit die Prüfung am Anfang des jeweils in Betracht kommenden Delikts vorzunehmen. Denn fehlende Strafverfolgungsvoraussetzungen beziehungsweise – anders ausgedrückt – bestehende Verfahrenshindernisse schließen aus, dass es innerhalb ihrer Reichweite zu einer Verhandlung über die fragliche Straftat kommt. Sie sind also positive oder negative Bedingungen für das Strafverfahren.[5] Staatsanwaltliche Tätigkeit im Ermittlungsverfahren ist dabei bereits Teil des Strafverfahrens.

---

4   Vgl. Heghmanns, Strafverfahren, 1. Aufl. 2014, Rn. 234 ff.; LR-Stuckenberg, StPO, 26. Aufl. Oktober 2007, § 203 Rn. 11.

5   Meyer-Goßner/Schmitt Einl. Rn. 142 ff.

> **Klausurhinweis:** Die für die Verfolgbarkeit des jeweiligen Delikts notwendigen **Prozessvoraussetzungen oder** fehlenden **Verfahrenshindernisse sind delikts- bezogen, aber vor Prüfung der einzelnen Deliktsmerkmale**, festzustellen. Handelt es sich um eine für den Fall bedeutsame Fragestellung, muss sie im Gutachtenstil erörtert werden (s. dazu unten Rn. 24).

I. Strafantrag oder besonderes öffentliches Verfolgungsinteresse

Eine in der staatsanwaltlichen Assessorklausur häufig zu prüfende Prozessvoraussetzung ist der Strafantrag beziehungsweise das „besondere" öffentliche Interesse[6] an der Verfolgbarkeit der Straftat.

Strafantrag und besonderes öffentliches Verfolgungsinteresse

■ Strafantrag
 	
  ▪ Antragsbedürftigkeit
 	
  ▪ Vorliegen eines Strafantrages
 	
  ▪ Antragsberechtigung
 	
  ▪ Form und Frist
 	
■ Bei fehlendem Antrag und Ersetzbarkeit: Bestehen eines besonderen öffentlichen Strafverfolgungsinteresses

1. Strafantrag

19   Der Strafantrag ist die ausdrückliche oder durch Auslegung zu ermittelnde, nach § 158 Abs. 2 StPO formbedürftige Erklärung des nach den §§ 77–77 d StGB Berechtigten, dass er die Strafverfolgung wünsche. Der Strafantrag ist Prozessvoraussetzung. Sein Fehlen löst also ein Strafverfolgungsverbot aus.[7]

Prüfungsfolge:

a) Antragsbedürftigkeit des jeweiligen Delikts

20   Zunächst ist festzustellen, ob der fragliche Straftatbestand überhaupt einen Strafantrag voraussetzt. Bei Offizialdelikten ist das nicht der Fall.

Innerhalb der Antragsdelikte unterscheidet man **absolute Antragsdelikte**, bei denen die Strafverfolgung nur dann möglich ist, wenn der Strafantrag gestellt ist (z.B. §§ 194 Abs. 1 S. 1, 205 Abs. 1 StGB) und **relative Antragsdelikte**, die den Strafantrag nur bei einer besonderen persönlichen Beziehung zum Verletzten voraussetzen (§ 247 StGB). **Mischformen** zwischen Antrags- und Offizialdelikten bilden die Fälle, bei denen der Antrag grundsätzlich erforderlich ist, sein Fehlen aber durch Bejahung des besonderen öffentlichen Verfolgungsinteresses seitens der Staatsanwaltschaft überwunden werden kann.

---

6   Zu vgl. §§ 182 Abs. 5, 183 Abs. 2, 205 Abs. 1 S. 2, 230 Abs. 1, 235 Abs. 7, 238 Abs. 4, 248 a, 301 Abs. 1, 303 c StGB.

7   Meyer-Goßner/Schmitt § 158 Rn. 4 m.w.N.

b) Vorliegen eines Strafantrages

Inhaltlich muss der **Antrag nur das Verlangen auf Strafverfolgung eines bestimmten, auch unbekannten Täters wegen einer bestimmten Tat erkennen** lassen.[8] Eine sachliche oder persönliche Beschränkung des Antrags ist grundsätzlich möglich.[9] Die sachliche Beschränkung auf bestimmte Delikte setzt aber voraus, dass sie eindeutig erkennbar in Kenntnis der Tragweite der Beschränkung erklärt worden ist, insbesondere also von einem rechtskundigen Antragsteller herrührt.[10]

21

> Manchmal findet sich in der Akte lediglich eine Strafanzeige, in der ein konkreter Strafantrag nicht enthalten ist. Hier ist dann durch Auslegung zu ermitteln und im Gutachten darzustellen, ob die Strafanzeige auch als Strafantrag angesehen werden kann.

Nach § 77 d StGB kann der Antrag bis zum rechtskräftigen Abschluss des Strafverfahrens **zurückgenommen**, dann aber nicht nochmals gestellt werden.

c) Antragsberechtigung

Berechtigt ist nach § 77 Abs. 1 StGB der **Verletzte**, also derjenige, in dessen Rechtskreis eingegriffen worden ist.[11] **Minderjährige Verletzte** sind nicht antragsberechtigt; ihr unwirksamer Antrag wird auch nicht wirksam, wenn sie vor Ablauf der Antragsfrist volljährig werden und ihn nicht nachholen.[12] Nach § 77 Abs. 3 StGB sind bei minderjährigen Verletzten vielmehr nur die gesetzlichen Vertreter bzw. die Personensorgeberechtigten antragsberechtigt. **Angehörige** haben nach dem Tod des Verletzten nur ausnahmsweise ein Antragsrecht, wenn dies bei den jeweiligen Strafvorschriften **gesetzlich vorgesehen ist**, § 77 Abs. 2 StGB. Bei Taten im Zusammenhang mit dem öffentlichen Dienst kann **ausnahmsweise auch der Dienstvorgesetzte den Strafantrag** stellen, § 77 a StGB.

22

d) Form und Frist

Anders als bei der Strafanzeige ist nach § 158 Abs. 2 StPO **Schriftform** erforderlich, wenn der Antrag nicht bei Gericht oder der StA zu Protokoll erklärt wird. Daraus folgt, dass beispielsweise der mündlich erklärte Strafantrag gegenüber einem Polizeibeamten, den dieser später nur in einem eigenen, vom Antragsteller nicht unterschriebenen Vermerk ausformuliert, nicht formwirksam ist.[13]

23

Die **Frist für die Antragstellung** beträgt drei Monate nach Kenntniserlangung des Antragsberechtigten von der Tat und dem Täter (Name nicht erforderlich), § 77 b StGB. Eine Ausnahme besteht für wechselseitig begangene Straftaten, die miteinander zusammenhängen und die nur auf Antrag verfolgbar sind, § 77 c StGB.

24

Nachfolgend ein Formulierungsbeispiel für die gutachtliche Darstellung von Strafantragsfragen:

In der Akte geht es um die Verfolgbarkeit eines Delikts nach § 248 b StGB (unbefugter Gebrauch eines Fahrzeuges). Der Fahrzeugeigentümer und Antragsteller war minderjährig, wurde aber noch vor Ablauf der Antragsfrist volljährig.

8   Meyer-Goßner/Schmitt § 158 Rn. 4.
9   Fischer, StGB, 64. Aufl. 2017, § 77 Rn. 25 und 29; Sch/Sch/Sternberg-Lieben/Bosch, StGB, 29. Aufl. 2014, § 77 Rn. 42.
10 Der Polizei werden solche Kenntnisse abgesprochen, vgl. OLG Hamm, Beschl. v. 11.08.2003 – 3 Ss 461/03.
11 Vgl. BGH, Urt. v. 18.01.1983 – 1 StR 490/82, NJW 1983, 1919.
12 BGH, Urt. v. 25.01.1994 – 1 StR 770/93, NStZ 1994, 281 f.
13 OLG Hamm, Beschl. v. 12.08.1985 – 2 Ws 118/85, NJW 1986, 734; BayObLG, Beschl. v. 21.07.1993 – 2 St RR 91/93, NStZ 1994, 86.

Der Beschuldigte könnte wegen unbefugten Kraftfahrzeuggebrauchs hinreichend verdächtig sein, indem er das Fahrrad des Zeugen Z benutzt hat.

Gemäß § 248 b Abs. 3 StGB ist für die Strafverfolgung ein Strafantrag erforderlich. Der Strafantrag ist eine Prozessvoraussetzung, deren Vorliegen in jeder Lage des Verfahrens von Amts wegen anhand der Akten geprüft und deren Fehlen von Amts wegen beachtet werden muss. Zwar hat Z Strafantrag gestellt. Dieser könnte jedoch unwirksam sein.

1. Tattag war der 01.02.2017. Z hat am 02.02.2017 zu Protokoll der Polizeistation Haltern erklärt, er wolle, dass der damals noch unbekannte Täter wegen der zu seinem Nachteil begangenen Tat bestraft werde. Zu diesem Zeitpunkt war Z 17 Jahre alt und daher gemäß § 106 BGB beschränkt geschäftsfähig. Nach § 77 Abs. 3 StGB können dann die gesetzlichen Vertreter den Strafantrag stellen. Die gesetzlichen Vertreter des Z haben ausdrücklich keinen Strafantrag gestellt. § 77 Abs. 3 StGB ist auch nicht dahin auszulegen, dass neben dem Minderjährigen auch dessen gesetzlicher Vertreter ein Strafantragsrecht hätte, sondern dahin, dass bei einer zum Nachteil eines Minderjährigen begangenen Straftat nur der gesetzliche Vertreter einen wirksamen Strafantrag stellen kann. Der Strafantrag des Z war daher zunächst unwirksam.

2. Möglicherweise wurde der Antrag dadurch wirksam, dass Z vor Ablauf der dreimonatigen Strafantragsfrist, § 77 b Abs. 1 StGB, volljährig geworden ist, er selbst also einen wirksamen Antrag hätte stellen können.

Ein von einem nicht Antragsberechtigten gestellter und daher unwirksamer Strafantrag erlangt Wirksamkeit, wenn der Antragsberechtigte innerhalb der Antragsfrist den Antrag billigt. Z hätte seinen zuvor gestellten Strafantrag also auch billigen und damit wirksam machen können. Die Billigung eines unwirksamen Strafantrags muss aber in irgendeiner Weise deutlich erkennbar nach außen treten. Die Annahme, der Verfolgungswille eines Minderjährigen bestehe nach Eintritt der Volljährigkeit fort, genügt nicht. Bloßer Zeitablauf kann eine unwirksame Rechtshandlung nicht nachträglich wirksam machen. Bestätigt wird dieses auch durch den Rechtsgedanken des § 108 Abs. 3 BGB. Danach wird auch ein von einem beschränkt Geschäftsfähigen geschlossener Vertrag nicht wirksam. Der unbeschränkt geschäftsfähig Gewordene hat vielmehr darüber zu entscheiden, ob er genehmigen will oder nicht.

Z hat seinen Strafantrag nicht wiederholt, als er volljährig geworden ist. Eine Billigung liegt nicht vor. Mangels eines wirksamen Strafantrags ist die Tat nicht verfolgbar. Auch eine Nachholung des Strafantrags kommt nicht mehr in Betracht, da die Strafantragsfrist zwischenzeitlich abgelaufen ist.

Hinreichender Tatverdacht für den unbefugten Gebrauch eines Fahrzeugs nach § 248 b StGB besteht nicht.

2. Bejahung des besonderen öffentlichen Strafverfolgungsinteresses

25 Fehlt ein Strafantrag und kann die Verfolgbarkeit auch durch **Bejahung eines besonderen öffentlichen Interesses an der Strafverfolgung** begründet werden, so ist dies ausdrücklich oder auch konkludent – durch Anklageerhebung, Antrag auf Erlass eines Strafbefehls oder (erst) durch den staatsanwaltschaftlichen Antrag auf Verurteilung wegen eines Antragsdelikts im Rahmen des Schlussvortrages – möglich.[14] Die Rücknahme einer solchen ausdrücklichen oder konkludenten Erklärung ist ebenfalls bis zum rechtskräftigen Abschluss des Strafverfahrens möglich.

---

14 OLG Düsseldorf, Beschl. v. 17.03.2003 – III 2 Ws 54/03.

Der Sachzusammenhang zum Inhalt der materiell-rechtlichen Prüfung könnte es nahe legen, das besondere öffentliche Interesse schon bei dem jeweiligen Delikt abzuhandeln. Empfehlenswert ist es trotzdem, **das besondere öffentliche Interesse erst im verfahrensrechtlichen Gutachten** zu diskutieren: Die Bejahung oder Verneinung des besonderen öffentlichen Interesses ist eine verfahrenssteuernde eigene Ermessensentscheidung des Staatsanwalts. Ob ein besonderes öffentliches Interesse an der Verfolgung der Tat besteht, hängt auch davon ab, ob und in welchem Umfang hinreichender Tatverdacht für weitere Delikte besteht. Sie kann daher nur sinnvoll beantwortet werden, wenn das Ergebnis der vollständigen materiell-rechtlichen Lösung bekannt ist (zur Prüfung im verfahrensrechtlichen B-Gutachten s.u. Rn. 172).

Formulierungsbeispiel (aus einem Fall wegen eines Arbeitsunfalls):

Der Beschuldigte könnte einer fahrlässigen Körperverletzung gemäß § 229 StGB hinreichend verdächtig sein, indem er den Metallkübel vom Gerüst in Richtung Container warf und dabei den Z am Kopf traf.

I. Z hat ausdrücklich keinen Strafantrag gestellt. Die Tat ist daher nur verfolgbar, wenn das besondere öffentliche Interesse an der Strafverfolgung bejaht werden kann. Das setzt zunächst einmal voraus, dass dem Beschuldigten die Verletzung strafrechtlich angelastet werden kann. Neben den Kriterien in den Nr. 234, 243 Abs. 3 RiStBV ist auch das weitere strafrechtliche Verhalten des Beschuldigten von Bedeutung. Eine solche umfassende Beurteilung bleibt der verfahrensrechtlichen Vorbereitung der Abschlussentscheidung vorbehalten.

II. ...

II. Verjährung

Verjährungsprobleme stellen sich in Assessorklausuren nicht so häufig. Ein Indiz dafür, dass das Strafverfolgungshindernis (vgl. § 78 Abs. 1 S. 1 StGB) zu prüfen ist, besteht aber, wenn die in Rede stehenden Straftaten schon mehrere Jahre zurückliegen.

26

Es empfiehlt sich folgende Prüfungsreihenfolge:

Verjährung
■ Ermittlung der Verjährungsfrist
■ Verjährungsbeginn
■ Verjährungseintritt unter Berücksichtigung von Ruhen und Unterbrechung

1. Ermittlung der Verjährungsfrist

Die Verjährungsfrist ist in § 78 StGB geregelt. Abgesehen von dem Delikt des Mordes, das nicht verjährt (§ 211 Abs. 2 StGB), richtet sich die Verjährung nach dem **abstrakt angedrohten Höchstmaß** der in dem jeweiligen **Grund-, Qualifikations- oder Privilegierungs-Tatbestand** angedrohten Strafe (vgl. § 78 Abs. 3 StGB). Strafänderungen des Allgemeinen Teils und bloße Strafzumessungsregeln für besonders schwere oder minder schwere Fälle bleiben für die Fristbestimmung außer Betracht, § 78 Abs. 4 StGB.

27

Die häufigsten Fälle nach dem Fristenkatalog des § 78 Abs. 3 StGB sind:

StGB	Höchstmaß	§ 78 Abs. 3 StGB	Verjährungsfrist
§§ 251, 306 c StGB	lebenslange Freiheitsstrafe	§ 78 Abs. 3 Nr. 1 StGB	30 Jahre
§ 249 StGB	bis zu 15 Jahre (§ 38 Abs. 2 StGB)	§ 78 Abs. 3 Nr. 2 StGB	20 Jahre
§ 244 StGB	bis zu 10 Jahren	§ 78 Abs. 3 Nr. 3 StGB	10 Jahre
§§ 242, 263 StGB	bis zu 5 Jahren	§ 78 Abs. 3 Nr. 4 StGB	5 Jahre
§ 185 StGB	bis zu 1 Jahr	§ 78 Abs. 3 Nr. 5 StGB	3 Jahre

Besonderheiten gelten bei Straftaten, die durch Presseveröffentlichungen begangen worden sind, z.B. §§ 131, 185 ff. StGB. Für solche **„Presseinhaltsdelikte"** gelten nach den meisten Landespressegesetzen verkürzte Verjährungsfristen von sechs Monaten bis zu einem Jahr (§ 25 Abs. 1 PresseG NRW, § 15 BayPrG).

2. Verjährungsbeginn

28   Die Verjährung beginnt gemäß § 78 a StGB mit der **Tatbeendigung. Der Tag, an dem die deliktische Gesamttätigkeit unter Berücksichtigung des tatbestandlichen Erfolges ihren Abschluss gefunden hat, ist einzurechnen.** Daher beginnt die Verjährung beispielsweise beim Betrug nicht schon mit Eintritt des Vermögensschadens, sondern erst mit Erlangung des Vermögensvorteils.[15]

3. Verschiebung des Verjährungseintritts: Ruhen oder Unterbrechung der Verjährung

29   Der Zeitpunkt der Verjährung kann verschoben sein, weil ein Ruhen oder eine Unterbrechung der Verjährung eingetreten ist.

Das **Ruhen** der Verjährung regelt **§ 78 b StGB.** Besonders ist auf § 78 b Abs. 1 Nr. 1 StGB hinzuweisen, wonach für Sexualdelikte an Minderjährigen nach den §§ 174–174 c und 176–179 StGB das Ruhen der Verjährung bis zur Vollendung des 30. Lebensjahres des Opfers (!) angeordnet wird. Die **Rechtsfolge des Ruhens** besteht darin, dass das Weiterlaufen der Verjährungsfrist so lange gehemmt ist, wie das Ruhen andauert. Danach läuft die Verjährung weiter.

30   **§ 78 c StGB** führt die – nicht der Analogie zugänglichen[16] – Fälle auf, in denen die **Verjährung unterbrochen** wird. Das ist insbesondere der Fall bei der Anordnung der Bekanntgabe eines Ermittlungsverfahrens, einer Beschuldigtenvernehmung oder auch bei einer richterlichen Beschlagnahme- oder Durchsuchungsanordnung oder einem Haftbefehl. Im Unterschied zum Ruhen **beginnt die Frist bei einer Unterbrechung von neuem zu laufen** und zwar mit dem Beginn des Tages der Unterbrechung, § 78 c Abs. 3 S. 1 StGB. Trotz Unterbrechung tritt **spätestens mit Ablauf der doppelten gesetzlichen Verjährungsfrist** oder – wenn die Frist kürzer als drei Jahre ist – frühestens mit Ablauf von drei Jahren die Verjährung ein, § 78 c Abs. 3 S. 2 StGB.

Bei unklarer Beweislage hinsichtlich einzelner Tatsachenfragen, die für die Verjährung erheblich sein können, wie z.B. der genaue Tatzeitpunkt, gilt der Grundsatz „in dubio pro reo".[17] Hier ein **Formulierungsbeispiel:**

---

15   Fischer § 78 a Rn. 3. Zur Gegenauffassung für den Anstellungsbetrug vgl. BGHSt 22, 38 (Beendigung schon mit Vertragsabschluss), NJW 1968, 1196.

16   Vgl. dazu etwa BGH, Beschl. v. 29.09.2004 – 1 StR 565/03, wonach eine Verjährungsunterbrechung bei der Anordnung der Überwachung des Fernmeldeverkehrs nach §§ 100 a, 100 b StPO nicht in Betracht kommt.

17   BGH, Urt. v. 01.03.1995 – 2 StR 331/94, NJW 1995, 1297, 1298.

In der Akte ging es um länger zurückliegende Korruptionsdelikte.

> *Es könnte hinreichender Tatverdacht für Bestechlichkeit gemäß § 332 Abs. 1 StGB in 16 Fällen bestehen, indem sich der Beschuldigte für die Erteilung der Fahrerlaubnisse ohne entsprechende Nachweise jeweils einen Betrag in Höhe von 100 € zahlen ließ.*
>
> *Fraglich ist aber bereits, ob B auch wegen dieser von ihm selbst eingestandenen Taten strafrechtlich verfolgt werden kann. Die Vergehen gemäß § 332 Abs. 1 StGB, nämlich die Erteilung der Fahrerlaubnis an die Z wurden vor sechs Jahren oder früher vollendet und beendet. Es könnte Verfolgungsverjährung gemäß § 78 Abs. 1 StGB eingetreten sein. Gemäß § 78 Abs. 3 Nr. 4 StGB beträgt die Verjährungsfrist fünf Jahre bei Taten, die im Höchstmaß mit Freiheitsstrafe von mehr als einem Jahr bis zu fünf Jahren bedroht sind. Die Regelstrafe gemäß § 332 Abs. 1 StGB ist Freiheitsstrafe von sechs Monaten bis zu fünf Jahren. Sämtliche Taten sind deshalb bereits verjährt.*

III. Tod des Beschuldigten

Der Tod des Beschuldigten bildet ebenfalls ein Verfahrenshindernis. Der Tod führt nicht zur „Selbstbeendigung" des Verfahrens gegen den Beschuldigten. Es bedarf deshalb einer förmlichen Einstellungsverfügung nach § 170 Abs. 2 S. 1 StPO, weil anderenfalls die Frage, ob der Beschuldigte tatsächlich verstorben ist, dem Klageerzwingungsverfahren entzogen wäre.[18]

31

Das genannte Verfahrenshindernis kann in Ihre staatsanwaltliche Assessorklausur bei der Prüfung mehrerer Beschuldigter „eingebaut" sein.

Beispiel: A und B überfallen gemeinsam einen Geldtransporter und erbeuten rund 150.000 €. Im Anschluss fliehen sie mit dem Geld. Bei der späteren Festnahme wird B, der sich seiner Verhaftung zu entziehen versucht und eine Schusswaffe gebracht, seinerseits tödlich verletzt.

Es bietet sich an, die gutachterliche Prüfung in zwei Teile getrennt nach den beiden Beschuldigten zu unterteilen. Im A-Gutachten wäre in einem den A betreffend Abschnitt zu prüfen, ob hinreichender Tatverdacht des A wegen eines gemeinschaftlich begangenen Raubes (beziehungsweise weiterer Delikte) besteht. In einem weiteren B betreffenden Abschnitt wäre dann festzustellen, dass kein hinreichender Tatverdacht gegen diesen Beschuldigten wegen des Vorliegens des Strafverfolgungshindernisses besteht. Im B-Gutachten wären dann getrennt nach den beiden Beschuldigten die verfahrensrechtlichen Konsequenzen aufzuzeigen. Und in der verfahrenspraktischen Entscheidung müsste sich dann aus der Begleitverfügung ergeben, dass das Verfahren gegen B gemäß § 170 Abs. 2 S. 1 StPO eingestellt und im Übrigen bezüglich A Anklage erhoben wird.

IV. Strafunmündige

Bei strafunmündigen „Beschuldigten" – d.h. bei Kindern bis zum Erreichen des 14. Lebensjahrs – gilt im Ergebnis Gleiches wie im vorgenannten Fall. Hier ergibt sich das Strafverfolgungshindernis aus § 19 StGB. Hierbei bedarf es ebenfalls einer förmlichen Einstellungsverfügung gemäß § 170 Abs. 2 S. 1 StPO.

V. Strafklageverbrauch und sonstige Fälle von Sperrwirkung für die Strafverfolgung

Gemäß Art. 103 Abs. 3 GG („ne bis in idem") besteht nicht nur ein Bestrafungsverbot, sondern sogar schon ein Befassungsverbot, **wenn bezüglich derselben Tat und derselben Person bereits ein rechtskräftiges (Sach-)Urteil vorliegt.** Auch anderweitige Verfahrensbeendigungen können eine erneute Strafverfolgung sperren. Alle diese Fälle hängen von der Identität des früheren und jetzigen Verfahrensgegenstandes ab. Daher kann schon an früher Stelle in Ihrem Gutachten eine Auseinanderset-

32

---

18 KK-StPO-Moldenhauer, 7. Aufl. 2013, § 170 Rn. 15.

zung mit dem prozessualen Tatbegriff notwendig werden. Achten Sie darauf, ob in der Akte ein anderweitiges Strafverfahren erwähnt wird, das in sachlichem Zusammenhang zu den neuen Tatvorwürfen steht.

Sperrwirkung für erneute Strafverfolgung
■ Vorliegen einer sperrwirkungsfähigen Entscheidung
■ Persönliche Reichweite der Sperre
■ Sachliche Reichweite der Sperre, insbesondere: prozessuale Tatidentität

1. Sperrwirkungsfähige Entscheidungen

a) Umfassende Sperrwirkung

33 Eine umfassende Sperrwirkung erzeugen **rechtskräftige Strafurteile**, sofern ein deutsches Strafgericht eine Sachentscheidung getroffen hat, also Verurteilung oder Freispruch.[19] Einstellungsurteile nach § 260 Abs. 3 StPO und Einstellungsbeschlüsse außerhalb der Hauptverhandlung gemäß § 206 a StPO entfalten nur dann eine umfassende Sperrwirkung, wenn die fehlende Prozessvoraussetzung nicht mehr herstellbar ist bzw. das festgestellte Prozesshindernis nicht nachträglich entfallen kann, z.B. durch die noch mögliche Stellung eines Strafantrags.[20]

b) Sperrwirkung nur für die erneute Verfolgung der Tat als Vergehen oder Ordnungswidrigkeit

34 **aa) Rechtskräftige Strafbefehle** stehen zwar nach § 410 Abs. 3 StPO rechtskräftigen Urteilen gleich, allerdings kann das Verfahren unter erleichterten Voraussetzungen wieder aufgenommen werden, wenn neue Tatsachen und Beweismittel vorgebracht werden, die geeignet sind, die Verurteilung wegen eines Verbrechens zu begründen, § 373 a Abs. 1 StPO.

bb) Gleiches gilt für **rechtskräftige Urteile und Beschlüsse wegen einer Ordnungswidrigkeit**, § 84 Abs. 2 S. 1 OWiG. Auch hier ist die Wiederaufnahme möglich, wenn neue Tatsachen oder Beweismittel vorliegen, die die Tat als Verbrechen erscheinen lassen, § 85 Abs. 3 S. 2 OWiG.

cc) Und schließlich tritt auch bei **endgültiger Verfahrenseinstellung nach Erfüllung von Auflagen** gemäß § 153 a Abs. 1 S. 5, Abs. 2 S. 2 StPO eine Sperrwirkung nur für Vergehen ein. Die weitere Verfolgung der Tat unter dem – wenn auch nur übersehenen – Gesichtspunkt des Verbrechens ist ohne Weiteres möglich.

dd) Nach höchstrichterlicher Rspr. gilt dies auch für **gerichtliche Verfahrenseinstellungen wegen Geringfügigkeit gemäß § 153 Abs. 2 StPO**. Sie sollen in analoger Anwendung des § 153 a Abs. 1 S. 5 StPO ebenfalls eine auf Vergehen beschränkte Sperrwirkung entfalten.[21]

c) Beschränkte Sperrwirkung, soweit keine neuen Tatsachen oder Beweismittel

35 Eine nur beschränkte Sperrwirkung für die Wiederaufnahme des Verfahrens entfalten die nachfolgenden Entscheidungen; die erneute Aufnahme des Verfahrens ist

---

19 Vgl. BGH, Urt. v. 20.07.1962 – 4 StR 194/62, NJW 1962, 2116.

20 Vgl. Meyer-Goßner/Schmitt § 260 Rn. 48.

21 BGH, Beschl. v. 26.08.2003 – 5 StR 145/03, NStZ 2004, 218, 219.

hier allerdings bereits beim Vorliegen neuer Tatsachen und/oder Beweismittel möglich:

- die **Zurückweisung des zulässigen Klageerzwingungsantrags** (vgl. § 174 Abs. 2 StPO)

- der **Nichteröffnungsbeschluss** gemäß § 204 StPO (vgl. § 211 StPO)

- die **Einstellung des Verfahrens durch das Jugendgericht** (vgl. § 47 JGG)

d) Keine Sperrwirkung für erneute Strafverfolgung

Überhaupt keine Sperrwirkung entfalten   36

- die **Einstellung** mangels hinreichenden Tatverdachts **gemäß § 170 Abs. 2 S. 1 StPO**,

- die **Einstellung** wegen Geringfügigkeit durch die Staatsanwaltschaft **gemäß § 153 Abs. 1 StPO** (zur gerichtlichen Einstellung gemäß § 153 Abs. 2 StPO s.o.),

- vorläufige **Verfahrenseinstellungen gemäß §§ 153 a Abs. 1 S. 1, Abs. 2, 205 StPO** sowie

- berufsgerichtliche oder disziplinarrechtliche Entscheidungen.

Das Verfahren kann in diesen Fällen ohne weitere Gründe wiederaufgenommen werden. Ein **Vertrauensschutz** des Beschuldigten auf den Fortbestand der ergangenen Entscheidung besteht also nicht.

2. Persönliche Reichweite der Sperrwirkung

In persönlicher Hinsicht wirken alle die Strafklage verbrauchenden Entscheidungen   37
allein für denjenigen, gegen den sich das zugrunde liegende Verfahren richtete.

3. Prozessuale Tatidentität

Die Sperrwirkung kommt nur dann in Betracht, wenn es in dem neuen Verfahren **pro-   38
zessual** auch um dieselbe Tat geht, die bereits Gegenstand des ersten Verfahrens war. Dabei kommt es nicht darauf an, ob in dem ersten Verfahren die nunmehr zu beurteilenden Straftaten bekannt waren oder hätten bekannt sein können.

„Tat" im prozessualen Sinn ist ein konkretes Vorkommnis, ein einheitlicher geschichtlicher Vorgang, der sich von anderen, ähnlichen oder gleichartigen unterscheidet.[22] **Zu dieser Tat gehört das gesamte Verhalten des Täters, soweit es nach natürlicher Auffassung einen einheitlichen Lebensvorgang darstellt.**[23]

Der prozessuale Tatbegriff dient der Begrenzung des strafrechtlichen Verfahrensgegenstandes und damit zugleich der Grenzen erneuter Strafverfolgung. Damit hat dieser Tatbegriff eine andere Funktion als der Begriff der „Tat" i.S.d. §§ 52 ff. StGB, der über die Strafenbildung entscheidet. Dennoch stehen beide Tatbegriffe nicht beziehungslos nebeneinander:

a) Liegt **materiell-rechtlich Tateinheit** vor, so ist auch **verfahrensrechtlich eine Tat**   39
anzunehmen. Dabei kann die Tateinheit auch durch eine natürliche oder rechtliche Handlungseinheit verbunden werden.

Eine **natürliche Handlungseinheit** liegt vor, wenn mehrere Willensbetätigungen   40
objektiv als ein einheitliches Tun erscheinen und subjektiv auf einem einheitlichen

---

22 BGH, Urt. v. 20.05.1969 – 5 StR 658/68, NJW 1969, 1181.
23 BGH, Urt. v. 03.11.1959 – 1 StR 425/59, NJW 1960, 110.

und in der Angriffsrichtung gleichartigen Tun beruhen. Sind höchstpersönliche Rechtsgüter betroffen, ist eine natürliche Handlungseinheit in der Regel nur möglich, wenn derselbe Rechtsgutträger Opfer ist. Die Beeinträchtigung höchstpersönlicher Rechtsgüter verschiedener Personen ist einer additiven Betrachtung nicht zugänglich, es sei denn, es lag ein außergewöhnlich enger zeitlicher und situativer Zusammenhang vor, etwa bei Messerstichen innerhalb weniger Sekunden, bei einem Angriff gegen eine aus Tätersicht nicht individualisierbare Personengruppe oder bei zeitgleich oder wechselweise erfolgenden Angriffen auf mehrere Opfer.[24]

41   Eine **juristische Handlungseinheit** kann insbesondere **durch** sogenannte **Klammerwirkung** entstehen, also wenn ein Delikt mit einem durch eine neue Ausführungshandlung begangenen anderen Delikt durch ein drittes mehraktiges oder Dauerdelikt verbunden ist. Ist das verklammernde „Brückendelikt" bei konkreter Betrachtung genauso schwer, wie auch nur eines der verklammerten, stehen alle Delikte in Tateinheit zueinander. Die Verfahrensbeendigung auch nur für eines der Delikte kann dann ein Verfahrenshindernis für die erneute Strafverfolgung der übrigen erzeugen.

Beispiel: Die Akte beginnt mit einer Strafanzeige und einem Strafantrag des Geschädigten Z wegen Körperverletzung und Nötigung. Der Geschädigte hatte den Beschuldigten B bei einem Warenhausdiebstahl ertappt und war von ihm niedergeschlagen worden. Aus der Beschuldigtenvernehmung und dem Strafregisterauszug in der Akte erfahren Sie, dass B wegen der Diebstahlstat rechtskräftig verurteilt worden ist. Dem Amtsgericht war seinerzeit die Gewaltanwendung nicht bekannt.

Ihre Prüfung im A-Gutachten wegen räuberischen Diebstahls und Körperverletzung könnte wie folgt lauten:

I. Der Beschuldigte B könnte wegen räuberischen Diebstahls gemäß § 252 StGB hinreichend verdächtig sein, weil er Z niedergeschlagen und anschließend die Geldbörse entwendet hat.

Voraussetzung für eine Verurteilung am Ende einer gedachten Hauptverhandlung ist, dass dieses Delikt überhaupt noch verfolgbar ist. Das wäre wegen des Doppelbestrafungsverbots aus Art. 103 Abs. 3 GG zu verneinen, wenn das bereits durch Urteil vom ... rechtskräftig abgeurteilte Diebstahlsgeschehen zur selben prozessualen Tat gehören würde. „Tat" im strafverfahrensrechtlichen Sinn ist ein einheitlicher geschichtlicher Vorgang, der sich von anderen, ähnlichen oder gleichartigen unterscheidet. Soweit materiell-rechtlich eine Tat vorliegt, ist auch verfahrensrechtlich eine Tat gegeben. Der bereits abgeurteilte Diebstahl ist hier teilidentisch mit der Ausführungshandlung des räuberischen Diebstahls. Daher liegt materiell und prozessual dasselbe Geschehen vor. Dass das Amtsgericht die später verübte Gewalt nicht kannte, ist unerheblich. Insoweit ist ein Strafverfolgungshindernis eingetreten. Hinreichender Tatverdacht für räuberischen Diebstahl besteht insoweit also nicht.

II. Fraglich ist, ob zumindest hinreichender Tatverdacht für eine Körperverletzung gemäß § 223 StGB besteht. Der nach § 230 Abs. 1 StGB erforderliche Strafantrag ist zwar gestellt, doch möglicherweise steht auch insoweit gemäß Art. 103 Abs. 3 GG die Rechtskraft der Verurteilung wegen Diebstahls einer Strafverfolgung entgegen. Es könnte auch insoweit materiell-rechtliche und damit prozessuale Tatidentität bestehen. Zwar ist die Körperverletzung durch eine andere Handlung begangen worden als die Wegnahme im Rahmen des Diebstahls. Der räuberische Diebstahl gemäß § 252 StGB ist jedoch als zweiaktiges Delikt im ersten Akt identisch mit dem bereits abgeurteilten Diebstahl und im zweiten Akt mit der in der Körperverletzung liegenden Ge-

---

24   BGH, Beschl. v. 06.06.2008 – 2 StR 189/08, BeckRS 2008, 13791.

waltanwendung. Da § 252 StGB als Verbrechen sogar schwerer wiegt als die beiden Delikte der §§ 242, 223 StGB, werden diese durch den räuberischen Diebstahl untereinander zu einer juristischen Handlungseinheit und damit zur Tateinheit verbunden. Über die Verklammerung durch § 252 StGB gehört auch die Körperverletzung prozessual zu der bereits rechtskräftig abgeurteilten Tat. Auch insoweit besteht deshalb ein Verfahrenshindernis. Hinreichender Tatverdacht für § 223 StGB besteht demnach ebenfalls nicht.

III. Die zugleich mit der Körperverletzung bewirkte Nötigung des Zeugen Z gemäß § 240 StGB ist damit ebenfalls von der Rechtskraft der Verurteilung wegen Diebstahls erfasst und nicht mehr zu verfolgen.

b) Liegt dagegen **materiell-rechtlich Tatmehrheit** vor, so liegen in der Regel auch **verfahrensrechtlich verschiedene Taten** vor, **es sei denn**, zwischen beiden besteht ein derartiger **innerer Zusammenhang**, dass der Unrechts- und Schuldgehalt der einen Handlung nicht ohne die Umstände, die zu der anderen Handlung geführt haben, richtig gewürdigt werden kann und ihre Trennung als unnatürliche Aufspaltung eines einheitlichen Lebensvorgangs erscheint.[25]

42

Beispiel: Der Täter hat eine schwere Brandstiftung begangen und plangemäß später durch eine Schadensmeldung die Brandversicherungssumme zu Unrecht kassiert. Die Delikte des § 306 a StGB und des § 263 StGB sind zwar durch zwei verschiedene Handlungen, also tatmehrheitlich, verwirklicht. Da die Brandstiftung aber notwendige Bedingung für die spätere Erschleichung der Versicherungssumme war, stehen sie in einem so engen Verhältnis zueinander, dass eine prozessuale Tat anzunehmen ist.[26]

Anders liegt es bei Tötungshandlungen an verschiedenen Opfern. Beruhen diese auf verschiedenen Willensbetätigungen, so hebt sich jede so von der anderen ab, dass ein noch so enger äußerer zeitlicher und psychologischer Zusammenhang sie nicht zu einer prozessualen Tat machen kann.[27]

43

VI. Sonstige Verfahrenshindernisse

Sonstige wissenswerte Verfahrenshindernisse sind:

44

- die **Nichtanwendbarkeit deutschen Strafrechts** (§§ 3 ff. StGB),[28]

- die **(endgültige) Verhandlungsunfähigkeit** des Beschuldigten,[29]

- das Fehlen eines **behördlichen Strafverlangens** (§ 104 a StGB) oder **einer behördlichen Ermächtigung** (z.B. §§ 194 Abs. 4, 353 a Abs. 2, 353 b Abs. 4 StGB),

- die **fehlende Genehmigung der Strafverfolgung von Abgeordneten** durch das Parlament (§ 152 a StPO i.V.m. Art. 46 Abs. 2 GG [Immunität], Nr. 191–192 b RiStBV),

- Beschuldigter ist **nicht der deutschen Gerichtsbarkeit unterworfen** (§§ 18–20 GVG oder Art. VII Nato-Truppenstatut),

- Beschuldigter in einem **Privatklageverfahren** kann **kein Jugendlicher** sein (§ 80 JGG),

- die **anderweitige Rechtshängigkeit** derselben prozessualen Tat.

---

25 BGH, Urt. v. 23.09.1999 – 4 StR 700/98, StV 2000, 133.

26 BGH, Beschl. v. 21.09.2011 – 1 StR 95/11, RÜ 2012, 27.

27 BGH, Beschl. v. 06.06.2008 – 2 StR 189/08, BeckRS 2008, 13791.

28 Vgl. OLG Stuttgart, Beschl. v. 30.10.2003 – 1 Ws 288/03, NStZ 2004, 402; AG Bremen, Beschl. v. 30.09.2004 – 74 Cs 230 Js 48049/03, NStZ-RR 2005, 87 f.

29 BGH, Urt. v. 16.06.1970 – 1 StR 27/70, NJW 1970, 1981; LG Konstanz, Beschl. v. 14.01.2002 – 3 KLs 25/01 33 Js 17730/00, StV 2002, 246.

D. Prüfung und Darstellung der materiell-rechtlichen Merkmale

I. Allgemeine Regeln

45 Bei der materiell-rechtlichen Prüfung bewegen Sie sich wieder auf bekanntem Terrain. In der **gedanklichen Vorprüfung** ist jedes Delikt nach objektivem Tatbestand, subjektivem Tatbestand, Rechtswidrigkeit und Schuld durchzuprüfen, und zwar je genauer, desto besser.

Auch in der **Niederschrift** Ihres A-Gutachtens zählen die aus dem ersten Examen bekannten Qualitätskriterien: (1.) Die **strukturierte Darstellung der zu prüfenden Norm/en**, (2.) eine „saubere" **Subsumtion** des Sachverhalts und schließlich (3.) die schlüssige **Argumentation** bei Rechtsfragen. Da Ihre Lösung aber erst mit dem B-Gutachten und vor allem der – unbedingt fertigzustellenden – Abschlussentscheidung vollständig ist, haben Sie für das Gutachten weitaus weniger Zeit als im ersten Examen. Deshalb achten Sie stets darauf, zielorientiert zu formulieren und die Problemschwerpunkte richtig zu setzen!

> **Klausurhinweis**: Die Straftatbestände, die in der Anklageschrift oder in der Einstellungsverfügung auftauchen, sind in der Regel auch die Schwerpunkte im Gutachten.

Dem Gewicht für die Lösung folgt auch der Stil der Darstellung. Berücksichtigen Sie nachfolgende Hinweise:

Darstellungstechnik
■ Nach Benennung der zu prüfenden gesetzlichen Vorschrift und der Anknüpfungshandlung im Obersatz erfolgt keine Wiederholung des Gesetzestexts. Gehen Sie gleich auf die gesetzlichen Voraussetzungen ein.
■ Überschriften nur für Tatkomplexe bilden, nicht innerhalb der Deliktsprüfung.
■ Alle Abgrenzungs- und Auslegungsfragen erfolgen beim jeweiligen Tatbestandsmerkmal.
■ Ein Überspringen von Tatbestandsmerkmalen kann nur erfolgen, wenn das nachfolgend zu prüfende Tatbestandsmerkmal evident nicht erfüllt ist.
■ Gewichten Sie Ihre Darstellung durch eine Mischung aus Gutachten- und Urteilsstil. Ein ausführlicher Gutachtenstil sollte bei den Schwerpunktproblemen und ein verkürzter Gutachtenstil bei einfachen Subsumtionen erfolgen. Urteilsstil kommt in Betracht für ■ offensichtlich nicht erfüllte Delikte (sofern überhaupt anzusprechen), ■ für offensichtlich erfüllte Merkmale ■ und für gesetzeskonkurrierende Delikte.

II. Streitstände in Assessorklausuren

46 Korrektoren von Assessorklausuren beklagen regelmäßig die Praxisferne der vorgelegten Lösungen: Hauptgrund ist, dass akademische **Streitstände** auf Kosten präziser Subsumtion hochgespielt würden. Auch hier müssen **Referendarinnen und Referendare umdenken**. Streitstände haben in Assessorklausuren eine andere Bedeutung als im ersten Examen und müssen dementsprechend formuliert werden:

- Auslegungsfragen sind von vornherein knapp und ohne eigene Stellungnahme darzustellen, wenn die verschiedenen Ansichten im Fall zu demselben Ergebnis kommen.

- Kommen verschiedene Ansichten zu derselben Rechtsfrage zu unterschiedlichen Lösungen, genügt es in aller Regel, wenn der Bearbeiter kurz die abzulehnenden Ansichten skizziert, um danach die favorisierte Gegenauffassung sofort als eigene darzustellen.

Dort, wo sich eine ständige Rspr. herausgebildet hat, sollte der Bearbeiter dieser folgen, und zwar nicht nur wegen der **Bindung der Staatsanwaltschaft an höchstrichterliche Präjudizien**, sondern auch, weil jeder verantwortungsbewusste Rechtsanwender vermeidet, überflüssige Rechtsbehelfe und Verfahrensverzögerungen zu provozieren.

Unser **AS-Skript Materielles Strafrecht in der Assessorklausur** zeigt die klausurtypischen Rechtsprobleme auf und gibt **Formulierungsvorschläge** dazu.

Besonders deutlich wird der Unterschied in der Darstellung der Abgrenzung Raub–räuberische Erpressung.

In dem zugrunde liegenden Fall lässt sich der Täter nachts mit vorgehaltenem Messer und der Anweisung „Geld her" die Geldbörse von Z aushändigen.

A-Gutachten:

I. Der Beschuldigte B könnte wegen Raubes gemäß § 249 StGB hinreichend verdächtig sein, weil er unter Vorhalten des Messers die Geldbörse des Z erlangte.

1. Durch Vorhalten des Messers kündigte B gegenüber Z schlüssig an, ihn bei Nichtbefolgung seiner Anweisung zur Herausgabe des Geldes zu verletzen oder zu töten. Er hat also mit gegenwärtiger Gefahr für Leib und Leben seines Opfers gedroht.

2. Portemonnaie und Inhalt standen im Eigentum des Z, waren also für B fremde bewegliche Sachen.

3. Fraglich ist, ob das Herausgebenlassen als Wegnahme i.S.d. Raubes angesehen werden kann. Die Auslegung dieses Merkmals ist – mit Blick auf den Tatbestand der räuberischen Erpressung gemäß §§ 253, 255 StGB – umstritten:

a) Nach einer vielfach in der Lit. vertretenen Auffassung schließen sich Raub und räuberische Erpressung genauso tatbestandlich aus wie Diebstahl und Betrug. So wie der Betrug sei auch die (räuberische) Erpressung ein Selbstschädigungsdelikt, das als schadenstiftendes Opferverhalten eine Vermögensverfügung verlange. Diese sei bei der Erpressung dadurch gekennzeichnet, dass das Opfer in der Vorstellung handele, es müsse für den Verlust des Gegenstandes einen notwendigen Mitwirkungsakt vornehmen. Habe es dieses Bewusstsein, liege zugleich ein Einverständnis in den Gewahrsamsverlust beim Raub vor. Sage sich der Genötigte aber, dass er den Gewahrsamsverlust letztlich nicht verhindern könne, liege keine Vermögensverfügung und damit auch kein Einverständnis vor. Nach dieser Ansicht ist das bloße Hergeben der Geldbörse kein Mitwirkungsakt, den B benötigte, um an das Geld zu kommen. Er hätte sich – das war nach der Situation auch für den Zeugen Z klar – nach Ausschalten des Opfers mit dem Messer das Geld auch selbst nehmen können. Nach diesem Verständnis hat der Beschuldigte das Geld i.S.d. § 249 StGB weggenommen.

b) Da § 253 StGB (und damit § 255 StGB) als Opferverhalten auch „Dulden und Unterlassen" nennt, das sogar bei einem zuvor bewusstlos gemachten Opfer möglich ist, widerspricht die vorbezeichnete Auslegung der Erpressung als Selbstschädigungsdelikt schon dem Gesetzeswortlaut. Damit ist der Parallele zum Betrug und dem dortigen Er-fordernis einer Vermögensverfügung bei der Erpressung die juristische Grundlage ent-zogen. Auch psychologisch ist eine nur täuschungsbedingte Opferreaktion nicht mit einer durch Raubmittel erzwungenen vergleichbar. Selbst ein Opfer, das sich sagt, es könne den Gewahrsamswechsel verhindern, vollzieht mangels Freiwilligkeit keine Ver-mögensverfügung und erteilt damit kein Einverständnis in den Gewahrsamsverlust. Die innere Willensrichtung ist kein hinreichendes Kriterium für die Definition des Tat-bestandsmerkmals „Wegnahme" bei § 249 StGB. Vorzugswürdig erscheint daher die Rspr., die Raub gegenüber der räuberischen Erpressung nicht im Verhältnis der Aus-schließlichkeit, sondern der Spezialität sieht. Danach ist der Wegnahmebegriff bei § 249 StGB deliktsspezifisch zu definieren und nur dann gegeben, wenn der Nötigende sich die Sache nach dem äußeren Erscheinungsbild selbst nimmt. Das war hier nicht der Fall, weil Z die Geldbörse herausgegeben hat.

Hinreichender Tatverdacht für Raub scheidet demnach aus.

II. Infrage kommt dann aber ein hinreichender Tatverdacht für räuberische Erpressung gemäß §§ 253, 255 StGB.

E. Beweisbarkeit der einzelnen Deliktsmerkmale

47 In Ihrem Aktenauszug sind die zu subsumierenden Fakten nicht zeitlich geordnet, häufig unvollständig und vor allem nicht zweifelsfrei. So sind Tatspuren nicht immer eindeutig oder es lässt sich der Beschuldigte zur Sache nicht oder fehlerhaft ein oder Zeugen machen widersprüchliche Angaben. Bei Ihrer – für die Feststellung des hin-reichenden Tatverdachts vorzunehmenden – Verurteilungsprognose müssen Sie deshalb regelmäßig in Ihrem A-Gutachten auch darlegen, welche Beweismittel in der Beweisaufnahme verwertbar sind und warum diese eine logische und rationale Be-gründung für die erforderliche Überzeugung liefern können.

> **Klausurhinweis**: Tatsachen- und Beweisfragen sind in der Praxis oftmals wichtiger als viele akademische Streitfragen. Trainieren Sie deshalb vorab die Beweiswürdi-gung, etwa im AS-Klausurenkurs.

I. Prüfungsstandort

Wie sich im Regelfall aus dem Bearbeitervermerk ergibt, muss die **„tatsächliche Wer-tung des Sachverhalts ... bei den einzelnen Merkmalen der untersuchten Straf-tatbestände"** vorgenommen werden. Beweisfragen sind deshalb nicht in einem selbstständigen Prüfungspunkt vor der Deliktsprüfung darzustellen. **Sie sind viel-mehr im A-Gutachten bei demjenigen Tatbestandsmerkmal zu untersuchen, auf das sie sich im Hinblick auf den hinreichenden Tatverdacht auswirken könn-ten.**

Die Gedankenführung sollte sich an nachfolgendem Schema orientieren:

Beweisbarkeit
■ Beweisbedürftige Tatsache
■ Beweismittel
■ Beweisverbot
■ Beweiswürdigung
■ Strafrechtliche Zweifelsregeln

II. Beweisbedürftige Tatsachen

1. Beweisbedürftig sind **alle belastenden und entlastenden Umstände**, die für den **48** Schuld- und Rechtsfolgenausspruch eines späteren Urteils von Bedeutung sein können (vgl. § 160 Abs. 2, 3 StPO). Auch Tatsachen, die aus einem Geständnis des Beschuldigten herrühren oder Gegenstand eines Sachverständigengutachtens sind, unterliegen der richterlichen Beweiswürdigung nach § 261 StPO und sind damit bereits im Vorverfahren zu würdigen.

2. Nicht beweisbedürftig sind offenkundige Tatsachen, d.h. solche, von denen verständige und erfahrene Menschen regelmäßig zumindest durch allgemein zuverlässige Quellen Kenntnis haben.[30]

Beispiel: Fahrpläne oder geografische Gegebenheiten.

Daneben sind solche Umstände nicht beweisbedürftig, die **aufgrund gesicherter wissenschaftlicher Erkenntnis feststehen**.

Beispiel: Die unwiderlegbare Vermutung der absoluten Kfz-Fahruntauglichkeit ab einer Blutalkoholkonzentration von 1,1‰.[31]

Für die Abschlussentscheidung des Staatsanwalts, die eine eigene Bewertung der Aktenlage verlangt, wird man zudem solche Umstände als nicht beweisbedürftig ansehen müssen, die zur allgemeinen Lebenserfahrung oder kriminalistischen Berufserfahrung zählen.

Beispiel: Wird jemand mit einer unbezahlten CD in der Mantelinnentasche nach Verlassen des Musikgeschäfts angehalten, so drängt sich auf, dass der Betroffene selbst die CD weggenommen hat, um sie zu behalten. Ohne Hinzutreten außergewöhnlicher Umstände wäre hier die Frage nach einem Beweis für die Wegnahme und die Zueignungsabsicht lebensfremd und überflüssig.

III. Beweismittel

Hat man die Beweisbedürftigkeit der Erfüllung eines Deliktsmerkmals festgestellt, **49** sind zunächst die Fakten zusammenzustellen, die in irgendeinem Zusammenhang dazu stehen, d.h. man sammelt die Beweisquellen nach Ergiebigkeit.

1. Arten

Hierbei kann es sich um **sachliche Beweismittel** (Augenscheinsobjekte und Urkunden) oder um **persönliche Beweismittel** (Aussagen von Zeugen oder Sachverständigen und im weiteren Sinne auch Einlassungen von Beschuldigten) handeln. Je nach ihrem logischen Bezug erlauben diese eine unmittelbare oder mittelbare Beweisführung. **50**

a) Ein **direkter Beweis** liegt vor, wenn die Gewissheit vom Vorhandensein der beweisbedürftigen Haupttatsache auf direktem Weg möglich ist.[32] Ein solcher Beweis wird insbesondere durch Augenscheinsobjekte ermöglicht, z.B. durch Inaugenscheinnahme des Gemäldes, dessen Beschädigung der Beschuldigte bestreitet. **51**

b) Die Regel bildet der **indirekte Beweis** (auch: Indizien- oder Anzeichenbeweis). **52** Hierbei lässt eine Tatsache erst den Rückschluss auf die beweisbedürftige Haupttatsache zu,[33] etwa Fingerabdrücke oder Personenbeschreibungen durch Zeugen. Liegen mehrere Indizien vor, so gilt Folgendes:

---

30 Vgl. BVerfG, Beschl. v. 03.11.1959 – 1 BvR 13/59, NJW 1960, 31; Meyer-Goßner/Schmitt § 244 Rn. 50 ff.

31 Vgl. BGH, Beschl. v. 28.06.1990 – 4 StR 297/90, NStZ 1990, 491.

32 Nack MDR 1986, 366, 367.

33 Meyer-Goßner/Schmitt § 261 Rn. 25.

Bei einer Indizienreihe (besser: **„Indizienring"**[34]) weisen mehrere Anzeichen auf die Haupttatsache hin und verstärken auf diese Weise die Wahrscheinlichkeit. Auch wenn keine der Indiztatsachen für sich allein ausreicht, so kann doch die **Gesamtwürdigung** den erforderlichen Beweis erbringen.[35]

Beispiel: Überführung des flüchtigen Unfallfahrers durch (1.) Schäden an seinem Fahrzeug, (2.) Lacksplitter am Tatort und schließlich (3.) die Wiedererkennung seiner Person in räumlich-zeitlichem Zusammenhang mit dem Unfall durch Zeugen.

Bei einer **Indizienkette** dagegen sind die Beweisanzeichen denklogisch hintereinandergeschaltet und ermöglichen vom letzten Indiz ausgehend eine in mehreren Schritten vollzogene Schlussfolgerung auf die Haupttatsache. Hier schwächt sich die Beweiskraft in dem Maße ab, wie bei den Einzelindizien Unsicherheiten bestehen.

Beispiel: Durch Analyse der Schrifttypen des Erpresserbriefes lässt sich die Schreibmaschine finden, mit der der Brief verfasst worden ist. Der Besitzer dieser Maschine muss Urheber des Briefes sein, jedoch nur, wenn die Benutzung durch andere Personen hinreichend ausgeschlossen werden kann.

2. Unmittelbarkeitsgrundsatz und Ersetzungsverbot in der staatsanwaltlichen Assessorklausur

53 Für die Staatsanwaltschaft gelten das **Freibeweisverfahren**[36] und der **Grundsatz der freien Gestaltung der Ermittlungen** (§ 161 StPO). Zur Aufklärung des Sachverhalts kann sich der Staatsanwalt also aller ihm zugänglichen Informationsquellen bedienen, ohne an die Grundsätze der Unmittelbarkeit und Mündlichkeit gebunden zu sein.

Beispiel: Telefonanruf beim Arbeitgeber zur Überprüfung eines Alibis.

Sofern die auf diese Weise erlangten Informationen zur **Verneinung des hinreichenden Tatverdachts** herangezogen werden, ist ihre Verwertung für die Überzeugungsbildung des StA selbst unbeschränkt möglich.

Will der Staatsanwalt aber bestimmte belastende Beweismittel zur **Begründung des hinreichenden Tatverdachts** heranziehen, so verlangt die Verurteilungsprognose auch die **Berücksichtigung der für das Gericht in der Hauptverhandlung geltenden Beweisregeln**.

Daraus folgt:

54 Eine **belastende Tatsache** kann nur dann hinreichenden Tatverdacht begründen, wenn sie nach den Regeln des **Strengbeweises** auch zum Gegenstand der Hauptverhandlung gemacht werden kann.

Für alle Beweismittel gilt in der mündlichen Hauptverhandlung nach § 250 StPO der **Unmittelbarkeitsgrundsatz**. Dieser besagt, dass der Beweis einer Tatsache, die auf der Wahrnehmung einer Person beruht, grundsätzlich nur durch deren Vernehmung in der Hauptverhandlung geführt werden darf. Die persönliche Vernehmung darf durch Verlesung von Protokollen früherer Vernehmungen oder schriftlicher Erklärungen ausnahmsweise nur dann ersetzt werden, wenn dies in den §§ 251 ff. StPO ausdrücklich vorgesehen ist. Dasselbe gilt gemäß § 255 a StPO für die Vorführung von Video-Aufzeichnungen. Diese Grundsätze müssen Sie in der Rolle des Staatsanwalts auch bei Ihrer Verurteilungsprognose sowie für die spätere Bezeichnung der Beweismittel in der Anklageschrift berücksichtigen.

---

34 Nack MDR 1986, 366, 368.

35 BGH, Urt. v. 10.12.1986 – 3 StR 500/86, bei Pfeiffer, NStZ 1987, 217, 220.

36 Vgl. Beulke, Strafprozessrecht, 13. Aufl. 2016, Rn. 180.

Beweismittel sind deshalb bei Beschuldigten, Zeugen und Sachverständigen nicht die in den Akten befindlichen schriftlichen Äußerungen, sondern deren **mündliche Aussagen, Gutachten und Einlassungen** in der zukünftigen Hauptverhandlung.

In folgenden Fällen sollten Sie aber eine Ersetzung der mündlichen Aussage im A-Gutachten ansprechen:
55

Fall 1: Der **Beschuldigte** hat bereits ein Geständnis im Ermittlungsverfahren „widerrufen" oder kündigt an, in der Hauptverhandlung zu schweigen.

a) War das Geständnis in einem ordnungsgemäß zustande gekommenen **richterlichen Vernehmungsprotokoll** enthalten, so darf es im Wege des Urkundsbeweises gemäß **§ 254 Abs. 1 StPO verlesen** werden.

b) Liegt lediglich eine geständige Einlassung vor der Polizei oder Staatsanwaltschaft vor, so ist eine Verlesung des Protokolls unzulässig. In diesem Fall muss der **frühere Vernehmungsbeamte als Zeuge (sog. Zeuge vom Hörensagen) vernommen** werden.[37]

Fall 2: Bei einem Zeugen, Sachverständigen oder Mitbeschuldigten bestehen tatsächliche Hinderungsgründe, etwa eine Erkrankung.
56

a) Befindet sich ein **richterliches Vernehmungsprotokoll** in den Akten, so kann dies nach **§ 251 Abs. 2 StPO** verlesen werden, wenn nach

- der Hinderungsgrund – beispielsweise die Erkrankung – in **absehbarer Zeit** eine Vernehmung ausschließt **oder** nach

- einem Zeugen oder Sachverständigen (gilt nicht für Mitbeschuldigten) wegen großer Entfernung und untergeordneter Bedeutung der Aussage die Vernehmung nicht zugemutet werden kann **oder** nach

- bei Einverständnis von Angeklagten, Verteidiger und der Staatsanwaltschaft mit der Verlesung.

b) Liegt demgegenüber – wie im Regelfall – nur ein **polizeiliches** oder **staatsanwaltliches Vernehmungsprotokoll** vor, ist die Verlesung nach **§ 251 Abs. 1 StPO** nur zulässig, wenn nach

Nr. 1 der Angeklagte einen Verteidiger hat und das **Einverständnis aller Verfahrensbeteiligten** zu erwarten ist,

Nr. 2 die Beweisperson **verstorben** ist oder aus einem anderen Grund **unabsehbar lange Zeit** nicht vernommen werden kann oder nach

Nr. 3 die Vernehmungsniederschrift oder Urkunde nur das Vorliegen oder die Höhe eines Vermögensschadens betrifft.

Fall 3: Dem geschädigten Zeugen wird durch den Hausarzt die ärztliche Versorgung einer Platzwunde am Kopf attestiert. Das ärztliche Attest befindet sich abgedruckt in Ihrem Aktenauszug.
57

Im Wege des Urkundenbeweises können auch behördliche Zeugnisse oder „einfache" Gutachten gemäß § 256 Abs. 1 StPO eingeführt werden. Hauptfälle: **Blutalkoholbestimmungen durch gerichtsmedizinische Institute** und **ärztliche Atteste über nicht schwere Körperverletzungen**.

Fall 4: Im Aktenauszug befinden sich polizeiliche Observationsprotokolle, durch die die Anwesenheit des Beschuldigten B an diversen Tatorten belegt wird.
58

Erklärungen der Strafverfolgungsbehörden können, soweit diese Ermittlungshandlungen – wie beispielsweise Observationen – betreffen, ebenfalls verlesen werden

---

37   Meyer-Goßner/Schmitt § 254 Rn. 6, 8 sowie § 250 Rn. 4.

(§ 256 Abs. 1 Nr. 5 StPO). Je nach Bedeutung der Ermittlungshandlung kann es dabei allerdings die Aufklärungspflicht gebieten, auch den jeweiligen Ermittlungsbeamten als Zeugen zu vernehmen.[38]

IV. Beweisverbote

59 Ein Beweismittel, für welches in der Hauptverhandlung ein **Beweisverbot** besteht, darf schon für die Frage des hinreichenden Tatverdachts nicht herangezogen werden.

1. Systematik

a) Arten von Beweisverboten

60 Beweisverbote begrenzen die Wahrheitsfindung der Strafverfolgungsbehörden und Gerichte aus Gründen der Verfahrensfairness und Rechtsstaatlichkeit. Sie untersagen,

- bestimmte Beweise zu erlangen: **Beweiserhebungsverbote**, oder

- bereits erlangte Beweise im Strafverfahren heranzuziehen: **Beweisverwertungsverbote**.

  Beweisverwertungsverbote können selbstständig und unselbstständig sein.

  - **Selbstständige Verwertungsverbote** greifen auch bei rechtmäßiger Beweisgewinnung ein.

  - **Unselbstständige Verwertungsverbote** entstehen als Folge einer rechtswidrigen Beweisgewinnung.

b) Rechtsgrundlagen

Prüfungsfolge bei Beweisverwertungsverboten
■ **Verfassungsrechtlich** oder **gesetzlich** angeordnet
■ Sonst als Folge fehlerhafter Beweiserhebung nach **Abwägung:**
■ Gewicht der Tat und des Strafverfolgungsinteresses
■ Gewicht des Verfahrensfehlers unter Berücksichtigung
-- von Schutzzweck und Rang der verletzten Verfahrensnorm
-- der Schwere der Verletzung

61 Beweisverbote ergeben sich unmittelbar aus Verfassungsrecht oder können **gesetzlich** angeordnet sein.

In den übrigen Fällen kann ein Verwertungsverbot aus einem Gesetzesverstoß bei der Beweiserhebung folgen, aber nur nach **umfassender Abwägung.** Abzuwägen sind:

Einerseits das **Gewicht der vorgeworfenen Tat** und das daraus resultierende Interesse der Strafrechtspflege an der Wahrheitsfindung, andererseits **das Gewicht des Verfahrensverstoßes**. Kriterien hierfür ergeben sich aus:

Schutzzweck und Rang der verletzten Verfahrensnorm für die verfahrensrechtliche Rechtsstellung des Beschuldigten,

---

38 BGH, Beschl. v. 08.03.2016 – 3 StR 484/15, RÜ 2016, 378.

Schwere der Verletzung, insbesondere Vorliegen **objektiver Willkür** oder gravierende Missachtung des **Verhältnismäßigkeitsgrundsatzes** oder **sonstige gröbliche Verkennung der Rechtslage.**

c) Reichweite

Beweisverbote gelten zunächst nur für den unmittelbar hierdurch erlangten Beweis. **62**

Eine **Fortwirkung** in der Weise, dass eine fehlerhafte Beweiserhebung nicht unter Wahrung der Verfahrensregeln wiederholt werden dürfte, gibt es nicht. Allerdings kann sich bei einer erneuten Beweiserhebung die Pflicht zu einer qualifizierten Belehrung über die Unverwertbarkeit der ersten ergeben (s. dazu unten Rn. 93 f.).

Auch erzeugen Beweisverbote keine generelle **Fernwirkung**. Ein Beweis, der durch Informationen aus einem unverwertbaren Beweismittel erlangt worden ist, ist also nicht allein deshalb unverwertbar.[39]

Vereinzelte gesetzliche Beweisverbote sehen aber ausdrücklich ein sog. **Verwendungsverbot** vor. Hier dürfen ausnahmsweise die erlangten Informationen nicht oder nur begrenzt als Spurenansatz für weitere Beweiserhebungen herangezogen werden (vgl. §§ 100 d Abs. 5, 160 a Abs. 1 S. 2, 477 Abs. 2 S. 2 StPO, § 97 Abs. 1 S. 3 InsO, § 393 Abs. 2 AO).

d) Widerspruch des Beschuldigten

Die Rspr. macht das Entstehen eines Verwertungsverbots immer häufiger von einer **63** Entscheidung des Angeklagten abhängig. Der verteidigte Angeklagte muss danach spätestens bis zu dem in § 257 Abs. 2 StPO benannten Zeitpunkt (Erklärungsrecht nach jeder Beweiserhebung) ausdrücklich und eindeutig der Verwertung widersprechen (sog. **Widerspruchslösung**). Hat der Angeklagte keinen Verteidiger, so muss er den Widerspruch erklären, nachdem ihn der Vorsitzende darüber belehrt hat.[40] Der Widerspruch kann bis zum Ende der Beweisaufnahme zurückgenommen werden.[41] Ein vor der Hauptverhandlung erklärter Widerspruch genügt aber nicht.[42]

> **Hinweis:** Im Stadium des Ermittlungsverfahrens sind die von einem Widerspruch in der Hauptverhandlung abhängigen Verwertungsverbote „schwebend unwirksam". Sie könnten sich also theoretisch auf einen entsprechenden Hinweis beschränken und Ihre Anklage ohne Verfahrensverstoß trotzdem darauf stützen. Zu einer solchen Vorgehensweise ist aber nur dann zu raten, wenn aus der Akte nicht ersichtlich ist, dass der Beschuldigte die fehlerhafte Beweiserhebung rügt oder der Verteidiger einen Widerspruch ankündigt. Finden Sie solche Hinweise, so müssen sie bei der Prüfung des hinreichenden Tatverdachts auch berücksichtigt werden. Denn wenn Sie hinreichend sicher von einem Widerspruch ausgehen müssen und keine anderen Beweismittel zur Verfügung stehen, ist am Ende einer gedachten Hauptverhandlung auch keine Verurteilung mehr möglich. Bei einer solchen negativen Prognose besteht schon kein hinreichender Tatverdacht.

---

39 BGH, Beschl. v. 07.03.2006 – 1 StR 316/05, Rn. 13 ff., NStZ 2006, 402, 404. Vgl. demgegenüber aber OLG Düsseldorf, Beschl. v. 23.06.2016 – III-3 RVs 46/16, RÜ 2016, 647 ff. (Fernwirkung für geständige Einlassung des Beschuldigten nach einer Wohnungsdurchsuchung, die unter Verstoß gegen Richtervorbehalt durchgeführt worden war).

40 BGH, Beschl. v. 27.02.1992 – 5 StR 190/91, NStZ 1992, 294, 295; BGH, Urt. v. 12.10.1993 – 1 StR 475/93, NJW 1994, 333, 334.

41 BGH, Urt. v. 12.01.1996 – 5 StR 756/94, NStZ 1996, 291, 293.

42 BGH, Beschl. v. 27.02.1992 – 5 StR 190/91, NStZ 1992, 504; BGH, Beschl. v. 17.06.1997 – 4 StR 493/97, NStZ 1997, 502.

2. Beweisverwertungsfragen in der staatsanwaltlichen Assessorklausur

a) Spezielle Beweiserhebungs- und Verwertungsverbote gegenüber zeugnisverweigerungsberechtigten Personen

64 In Bezug auf **Geistliche**, **Verteidiger** und **Abgeordnete** als Zeugnisverweigerungsberechtigte nach § 53 Abs. 1 S. 1 Nr. 1, 2, 4 StPO besteht ein **absolutes Beweiserhebungs- und Beweisverwertungsverbot**, sofern es um Erkenntnisse geht, die dem Zeugnisverweigerungsrecht dieser Personen unterfallen würden und sofern kein auf bestimmte Tatsachen gegründeter Verdacht der Tatbeteiligung, Begünstigung, Strafvereitelung oder Hehlerei besteht, § 160 a Abs. 1, 4 StPO. Verteidiger sind sogar schon im Vorfeld der Mandatierung und ohne Rücksicht auf den Inhalt von Anbahnungsgesprächen geschützt.[43]

65 Bezüglich der von § 160 a Abs. 1 StPO nicht erfassten **sonstigen Berufsgeheimnisträger** nach § 53 Abs. 1 S. 1 Nr. 3–3 b, 5 StPO ordnet das Gesetz ein **relatives Beweiserhebungs- und Verwertungsverbot** an, sofern auch hier kein tatsächlich begründeter Verdacht der Tatbeteiligung oder einer Anschlusstat besteht. Geht es nicht um eine Straftat von erheblicher Bedeutung (vgl. § 98 a StPO), ist in der Regel nicht von einem überwiegenden Strafverfolgungsinteresse auszugehen, sodass dann die Maßnahme aus Gründen der Verhältnismäßigkeit zu unterlassen ist und Erkenntnisse insoweit nicht zu Beweiszwecken verwertet werden dürfen, § 160 a Abs. 2, 4 StPO.

b) Verwertungsverbote im Zusammenhang mit Zwangsmitteln

aa) Körperliche Untersuchungen von Beschuldigten und Zeugen, §§ 81 a, c StPO

66 **(1) Verwertungsverbot wegen Verletzung des Richtervorbehalts**

Nach §§ 81 a Abs. 2, 81c Abs. 5 StPO ist für die Anordnung einer körperlichen Untersuchung vorrangig der Richter zuständig (sog. **Richtervorbehalt**). Nur bei Gefährdung des Untersuchungserfolges durch Verzögerung sind auch die Staatsanwaltschaft und ihre Ermittlungspersonen zur Anordnung befugt.

In der Rspr. der letzten Jahre ging es gehäuft um die Frage, ob die frühere Praxis der Polizei rechtmäßig war, bei Verdacht auf § 316 StGB pauschal wegen des Alkoholabbaus durch Zeitablauf Gefahr im Verzug anzunehmen und auf eine richterliche Anordnung zu verzichten. Das BVerfG hält ein solches Vorgehen für rechtswidrig.[44] Danach muss vorrangig zumindest der Versuch unternommen werden, eine – auch mündlich oder fernmündlich mögliche – richterliche Anordnung zu erlangen. Allein der Umstand, dass ein Richter den Eingriff genehmigt hätte, wenn er erreichbar gewesen wäre (sog. **hypothetischer Ersatzeingriff**), heilt danach die fehlende Anrufung nicht, weil sonst der Richtervorbehalt stets unterlaufen werden könnte und sinnlos würde.

Ist ein **Richter nicht erreichbar**, muss Gefahr im Verzug im Einzelfall geprüft werden. Sie kann vorliegen, wenn z.B. keine sonstigen aussagekräftigen Indizien zum Alkoholisierungsgrad des Beschuldigten zur Tatzeit vorliegen, etwa beim Fehlen alkoholtypischer Ausfallerscheinungen, bei geringer Alkoholisierung, bei offensichtlichem

---

43 BGH, Beschl. v. 18.02.2014 – StB 8/13, RÜ 2014, 378.
44 BVerfG, Beschl. v. 11.06.2010 – 2 BvR 1046/08, RÜ 2010, 515.

Nachtrunk oder wenn infolge der Weigerung des Beschuldigten, sich einem Atemalkoholtest zu unterziehen, nicht klar ist, ob sich die Alkoholisierung in der Nähe eines anerkannten Grenzwerts bewegt.[45]

Die nichtrichterliche Anordnung muss dann – außer in Evidenzfällen – dokumentiert und begründet werden, damit eine eigenständige und nachträgliche richterliche Überprüfung der Anordnungsvoraussetzungen möglich ist.[46]

Lag keine Gefahr im Verzug vor, ist zunächst nur der Verfahrensfehler in Form einer Zuständigkeitsverletzung festgestellt. Ein Beweisverwertungsverbot ergibt sich daraus aber noch nicht. Dieses ist nur dann anzunehmen, wenn eine **Abwägung** ergibt, dass das Strafverfolgungsinteresse gegenüber der Schwere des Verfahrensverstoßes zurücktritt. Das ist der Fall

- bei **willkürlicher Annahme von Gefahr im Verzug**,
- bei **bewusster und gezielter Umgehung des Richtervorbehalts** oder
- bei einer **gröblichen Verkennung der Rechtslage**.[47]

Zudem verlangt die Rspr. hier einen rechtzeitig **vorgetragenen spezifizierten Widerspruch** des Angeklagten.[48]

Fall: Nach dem polizeilichen Bericht in der Ermittlungsakte befuhr der Beschuldigte am Tattag gegen 16.15 Uhr in Köln mit einem Lkw die Hausmannstraße in Richtung Ferdinandstraße und kollidierte mit einem Taxi, dessen Fahrer F aus einer Parkbucht rückwärts auf die Fahrbahn fuhr. Die von F herbeigerufene Polizeistreife – POK'in S und POK I – bemerkte, dass die Atemluft des Beschuldigten nach Alkohol roch, er aber bis auf eine leichte Gangunsicherheit keine Ausfallerscheinungen aufwies. POK I führte einen Atemalkoholtest mit einem mobilen Gerät durch, der einen Wert von 1,10‰ ergab. Der Führerschein des Beschuldigten wurde beschlagnahmt. Auf dem Weg zur Dienststelle mit dem Beschuldigten verständigte POK'in S über Funk den Dienstgruppenleiter und ging – fälschlich – davon aus, dass dieser die richterliche Anordnung eingeholt habe, ohne sich allerdings hierüber zu vergewissern. Die auf ihre Veranlassung – ohne Einverständnis des Beschuldigten, ohne richterliche Anordnung und ohne Dokumentation der Gründe für deren Nichteinholung – von einem Arzt um 17.35 Uhr durchgeführte Blutentnahme ergab nach dem Gutachten des gerichtsmedizinischen Instituts Köln im Entnahmezeitpunkt einen Wert von 1,12‰. Dem Beschuldigten wurde die Fahrerlaubnis durch Beschluss des AG vorläufig entzogen. Schon in diesem Zusammenhang widersprach der Verteidiger der Verwertung der rechtswidrig erlangten Blutprobe.[49]

A-Gutachten:

Der Beschuldigte B könnte wegen der Kollision mit dem Taxi des Zeugen F wegen fahrlässiger Straßenverkehrsgefährdung gemäß § 315 c Abs. 1 Nr. 1 a i.V.m. Abs. 3 Nr. 2 StGB hinreichend verdächtig sein.

1. B befuhr mit seinem LKW die Hausmannstraße und hat damit ein Fahrzeug im öffentlichen Verkehr geführt.

2. Der Beschuldigte war absolut fahruntüchtig, wenn er im Fahrtzeitraum eine Blutalkoholkonzentration von mindestens 1,1‰ hatte.

a) Dieser Nachweis müsste mit der für eine Anklage erforderlichen Sicherheit geführt werden können. Der gemessene Wert der Atemluftalkoholkonzentration scheidet mangels Verlässlichkeit im Strafverfahren als Beweismittel aus. Nach § 256 Abs. 1 Nr. 3 StPO könnte der Beweis aber durch Verlesung des Blutalkoholgutachtens des gerichts-

---

45 BeckOK-Graf § 81 a Rn. 26.

46 BVerfG, Beschl. v. 11.06.2010 – 2 BvR 1046/08, RÜ 2010, 515, NStZ 2011, 289; Meyer-Goßner/Schmitt § 81 a Rn. 25a.

47 Allg. Ansicht, vgl. OLG Bamberg, Beschl. v. 19.03.2009 – 2 Ss 15/09, NJW 2009, 2146.

48 Meyer-Goßner/Schmitt § 81 a Rn. 34 m.w.N.

49 Fall nach OLG Frankfurt, Urt. v. 08.11.2010 – 3 Ss 285/10, NStZ-RR 2011, 46.

medizinischen Instituts erbracht werden. Das setzt voraus, dass das Gutachten verwertet werden darf. Es besteht ein Verwertungsverbot, wenn ein so schwerer Fehler bei der Beweiserhebung vorlag, dass demgegenüber das staatliche Strafverfolgungsinteresse zurücktreten muss.

Hier könnte eine Verletzung der Anordnungszuständigkeit für die Entnahme der Blutprobe vorliegen. Für die Anordnung einer Blutentnahme ist gemäß § 81 a Abs. 2 StPO vorrangig ein Richter zuständig. Nur bei Gefährdung des Untersuchungserfolgs darf die Anordnung auch durch die StA und – nachrangig – durch ihre Ermittlungspersonen erfolgen. Die Strafverfolgungsbehörden müssen grundsätzlich versuchen, eine Anordnung des zuständigen Richters zu erlangen, bevor sie selbst eine Blutprobe anordnen. Die Gefährdung des Untersuchungserfolgs muss mit Tatsachen begründet werden, die auf den Einzelfall bezogen sind, sofern die Dringlichkeit nicht evident ist. Nicht ausreichend ist hierfür die bei Alkohol und Drogen generelle Gefahr, dass durch den körpereigenen Abbau der Stoffe der Nachweis erschwert oder gar verhindert wird. Je unklarer aber das Ermittlungsbild in der Situation oder je komplexer der Sachverhalt als solcher ist und je genauer deswegen die Analyse der Blutwerte sein muss, desto eher dürfen die Ermittlungsbehörden Gefahr in Verzug annehmen und nötigenfalls ohne richterliche Entscheidung handeln. Hier fehlten Ausfallerscheinungen und der Atemalkoholwert lag mit 1,10‰ im Grenzbereich zur absoluten Fahruntüchtigkeit. Dass dieser mit einem nicht gerichtsverwertbaren Handgerät ermittelt wurde, ist für die Beurteilung der Dringlichkeit ohne Belang. Bei dieser Sachlage war – aufgrund der drohenden Unterschreitung des Grenzwertes für die absolute Fahruntüchtigkeit – bei weiterer Verzögerung bis zur Einholung der richterlichen Anordnung ein Beweismittelverlust zu besorgen, sodass die Polizeibeamtin nicht gehalten waren, eine richterliche Anordnung einzuholen. Dem steht nicht entgegen, dass sich auch bei nicht zeitnaher Blutprobe und deren Auswertung durch anerkannte Rückrechnungsmethoden die BAK feststellen lässt. Diese erfolgt auf Grund bestimmter, zugunsten des Beschuldigten angenommener statistischer Mindestwerte. Die tatsächlichen Abbauwerte liegen jedoch regelmäßig höher, sodass sich mit zunehmendem Zeitablauf zwischen Tat und Blutentnahme auch Abweichungen zwischen einem zeitnah gemessenen und einem durch Rückrechnung ermittelten BAK-Wert ergeben.

Zwar hätte die richterliche Anordnung der Blutentnahme an einem regulären Arbeitstag innerhalb der üblichen Dienstzeiten erfolgen können. Selbst bei Zugrundelegung eines optimalen Verlaufs und selbst bei einer mündlichen Anordnung durch den Bereitschaftsrichter ist davon auszugehen, dass dieser eine relevante Zeitspanne zur Entscheidungsfindung benötigt hätte.

Zudem ist im vorliegenden Fall auch ohne Einschaltung des Richters vom Zeitpunkt der Anordnung durch die Polizeibeamtin bis zur tatsächlichen Entnahme bereits eine Stunde verstrichen. Eine weitere zeitliche Verzögerung war angesichts des im Grenzbereich liegenden Atemalkoholwertes deshalb zu vermeiden.

Die Beamtin war damit als Ermittlungsperson der Staatsanwaltschaft wegen Gefahr im Verzug zur Anordnung der Blutprobe berechtigt. Ein Zuständigkeitsverstoß lag nicht vor. Damit fehlt es auch an einem Fehler bei der Beweiserhebung als Voraussetzung für ein Beweisverwertungsverbot. Die Blutprobe und damit das darauf basierende Blutalkoholgutachten sind verwertbar.

b) B hatte danach im Zeitpunkt der Entnahme eine BAK von über 1,1‰. Er hatte also so viel Alkohol im Körper, dass der Grenzwert sicher überschritten wurde. Schon dadurch ist hinreichend sicher nachzuweisen, dass er im Fahrtzeitpunkt absolut fahruntüchtig war.

...

(2) Fehler bei der Durchführung einer Blutentnahme

Blutproben sind nicht schon dann unverwertbar, wenn sie von einem Nichtarzt **67** durchgeführt worden sind, weil durch den Arztvorbehalt des § 81 a Abs. 1 StPO die Gesundheit, nicht aber die verfahrensmäßige Rechtsstellung des Beschuldigten geschützt werden soll.[50] Unverwertbarkeit besteht aber dann, wenn die Blutprobe durch **körperlichen Zwang oder dessen Androhung oder durch Täuschung** über die Arzteigenschaft des Entnehmenden erlangt wurde, und der veranlassende Beamte **wusste**, dass die Entnahme **nicht durch einen Arzt** erfolgte.[51]

(3) Fehler bei sonstigen körperlichen Untersuchungen

Untersuchungsergebnisse von Zeugen, die nicht über ihr **Untersuchungsverwei-** **68** **gerungsrecht als Angehörige** gemäß § 81 c Abs. 3 i.V.m. § 52 Abs. 3 S. 1 StPO belehrt worden sind, sind als solche unverwertbar.[52]

Untersuchungsergebnisse von Minderjährigen sind ohne die Einwilligung des gesetzlichen Vertreters unverwertbar, § 81 c Abs. 3 S. 5 StPO.

bb) Durchsuchung, §§ 102 ff., und Beschlagnahme, §§ 94 ff. StPO

Nach § 105 StPO dürfen auch Durchsuchungen grundsätzlich nur vom Richter ange- **69** ordnet werden. Bei Gefahr im Verzug sind auch die Staatsanwaltschaft und ihre Ermittlungspersonen zur Anordnung befugt. Der Richtervorbehalt hat Verfassungsrang, Art. 13 Abs. 2 GG. Durchsuchungen ohne richterliche Anordnung führen allerdings – wie oben zur körperlichen Untersuchung von Beschuldigten und Zeugen schon ausgeführt – nicht stets zu einem Beweisverwertungsverbot. Die Annahme eines Beweisverwertungsverbots ist vielmehr von einer umfassenden **Abwägung des Interesses der Allgemeinheit an der wirksamen Strafverfolgung mit dem Interesse des Betroffenen an der Einhaltung der Verfahrensvorschriften (sog. Abwägungslösung)** abhängig, wobei alle Einzelfallumstände berücksichtigt werden müssen. Zumindest dann, wenn dem Beschuldigten schwerwiegende Straftaten, insbesondere Verbrechen, zur Last gelegt werden, der Ermittlungsrichter höchstwahrscheinlich die Eingriffsmaßnahme angeordnet hätte (hypothetische Beweismittelwahrscheinlichkeit) und keine Anhaltspunkte dafür bestehen, dass der Richtervorbehalt von den Ermittlungsbeamten bewusst missachtet wurde, besteht trotz Verletzung des Richtervorbehalts kein Beweisverwertungsverbot.[53] Wird demgegenüber in grober Weise dagegen verstoßen – etwa durch Zuwarten mit dem Antrag bis zur Nichterreichbarkeit eines Richters – führt dies zur Unverwertbarkeit der aufgefundenen Beweismittel.[54]

Beispiel: Durch Klopfen an der Wohnungstür des Beschuldigten, der die Ermittlungsbeamten zu diesem Zeitpunkt noch nicht bemerkt hatte, führen die Ermittlungsbeamten eine Situation herbei, in der ein Zuwarten auf die richterliche Entscheidung wegen des sodann drohenden Beweismittelverlusts nicht mehr möglich ist.[55]

Soweit bewusst die Begrenzungsfunktion der Durchsuchungsanordnung überschritten und **gezielt nach „Zufallsfunden"** i.S.v. § 108 StPO gesucht wird, kann dies ein Beweisverwertungsverbot auslösen.[56]

---

50 BGH, Beschl. v. 17.03.1971 – 3 StR 189/70, NJW 1971, 1092 (Medizinalassistentenfall).
51 BGH, Beschl. v. 17.03.1971 – 3 StR 189/70, a.a.O.
52 Meyer-Goßner/Schmitt § 81 c Rn. 32, § 52 Rn. 34.
53 BGH, Beschl. v. 17.02.2016 – 2 StR 25/15, RÜ 2016, 441, NStZ 2016, 551 m. Anm. Schneider.
54 BGH, Beschl. v. 30.08.2011 – 3 StR 210/11, RÜ 2012, 29.
55 OLG Düsseldorf, Beschl. v. 23.06.2016 – III-3 RVs 46/16, RÜ 2016, 647 ff.
56 LG Berlin, Beschl. v. 15.01.2004 – 518 Qs 44/03, NStZ 2004, 571.

Erstreckt sich die Durchsuchung auf **beschlagnahmefreie Gegenstände** gemäß § 97 StPO, entfaltet das hierfür bestehende Verwertungsverbot auch das Verbot der Durchsuchung. § 97 StPO knüpft an die **Zeugnisverweigerungsrechte** nach den §§ 52 und 53 StPO an, um eine Aushöhlung dieser Rechte durch Rückgriff auf schriftliche Unterlagen in ihrem Gewahrsam zu verhindern.

§ 97 StPO gilt dagegen nicht bei zeugnisverweigerungsberechtigten Personen, die **selbst Beschuldigte** sind.[57] Das folgt schon aus § 97 Abs. 2 S. 3 StPO. Ferner greift kein Beschlagnahmeverbot, wenn es sich um **Deliktsgegenstände** handelt, die entweder durch die Straftat hervorgebracht worden sind (producta sceleris) oder die zur Begehung der Tat gebraucht oder bestimmt waren (instrumenta sceleris) oder die aus einer Straftat herrühren (Tatvorteile), § 97 Abs. 2 S. 3 StPO.

Eine **analoge Anwendung des § 97 StPO** befürwortet die Rspr. bei **schriftlichen Unterlagen, die sich ein Beschuldigter erkennbar zum Zwecke seiner Verteidigung** angefertigt hat und die sich in seinem Gewahrsam befinden. Begründet wird die Analogie mit dem aus Art. 6 Abs. 3 EMRK i.V.m. Art. 2 Abs. 1, 20 Abs. 3 GG hergeleiteten Recht des Beschuldigten auf eine geordnete und effektive Verteidigung. Rechtsfolge: Beschlagnahmefreiheit und Unverwertbarkeit der Unterlagen.[58]

70   Auch wenn ein Gegenstand in einem Verfahren zulässigerweise beschlagnahmt worden ist, darf er in **anderen Strafverfahren**, in denen er **beschlagnahmefrei** gewesen wäre, nicht verwertet werden.[59]

Bei **tagebuchartigen Aufzeichnungen**, die von Beschuldigten und Zeugen stammen, gilt hinsichtlich der Verwertbarkeit die vom BVerfG[60] entwickelte „3-Sphären-Theorie": Unbedenklich ist die Verwertbarkeit, wenn die Aufzeichnungen aus der **Sozialsphäre** des Betroffenen stammen, wie etwa Gespräche im geschäftlichen Bereich.[61] Betreffen die Informationen nur die schlichte **Privatsphäre**, wie z.B. Aufzeichnungen über die Straftaten, so ist für die Verwertbarkeit abzuwägen zwischen den Grundrechten des Betroffenen und den Belangen der Strafrechtspflege. Letztere haben Vorrang, wenn es um die Aufklärung schwerster Straftaten geht und das Beweismittel unverzichtbar ist[62] oder der Eingriff in die Privatsphäre kein besonderes Gewicht hat.[63]

Aufzeichnungen, die die innere Gedanken- und Gefühlswelt des Verfassers wiedergeben und zur **Intimsphäre** gehören, sind wegen der Unantastbarkeit des Kernbereichs der Persönlichkeit und zum Schutz der Menschenwürde (Art. 1 Abs. 1 GG) unverwertbar.[64]

cc) Überwachung des Fernmeldeverkehrs, §§ 100 a ff. StPO, Abhören in und außerhalb der Wohnung, §§ 100 c ff., 100 f. StPO

71   Erkenntnisse, die unter völliger **Umgehung der Voraussetzungen des § 100 a ff. StPO** erlangt worden sind, werden durch einen Widerspruch unverwertbar.[65] Dies ist

---

57   BVerfG, Urt. v. 27.02.2007 – 1 BvR 538/06, Rn. 53; NJW 2007, 1117 (Fall „Cicero").

58   BGH, Urt. vom 25.02.1998 – 3 StR 490/97. NJW 1998, 1963.

59   BGH, Urt. v. 23.01.1963 – 2 StR 534/62, NJW 1963, 870.

60   BVerfG, Beschl. v. 31.01.1973 – 2 BvR 454/71, NJW 1973, 891.

61   Roxin/Schünemann, Strafverfahrensrecht, 28. Aufl. 2014, § 24 Rn. 45.

62   BGH, Urt. v. 09.07.1987 – 4 StR 223/87, NStZ 1987, 569.

63   BGH, Beschl. v. 19.06.1998 – 2 StR 189/98, NStZ 1998, 635.

64   BGH, Urt. v. 21.02.1964 – 4 StR 519/63, NJW 1964, 1139.

65   BGH, Urt. v. 06.08.1987 – 4 StR 333/87, NJW 1964, 1139; einschränkend BGH , Urt. v. 11.11.1998 – 3 StR 181/98, NStZ 1999, 203.

insbesondere auch dann der Fall, wenn zum Anordnungszeitpunkt kein auf Tatsachen gestützter Verdacht einer Katalogtat bestand.[66]

Telefongespräche zwischen zeugnisverweigerungsberechtigten Angehörigen des Beschuldigten dürfen aber abgehört und verwertet werden.[67] Allein der – fernmündliche – Kontakt zwischen Verteidiger und Beschuldigtem unterliegt wegen § 148 StPO nicht der Überwachung nach den §§ 100 a ff. StPO.[68] Der Inhalt von **Raumgesprächen**, also von außerhalb der Telefonbenutzung geführten Gesprächen, die nur deshalb im Rahmen einer Telefonüberwachung aufgezeichnet werden konnten, weil der Hörer nicht aufgelegt war, kann dagegen verwertet werden, wenn die Raumaufnahme erst durch einen Bedienungsfehler des Beschuldigten ermöglicht wurde bzw. die Überwachung ohnehin auf die §§ 100 c Abs. 1 Nr. 2, 100 d Abs. 1 StPO hätte gestützt werden können.[69]

72

Die bei einer rechtmäßigen Telekommunikationsüberwachung erlangten **Zufallsfunde in Bezug auf Dritte** dürfen nach § 477 Abs. 2 S. 2 StPO nicht zur Aufklärung von Straftaten verwendet werden, die keine Katalogtaten i.S.d. Deliktskataloge der §§ 100 a, c StPO sind.

73

Gespräche, die nach Inhalt und Vertrauensverhältnis der Beteiligten Intimcharakter besitzen (z.B. Sexualität, Tod), unterstehen dem Schutz des **Kernbereichs privater Lebensgestaltung**. Hierfür besteht schon ein Beweiserhebungsverbot. Sie dürfen auch nicht im Strafprozess verwertet werden, §§ 100 a Abs. 4 S. 1, 100 c Abs. 4, 5 StPO.

74

Selbstgespräche sind unabhängig von ihrem Inhalt – und damit anders als Tagebuchaufzeichnungen – generell sowohl gegenüber dem Beschuldigten als auch gegenüber Dritten unverwertbar. Für sie greift ein verfassungsrechtliches Verwertungsverbot aus Art. 2 Abs. 1 i.V.m. Art. 1 Abs. 1 GG ein. Als „lautes Denken" fehlt Selbstgesprächen der Charakter einer Kommunikation; sie werden oft unbewusst geführt, sind geprägt durch die Nichtöffentlichkeit der Äußerungssituation und anders als schriftliche Aufzeichnungen durch die Flüchtigkeit des Wortes.[70]

75

c) Verwertungsverbote von Äußerungen Beschuldigter

> **Klausurhinweis**: Die häufigsten Verwertungsprobleme in der Assessorklausur ergeben sich aus Belehrungsfehlern. Seien Sie wachsam, wenn die Aussage eines Beschuldigten nicht auf dem üblichen Formular erscheint, auf dem die Belehrung sogar gesondert unterschrieben werden muss, sondern in einem Vermerk oder Ermittlungsbericht.

aa) Bei Vernehmungen

(1) Keine Belehrung über das Schweigerecht

Ist der Beschuldigte vor der richterlichen Vernehmung entgegen § 136 Abs. 1 S. 2 StPO **nicht über sein Schweigerecht belehrt** worden oder konnte er die Belehrung aufgrund seines geistig-seelischen Zustands **nicht verstehen** und war ihm das Schweigerecht nicht anderweitig bekannt, so besteht für die bei der Vernehmung gemachten Erklärungen in dem gegen ihn gerichteten Verfahren – nicht dagegen in

76

---

66   BGH, Beschl. v. 07.03.2006 – 1 StR 534/05, Wistra 2006, 311 ff.
67   BGH, Beschl. v. 09.07.2002 – 1 StR 177/02, BeckRS 2002, 06837.
68   KK-Bruns, StPO, 7. Aufl. 2013, § 100 a Rn. 43.
69   Vgl. BGH, Urt. v. 14.03.2003 – 2 StR 341/02, NStZ 2003, 668; Meyer-Goßner/Schmitt § 100 a Rn. 2.
70   BGH, Urt. v. 22.12.2011 – 2 StR 509/10, RÜ 2012, 237.

einem Verfahren gegen Dritte[71] – ein Verwertungsverbot. Dies gilt jedoch nur dann, wenn der verteidigte oder vom Gericht entsprechend unterrichtete unverteidigte Beschuldigte bis zum Zeitpunkt des § 257 StPO in der Hauptverhandlung der ersten Instanz ausdrücklich der Verwertung **widersprochen** hat.[72]

Die vorgenannten Grundsätze gelten auch für die unterbliebene Belehrung bei der Vernehmung durch **Staatsanwalt oder Polizei, § 163 a Abs. 3 S. 2, Abs. 4 S. 2 StPO i.V.m. § 136 Abs. 1 S. 2 StPO.**

Die Belehrungspflicht besteht aber nur für **„Beschuldigte"** und **„Vernehmungen"**.

77 Für die **Beschuldigteneigenschaft** im Zusammenhang mit den Schweigerechten und Belehrungspflichten ist ein **förmlicher Akt der Inkulpation** (z.B. Ladung zur Beschuldigtenvernehmung, Antrag auf Wohnungsdurchsuchung etc.) nicht notwendig. Um zu verhindern, dass die Rechte des Betroffenen von der – ggf. willkürlichen – Rollenzuweisung durch die Strafverfolgungsbehörden abhängig werden, sieht die Rspr. denjenigen als Beschuldigten an, **gegen den sich die Ermittlungstätigkeit erkennbar richtet.** Indiz dafür ist zunächst die **Stärke des Verdachts („objektiv-materielles Element")**. Wenn also nach den Umständen – unter Berücksichtigung eines Beurteilungsspielraums der Ermittlungsbeamten – die befragte Person ernstlich als Beteiligter einer Straftat in Betracht kommt, ist sie Beschuldigter.[73] Weiteres Indiz ist in Anlehnung an § 397 Abs. 1 AO die **Art und Weise des Vorgehens gegenüber der fraglichen Person („finales Element")**. So gibt es Verhaltensweisen, die schon äußerlich belegen, dass der Ermittlungsbeamte den Befragten als Beschuldigten ansieht, auch wenn dies nicht zum Ausdruck gebracht wird, etwa Gespräche bei Mitnahme zur Polizeiwache oder Festnahmen und Durchsuchungen.[74]

78 Unter **„Vernehmung"** fallen nicht nur Angaben in einer protokollierten Befragung, sondern **in jeder Situation, in der der Vernehmende der Auskunftsperson als Amtsperson gegenübertritt und in dieser Eigenschaft von ihr Auskunft verlangt**,[75] also auch informelle Gespräche.

Lediglich sog. **informatorische Befragungen**, d.h. Befragungen im Vorstadium der Ermittlungen, also zu einem Zeitpunkt, in dem erst noch geklärt wird, ob überhaupt ein strafrechtliches Geschehen infrage kommt, sind noch keine Vernehmungen.[76]

79 **Nicht unter den Begriff der Vernehmungsäußerung und damit nicht unter das Belehrungsgebot** fallen zudem sog. **Spontanäußerungen**, also Selbstbelastungen aus eigenem Antrieb. Die so gewonnenen Informationen sind verwertbar, gleichviel ob sie gegenüber Polizeibeamten, Mitarbeitern anderer Behörden oder Privatpersonen gemacht werden.[77]

Zu den Konsequenzen der weiten Auslegung der Begriffe „Beschuldigter" und „Vernehmung" nachfolgendes **Beispiel:**

Polizeibeamte führen eine verdachtsunabhängige Verkehrskontrolle durch und überprüfen in diesem Zusammenhang auch die Insassen eines parkenden Fahrzeugs. In diesem Fahrzeug stellen sie Alkoholgeruch fest und fragen nach dessen Herkunft. Daraufhin äußert die auf der Fahrerposition sitzende Person, im Laufe des Abends einige Biere getrunken zu haben. Sodann fragen die Polizei-

---

71 BayObLG, Beschl. vom 01.12.1993 – 4 St RR 190/93, NStZ 1994, 250.

72 Vgl. BGH, Beschl. v. 27.02.1992 – 5 StR 190/91, NStZ 1992, 504; BGH, Urt. v. 12.10.1993 – 1 StR 475/93, NStZ 1994, 95; Meyer-Goßner/Schmitt § 136 Rn. 20 und 25.

73 Vgl. BGH, Beschl. v. 10.09.2004 – 1 StR 304/04, NStZ-RR 2004, 368; BGH, Urt. v. 31.05.1990 – 4 StR 112/90, NStZ 1990, 446.

74 BGH, Beschl. v. 27.02.1992 – 5 StR 190/91, NStZ 1992, 294; BGH, Beschl. vom 28.02.1997 – StB 14/96, NJW 1997, 1591.

75 BGH, Beschl. v. 13.05.1996 – GSSt 1/96, NStZ 1996, 502 (Hörfallen-Entscheidung).

76 BGH, Beschl. v. 27.02.1992 – 5 StR 190/91, a.a.O.

77 BGH, Urt. v. 27.09.1989 – 3 StR 188/89, NStZ 1990, 43, 44.

beamten weiter, ob er denn auch schon zuvor das Fahrzeug zu diesem Parkplatz gefahren habe. Auch diese Frage wird bejaht. Eine Belehrung der befragten Person i.S.d. § 163 a Abs. 4 S. 2 StPO i.V.m. § 136 Abs. 1 S. 2 StPO erfolgt bis zu diesem Zeitpunkt nicht. Diese unterlassene Belehrung zieht ein – durch Widerspruch in der Hauptverhandlung auslösbares – Verwertungsverbot nur hinsichtlich der zugegebenen Hinfahrt nach sich, da der Befragte erst nach Bejahung des Alkoholkonsums zum Beschuldigten wurde und mithin erst ab diesem Zeitpunkt die vorgenannte Belehrungspflicht eingriff.[78] Die Beantwortung der Frage nach der Herkunft des Alkohols bleibt dagegen in jedem Falle verwertbar, weil die bloße Wahrnehmung des Alkoholgeruchs im Auto den – informatorisch – Befragten noch nicht zum Beschuldigten macht.[79]

(2) Keine Belehrung und Erschwerung in Bezug auf Verteidigerkonsultation

Die unterlassene **Belehrung** des Beschuldigten **über das Recht zur Verteidigerkonsultation** nach § 136 Abs. 1 S. 2 StPO (ggf. i.V.m. § 163 a Abs. 3 S. 2, Abs. 4 S. 2 StPO) begründet im identischen Umfang wie die unterbliebene Belehrung über die Aussagefreiheit ein durch Widerspruch auslösbares Verwertungsverbot.[80] **80**

Auch wenn der Beschuldigte vor der Vernehmung belehrt worden ist, ihm aber die **Kontaktaufnahme mit einem Verteidiger verwehrt oder erschwert** wurde, sind die bei der Vernehmung gemachten Äußerungen unverwertbar, sofern der verteidigte oder vom Gericht belehrte Beschuldigte der Verwertung in der ersten Tatsacheninstanz bis zum Zeitpunkt des § 257 StPO widersprochen hat.[81] **81**

Die Vernehmungsperson verstößt auch dann gegen § 136 Abs. 1 S. 2 StPO, wenn sie den Beschuldigten zu Angaben veranlasst, **obwohl dieser zuvor erklärt hat, dass er erst mit einem Verteidiger sprechen wolle und auf dieses Recht auch später nicht eindeutig und klar verzichtet hat**.[82] Auf einen anwaltlichen Notdienst ist der Beschuldigte regelmäßig hinzuweisen, wenn er den Wunsch auf Zuziehung eines Verteidigers äußert.[83] Im Falle notwendiger Verteidigung darf der Beschuldigte nicht in dem Irrtum belassen werden, er könne sich wegen Mittellosigkeit die Hinzuziehung eines Verteidigers nicht leisten; jedoch soll ein solches Unterlassen – bei erheblicher Schwere des Schuldvorwurfs – kein Beweisverwertungsverbot für die Einlassung begründen.[84]

Die neuere Rspr. erwägt unter Berücksichtigung des Grundsatzes des „fair trial" zunehmend, bei **nicht rechtzeitiger Verteidigerbestellung im Ermittlungsverfahren** Verwertungsverbote für Beweiserhebungen, die ohne Verteidigerbeteiligung erfolgen, anzunehmen. Dabei ist im Einzelnen aber noch nicht abschließend geklärt, in welchen Fällen überhaupt eine Verpflichtung zur frühzeitigen Verteidigerbestellung im Vorverfahren besteht und ob die entsprechende Verletzung des § 141 Abs. 3 StPO zwingend zu einem Verwertungsverbot (mit Widerspruchsvorbehalt) führt.[85] **82**

(3) Verbotene Vernehmungsmethoden

Am wichtigsten ist das umfassende Verwertungsverbot für Aussagen, die durch **verbotene Vernehmungsmethoden** gewonnen worden sind, **§ 136 a Abs. 3, 1 u. 2 StPO**. Diese Vorschrift schützt **Beschuldigte** in Vernehmungen durch Richter, Staats- **83**

---

78 AG Homburg/Saar, Urt. v. 15.11.1993 – 5 Gs 854/93, StV 1994, 123.

79 BayObLG, Beschl. v. 21.05.2003 – 2 ObOWi 219/03, NStZ-RR 2003, 343; vgl. auch BayObLG, Beschl. v. 02.11.2004 – 1 St RR 109/04, StV 2005, 430.

80 BGH, Urt. v. 22.11.2001 – 1 StR 220/01, NJW 2002, 975 f.

81 BGH, Urt. v. 29.10.1992 – 4 StR 126/92, NStZ 1993, 142; BGH, Urt. v. 12.01.1996 – 5 StR 756/94 NStZ 1996, 291.

82 BGH, Urt. v. 22.06.2013 – 3 StR 435/12, RÜ 2013, 717.

83 BGH, Beschl. v. 11.08.2005 – 5 StR 200/05, NStZ 2006, 114.

84 BGH, Beschl. v. 18.10.2005 – 1 StR 114/05, StV 2006, 566 f.

85 BGH, Beschl. v. 10.01.2006 – 5 StR 341/05, StV 2006, 579 ff.

anwälte oder Polizeibeamte, vgl. §§ 163 a Abs. 3 S. 2 und 163 a Abs. 4 S. 2 StPO. Verboten sind alle Beeinträchtigungen der Willensentschließungs- und -betätigungsfreiheit durch körperliche oder seelische Einwirkungen, durch strafprozessual unzulässigen Zwang, durch Versprechen gesetzlich nicht vorgesehener Vorteile[86] oder durch Maßnahmen, die das Erinnerungsvermögen oder die Einsichtsfähigkeit beeinträchtigen.

84   Der Begriff der **Täuschung** ist eng auszulegen, denn er muss an den anderen verbotenen Vernehmungsmethoden in § 136 a StPO gemessen werden.[87] Deshalb ist kriminalpolizeiliche List durch Verschleierungen oder unterlassene Aufklärung eines Irrtums des Aussagenden erlaubt.[88] **Verboten ist aber jede aktive Lüge, durch die der Aussagende bewusst irregeführt und in seiner Aussagefreiheit beeinträchtigt wird.**[89]

Beispiele:

Weiß der Vernehmungsbeamte, dass nach den bisherigen Ermittlungen kein dringender Tatverdacht gegen den Beschuldigten besteht, so kann die verbotene Täuschung schon darin liegen, dass er ihm gegenüber nur pauschal und ohne bestimmte Beweismittel vorzuspiegeln von einer erdrückenden, ihm keine Chance lassenden Beweiskette spricht, um ihn dadurch zu einem Geständnis zu bewegen.[90]

Wird dem Beschuldigten unter Verfälschung der Verdachtslage vorgespiegelt, aufgrund des bisherigen Ermittlungsergebnisses sei mit der Beantragung und dem Erlass eines Haftbefehls zu rechnen, sofern der Beschuldigte kein umfassendes Geständnis ablege, so sind die daraufhin gemachten Angaben wegen Täuschung unverwertbar.[91]

85   Eine **Drohung** i.S.v. § 136 a Abs. 1 S. 3 StPO muss sich auf **verfahrensrechtlich unzulässige Maßnahmen** beziehen.

Beispiel: In der Praxis nicht selten ist die Ankündigung durch den Vernehmungsbeamten, der dringend Tatverdächtige könne einem Haftbefehl wegen Verdunkelungsgefahr entgehen, wenn er umfassend aussage. Diese Äußerung ist nichts anderes als die versteckte Drohung mit einem Haftbefehl. Wenn nach der Verfahrenssituation die Verdunkelungsgefahr allein aus dem Schweigen des Beschuldigten hergeleitet werden soll, darf der Haftbefehl von Gesetzes wegen nicht erlassen werden, denn ein prozessordnungsgemäßes Verhalten – hier die Ausübung des Schweigerechts – ist niemals eine unlautere Einwirkung auf Beweismittel i.S.v. § 112 Abs. 2 Nr. 3 StPO. In diesem Fall wird also mit einer verfahrensrechtlich unzulässigen Maßnahme gedroht. Die Aussage ist unverwertbar.[92]

(4) Verletzung von Anwesenheitsrechten

86   Soweit das Gesetz in **§ 168 c StPO Anwesenheitsrechte und Benachrichtigungspflichten** für die Teilnahme des Beschuldigten oder seines Verteidigers bei richterlichen Vernehmungen von Zeugen und Sachverständigen normiert, führt ein Verstoß dagegen nur dann zur Unverwertbarkeit im Prozess, wenn der Verteidiger (oder der durch das Gericht zuvor belehrte Angeklagte) der Verwertung im Rahmen seines Äußerungsrechts gemäß § 257 StPO sofort widerspricht.[93] Ein solches Verwertungsverbot erstreckt sich auch auf das Abspielen der audiovisuell aufgezeichneten Vernehmung nach § 255 a StPO.[94]

---

86   OLG Köln, Beschl. v. 24.06.2013 – 2 Ws 264/13, NStZ 2014, 172.

87   BGH, Beschl. v. 13.05.1996 – GSSt 1/96, NStZ 1996, 502 (Hörfallen-Entscheidung).

88   OLG Hamm, Beschl. v. 11.04.2002 – 3 Ss 201/02, Beck-RS 2002, 30252488.

89   BGH, Urt. v. 24.08.1988 – 3 StR 129/88, NStZ 1989, 35.

90   BGH, Urt. v. 24.08.1988 – 3 StR 129/88, NStZ a.a.O.

91   OLG Frankfurt a.M, Beschl. v. 25.11.1997 – 1 Ws 165/97, StV 1998, 119.

92   Vgl. OLG Hamm, Urt. v. 08.01.1985 – 4 Ws 8/85, StV 1985, 114; zu anderen Konstellationen Volk NJW 1996, 879, 882.

93   Vgl. BGH, Beschl. v. 27.01.2005 – 1 StR 396/04, BeckRS 2005, 02845.

94   Vgl. OLG München, Beschl. v. 23.05.2000 – 1 Ws 310/00, StV 2000, 352.

Auch bei **Verletzung der Pflicht zur Benachrichtigung vom Termin einer kom-** **87**
missarischen Vernehmung eines Zeugen oder Sachverständigen gemäß §§ 223,
224 StPO ist die Verlesung des Vernehmungsprotokolls nach § 251 StPO ausgeschlossen, wenn ihr der verteidigte oder vom Gericht darüber belehrte Angeklagte
ausdrücklich widersprochen hat.[95]

bb) Selbstbelastung von Beschuldigten außerhalb förmlicher Vernehmungen

In entsprechender Anwendung des **§ 136 a Abs. 1 S. 2 StPO** wird ein Verwertungs- **88**
verbot für solche Äußerungen anerkannt, die ein Beschuldigter während der
Zwangssituation der Untersuchungshaft gegenüber einem Mithäftling gemacht hat,
den die Strafverfolgungsorgane gezielt zum Zwecke des Aushorchens auf ihn „ange-
setzt" haben.[96]

Schaffen die Ermittlungsbehörden unter gezielter Ausnutzung der Situation der Un- **89**
tersuchungshaft die **Fehlvorstellung beim Beschuldigten, er werde bei einem Be-**
suchskontakt nicht abgehört, können die so erlangten selbstbelastenden Äußerungen wegen Verletzung des Schweigerechts und des Grundsatzes der Verfahrensfairness nicht verwertet werden.[97]

Hat sich ein Beschuldigter **auf sein Schweigerecht berufen** und wird er von einem **90**
eigens dafür angesetzten **verdeckten Ermittler unter Ausnutzung eines Vertrau-**
ensverhältnisses zu selbstbelastenden Äußerungen gedrängt, so sind diese wegen der Missachtung des Schweigerechts des Beschuldigten unverwertbar, wenn ein
entsprechender Widerspruch in der Hauptverhandlung erfolgt.[98]

Ein **eingeschränktes Verwertungsverbot** besteht bei der sog. **Hörfalle**: Hier wird **91**
ein Tatverdächtiger auf Veranlassung der Strafverfolgungsorgane in ein Gespräch mit
einer Privatperson verwickelt und ohne Aufdeckung der Ermittlungsabsicht zu Angaben über den Untersuchungsgegenstand veranlasst. – Der BGH bejaht die Verwertbarkeit der Äußerungen jedenfalls dann, wenn es sich um Straftaten von erheblicher
Bedeutung – etwa i.S.d. Katalogtaten der §§ 98 a, 100 a, 110 a StPO – handelt und
wenn andere Ermittlungsmethoden weniger Erfolg versprechend oder erschwert
wären.[99] Das BVerfG[100] hat die hiergegen eingelegten Verfassungsbeschwerden wegen mangelnder Auseinandersetzung mit der vorgenannten Begründung des BGH
zurückgewiesen.

Kein Beweisverwertungsverbot besteht jedoch, wenn der Beschuldigte sein Schwei- **92**
gerecht noch nicht ausgeübt und eine Privatperson ohne psychischen Druck dessen
selbstbelastende Äußerungen aufgezeichnet hat.[101]

cc) Vernehmungen unter Verletzung qualifizierter Belehrungs- pflichten

Die Anwendung **unzulässiger Vernehmungsmethoden** entgegen § 136 a StPO **93**
kann auf nachfolgende Vernehmungen fortwirken und diese unverwertbar machen,
selbst wenn der Beschuldigte bei diesen Vernehmungen ordnungsgemäß belehrt

---

95 BGH, Urt. v. 01.11.1955 – 5 StR 186/55, NJW 1956, 557.
96 BGH, Urt. v. 28.04.1987 – 5 StR 666/86, NJW 1987, 2525; BGH, Urt. v. 21.07.1998 – 5 StR 302/97, NStZ 1999, 147.
97 BGH, Urt. v. 29.04.2009 – 1 StR 701/08, RÜ 2009, 716.
98 BGH, Urt. v. 26.07.2007 – 3 StR 104/07, NJW 2007, 3138.
99 BGH, Beschl. v. 13.05.1996 – GSSt 1/96, NStZ 1996, 502 (Hörfallen-Entscheidung).
100 BVerfG, Beschl. v. 27.04.2000 – 2 BvR 1990/96, NStZ 2000, 488, 489.
101 BGH, Beschl. v. 31.03.2011 – 3 StR 400/10, RÜ 2011, 439.

und vernommen worden ist. Eine „Heilung" des der ersten Vernehmung anhaftenden Mangels ist allerdings möglich. Sie setzt jedoch voraus, dass der Beschuldigte – zusätzlich – **„qualifiziert belehrt"** wird, d.h. dass ihn die Vernehmungsperson von der Unverwertbarkeit der vorhergehenden Vernehmung in Kenntnis setzt.[102]

Der BGH hat erwogen, dass das Verwertungsverbot wegen eines fortwirkenden Verstoßes gegen § 136 a StPO erst durch einen Widerspruch ausgelöst wird;[103] dem tritt die Lit. mit dem Hinweis auf die nicht disponible Verbotsanordnung in § 136 a Abs. 3 S. 2 StPO entgegen.[104]

94 Die voranstehenden Grundsätze gelten auch bei einem **Verstoß gegen die Belehrungspflichten des § 136 Abs. 1 S. 1 StPO.** Hier ist für die nachfolgende Vernehmung ebenfalls eine „qualifizierte Belehrung" erforderlich.[105]

Allerdings zieht der Verstoß gegen die Pflicht zu qualifizierter Belehrung nicht automatisch die Unverwertbarkeit der so gewonnenen Aussagen nach sich, sondern nur nach **Abwägung** im Einzelfall. Bei einer solchen Abwägung ist zum einen auf das Gewicht des Verfahrensverstoßes abzustellen und dabei insbesondere zu berücksichtigen, ob die vorherige Vernehmung in bewusster Umgehung der Belehrungspflichten erfolgt ist; weiter muss das Interesse an der Sachaufklärung Beachtung finden. Darüber hinaus ist maßgeblich darauf abzustellen, ob der Vernommene davon ausgegangen ist, von seinen vor der Beschuldigtenbelehrung gemachten Angaben bei seiner weiteren Vernehmung als Beschuldigter **nicht mehr abrücken zu können.** Dies wird insbesondere dann anzunehmen sein, wenn sich die Beschuldigtenvernehmung inhaltlich als bloße Wiederholung oder Fortsetzung der in der früheren Vernehmung gemachten Angaben darstellt.[106]

d) Verwertungsverbote bei Zeugenaussagen

aa) Keine Belehrung über das Schweigerecht

95 Ist eine **Belehrung über das Zeugnisverweigerungsrecht gemäß § 52 Abs. 3 StPO unterblieben,** so ist die daraufhin zustande gekommene Aussage unverwertbar, es sei denn, dass die zu belehrende Person Kenntnis von dem Weigerungsrecht hatte und davon auch bei einer ordnungsgemäßen Belehrung keinen Gebrauch gemacht hätte.[107] Diese Rechtsfolge tritt auch dann ein, wenn der Zeuge zwar formal i.S.d. § 52 Abs. 1 StPO belehrt worden ist, ihm aber gleichwohl sein bestehendes Zeugnisverweigerungsrecht nicht bewusst war.[108]

96 Das Zeugnisverweigerungsrecht – und damit auch die Belehrungspflicht nach § 52 Abs. 3 StPO – kann sich aber **auch auf nichtangehörige Beschuldigte erstrecken! Voraussetzung ist, dass der Sachverhalt, zu dem ausgesagt werden soll,** auch einen **Angehörigen betrifft** und dass **zum jetzigen Beschuldigten eine prozessuale Gemeinsamkeit besteht oder vormals bestand,** z.B. bei einem einheitlichen Ermittlungsverfahren, aber auch nach einer Verfahrenstrennung oder -einstellung nach §§ 170 Abs. 2 S. 1, 205 StPO. Das auf den nichtangehörigen Beschuldigten erstreckte Zeugnisverweigerungsrecht erlischt wieder, wenn nicht mehr mit einer Fortsetzung des Verfahrens gegen den Angehörigen zu rechnen ist. Das ist der Fall bei Tod

---

102 Meyer-Goßner/Schmitt § 136 Rn. 9.

103 BGH, Beschl. v. 13.03.1996 – 3 StR 43/96, StV 1996, 360, 361.

104 Vgl. Fezer StV 1997, 57.

105 Meyer-Goßner/Schmitt § 136 Rn. 10c.

106 BGH, Urt. v. 18.12.2008 – 4 StR 455/08, RÜ 2009, 236.

107 BGH, Beschl. v. 13.07.1990 – 3 StR 228/90, NStZ 1990, 549.

108 BGH, Beschl. v. 03.05.2006 – 4 StR 40/06, NStZ 2006, 647 f.

des Verwandten, rechtskraftfähigem Abschluss des gegen ihn gerichteten Verfahrens (Verurteilung, Freispruch, Einstellung nach § 153 a Abs. 1, § 153 Abs. 2 StPO), aber auch bei Einstellung nach § 154 Abs. 2 StPO.[109]

Bei der unterlassenen oder fehlerhaften Belehrung über das Zeugnisverweigerungs- **97** recht des § 52 StPO wird eine **Fortwirkung verneint**. Das bedeutet, dass die Angaben des Zeugen anlässlich einer weiteren Vernehmung, bei der der Angehörige ordnungsgemäß i.S.d. § 52 Abs. 3 StPO belehrt worden ist, auch ohne eine „qualifizierte Belehrung" verwertet werden können. Darüber hinaus kann sogar die fehlerhafte Erstvernehmung verwertet werden, wenn der Zeuge nach der ordnungsgemäßen Belehrung umfassende Angaben zur Sache macht, denn in diesem Aussageverhalten kann eine nachträgliche konkludente Zustimmung zur Verwertung der ohne Belehrung erfolgten Angaben liegen.[110]

Für das **Zeugnisverweigerungsrecht von Berufsgeheimnisträgern** nach § 53 StPO **98** und ihren Berufshelfern nach § 53 a StPO besteht schon keine Belehrungspflicht, da davon auszugehen ist, dass diese Personen ihre Rechte kennen.

bb) Nachträgliche Berufung auf das Zeugnisverweigerungsrecht

Ist abzusehen, dass ein Zeuge in der Hauptverhandlung von seinem Zeugnisverweigerungsrecht nach § 52 StPO Gebrauch machen wird, wird auch die im Ermittlungsverfahren gemachte Aussage nicht mehr verlesbar sein, **§ 252 StPO.**

(1) Geschützter Personenkreis

Die Vorschrift gilt für alle zeugnisverweigerungsberechtigten Personen nach den **99** §§ 52–53 a StPO. Sie gilt analog, wenn ein Zeugnisverweigerungsberechtigter in dem fraglichen Strafverfahren Mitbeschuldigter war und seine Äußerungen im Zusammenhang mit der eigenen Verteidigung abgegeben hat. In diesem Fall bedarf es nicht einmal der Berufung auf das Zeugnisverweigerungsrecht (ZVR).[111]

§ 252 StPO gilt dagegen nicht für ausschließlich auskunftsverweigerungsberechtigte Zeugen i.S.d. § 55 StPO, ferner dann nicht, wenn auf ein ZVR **manipulativ hingewirkt** worden ist, wenn also ein Verlöbnis oder eine Ehe nur aus prozesstaktischen Gründen eingegangen worden ist, um dadurch das Zeugnisverweigerungsrecht des § 52 StPO und als Folge dessen das Verwertungsverbot des § 252 StPO zu erlangen.[112]

(2) Grundsatz: Verlesungs- und eingeschränktes Verwertungsverbot

Das Verlesungsverbot erstreckt sich **auch auf schriftliche Unterlagen (Briefe, Noti- 100 zen), die der Zeuge bei seiner früheren Vernehmung übergeben hat und die damit zum Bestandteil seiner Aussage geworden sind.**[113] Es erstreckt sich weiterhin auf alle Angaben zum Tatgeschehen, sog. „Zusatztatsachen", die der Zeuge gegenüber einem Sachverständigen anlässlich einer Exploration oder gegenüber einem Vertreter der Jugendgerichtshilfe (vgl. § 38 JGG) gemacht hat.[114] Bei Angaben des zeugnisverweigerungsberechtigten Zeugen gegenüber dem Verteidiger eines Be-

---

109 BGH, Beschl. v. 08.12.2011 – 4 StR 500/11 und v. 14.12.2011 – 5 StR 434/11, RÜ 2012, 173.

110 BGH, Urt. v. 28.05.2003 – 2 StR 445/02, NStZ 2003, 612; BGH, Urt. v. 15.07.1998 – 1 StR 234/98, NStZ 1999, 91.

111 OLG Koblenz, Beschl. v. 29.01.2014 – 1 Ss 125/13, RÜ 2014, 440.

112 BGH, Urt. v. 08.12.199 – 5 StR 32/99, NJW 2000, 1274.

113 BGH, Beschl. v. 23.10.2012 – 1 StR 137/12, RÜ 2013, 104.

114 BGH, Urt. v. 03.11.2000 – 2 StR 354/00, NJW 2001, 528, 529; BGH, Beschl. v. 21.09.2004 – 3 StR 185/04, NJW 2005, 765, 766.

schuldigten gilt § 252 StPO entsprechend, sofern der Verteidiger das Gespräch vernehmungsähnlich geführt hat.[115] In den Fällen des § 81 c StPO gilt § 252 StPO nach einem Widerruf der Einwilligung in die Untersuchung durch den zeugnisverweigerungsberechtigten Zeugen ebenfalls entsprechend.[116]

101   § 252 StPO verbietet über den Wortlaut hinaus **auch jede andere Art der Verwertung – formfreier Vorhalt, Vernehmung der Verhörsperson, Vorspielen einer „Video-Konserve" der Vernehmung i.S.d. §§ 58 a, 255 a Abs. 1 StPO.**[117]

(3) Ausnahmen

102   Möglich ist nach der ständigen Rspr. ausnahmsweise eine Vernehmung der seinerzeitigen **richterlichen Verhörsperson**, sofern der Zeuge seine Angaben im Vorverfahren bereits als Zeuge – und nicht etwa als Beschuldigter – nach ordnungsgemäßer Belehrung i.S.d. § 52 Abs. 3 StPO gemacht hat und die durchgeführte Vernehmung nicht ihrerseits an wesentlichen Verfahrensfehlern leidet.[118] Eine **qualifizierte Belehrung** des Zeugen über die Möglichkeit der Einführung und Verwertung seiner Aussage in der Hauptverhandlung für den Fall, dass er erst dort sein ZVR geltend machen will, wird dabei nicht vorausgesetzt.[119]

103   Darüber hinaus erlaubt die Rspr. auch einen **Verzicht des zeugnisverweigerungsberechtigten Zeugen auf das Verwertungsverbot.** Dies hat zur Folge, dass die frühere Aussage nach § 251 Abs. 2 Nr. 3 StPO verlesbar wird und nunmehr auch **nichtrichterliche Vernehmungspersonen** als Zeugen vernommen werden dürfen. Voraussetzung ist jedoch, dass der Verzicht ausdrücklich und nach **qualifizierter Belehrung** über die Verwertbarkeitsfolgen des Verzichts erklärt worden ist.[120]

104   Ist bei einem nach **§ 53 StPO schweigeberechtigten Zeugen** die Entbindung von der Schweigepflicht gemäß § 52 Abs. 2 S. 1 StPO **vor der Aussage** widerrufen worden, weist aber die Vernehmungsperson in Verkennung dessen auf die fortbestehende Befreiung von der Schweigepflicht hin, so verletzt dies die Rechte des Beschuldigten. Die Aussage des Zeugnisverweigerungsberechtigten ist dann unverwertbar.[121]

105   Erfolgt der Widerruf der Schweigepflichtentbindung **nach der Aussage**, ist davon auszugehen, dass er sich in der Hauptverhandlung auf seine Schweigepflicht berufen wird. Ein **Verwertungsverbot wird jedoch in diesem Fall von der Rspr. abgelehnt**. Insbesondere darf der seinerzeitige – auch nichtrichterliche – **Vernehmungsbeamte als Zeuge** vernommen werden. Grund hierfür ist, dass in einem solchen Fall der Pflichtenwiderstreit, auf den das Verwertungsverbot des § 252 StPO Rücksicht nimmt, nicht auftreten kann. Denn durch das Zeugnisverweigerungsrecht des § 53 StPO wird der Berufsgeheimnisträger geschützt und nicht diejenige Person, die ihn von der Schweigepflicht entbinden kann. Ihr Recht beschränkt sich darauf, darüber zu entscheiden, ob sie den Berufsgeheimnisträger von der Schweigepflicht entbindet oder nicht. Sie hat indes keinen Anspruch darauf, dass der Berufsgeheimnisträger die Aussage verweigert und das Gericht nicht verwertet, was er gleichwohl ausgesagt hat. War der Berufsgeheimnisträger zum Zeitpunkt seiner Aussage von der Schweigepflicht befreit, befand er sich nicht in einem Pflichtenwiderstreit zwischen Wahrheits- und Schweigepflicht.[122]

---

115 BGH, Urt. v. 10.02.2000 – 4 StR 616/99, NJW 2000, 1277, 1278.

116 Meyer-Goßner/Schmitt § 81 c Rn. 25.

117 BGH, Urt. v. 23.09.1999 – 4 StR 189/99, NJW 2000, 596.

118 BGH, Urt. v. 29.06.1983 – 2 StR 150/83, NJW 1984, 621, 622.

119 BGH, Beschl. v. 15.07.2016 – GSSt 1/16, RÜ 2017, 36, 37 f.; Meyer-Goßner/Schmitt § 252 Rn. 14a.

120 BGH, Beschl. v. 13.06.2012 – 2 StR 112/12, RÜ 2012, 717; Meyer-Goßner/Schmitt § 252 Rn. 16a

121 BGH, Urt. v. 07.03.1996 – 4 StR 737/95, NStZ 1996, 348.

122 BGH, Beschl. v. 20.12.2011 – 1 StR 547/11, RÜ 2012, 309.

Generell verwertbar sind Angaben des Berufsgeheimnisträgers, die keinen Bezug **106** zu seiner besonders geheimbedürftigen Tätigkeit aufweisen und auf die sich mithin das Zeugnisverweigerungsrecht aus beruflichen Gründen nicht erstreckt.[123] Dagegen berührt eine Aussage unter Bruch des Berufsgeheimnisses ihre Verwertbarkeit nicht, selbst wenn der Geheimnisträger sich insoweit gemäß § 203 StGB strafbar gemacht hat.[124]

cc) Keine Belehrung über das Auskunftsverweigerungsrecht

Das **Unterlassen der Belehrung über ein Auskunftsverweigerungsrecht** nach **107** **§ 55 Abs. 2 StPO** führt **in einem späteren Verfahren gegen den nicht belehrten und deshalb über sein Auskunftsverweigerungsrecht in Unkenntnis gelassenen Zeugen** zu einem – nur durch Widerspruch auslösbaren – Verwertungsverbot.[125] Das Verwertungsverbot kann dabei aber nicht weiter reichen als das Auskunftsverweigerungsrecht selbst; es ist mithin auf den Nachweis von Taten beschränkt, die vor der fehlerhaften Zeugenvernehmung begangen worden sind und deretwegen der Zeuge nach § 55 StPO hätte schweigen können. Aus diesem Grund besteht für eine erst durch die Aussage begangene Straftat (z.B. §§ 153, 154, 164, 258 StGB) weder ein Auskunftsverweigerungsrecht noch ist bei fehlender Belehrung i.S.d. § 55 Abs. 2 StPO insoweit ein Verwertungsverbot in dem späteren Verfahren gegen den Zeugen wegen seiner strafbaren Aussage anzuerkennen.[126]

dd) Verbotene Vernehmungsmethoden

Auch der Zeuge ist vor **verbotenen Vernehmungsmethoden** geschützt. **§ 136 a** **108** **Abs. 3 S. 1 u. 2 StPO** gilt entsprechend für Zeugen in allen Vernehmungssituationen, vgl. §§ 69 Abs. 3, 161 a Abs. 1 S. 2, 163 a Abs. 5 StPO. Ein Verstoß hat die deshalb die Unverwertbarkeit zur Folge.

e) Verbot negativer Schlüsse

In vielen Fällen wird die Staatsanwaltschaft für die zu prüfende Verdachtslage auch **109** das prozessuale Verhalten von Verfahrensbeteiligten berücksichtigen müssen, etwa weil die unmittelbar zur Verfügung stehenden – verwertbaren (s.o.) – Beweise nicht ausreichend sind oder sie ohne eine Beurteilung ihres Zustandekommens nicht richtig gewürdigt werden können.

Dabei ist zu beachten, dass **im Ermittlungsverfahren solche Rückschlüsse unzulässig sind, die auch in der späteren Hauptverhandlung der freien richterlichen Beweiswürdigung (§ 261 StPO) entzogen sind**. Verboten ist danach die nachteilige Berücksichtigung von **verfahrensrechtlich zulässigem Verhalten**, insbesondere soweit dieses Verhalten Ausfluss des rechtsstaatlich verbürgten Grundsatzes der **Selbstbelastungsfreiheit** („nemo tenetur se ipsum accusare") ist. Nachfolgend die wichtigsten Einzelfälle:

aa) Aussageverhalten Beschuldigter

Verweigert der Beschuldigte in vollem Umfang die Einlassung, so dürfen daraus **110** keine für ihn nachteiligen Schlüsse gezogen werden.[127] Denn er hat das Recht zu

123 BGH, Beschl. 15.11.2006 – StB 15/06 (Rn. 7), NStZ 2007, 275, 276.

124 KK-Senge § 53 Rn. 9 m.w.N. zur st.Rspr.

125 Meyer-Goßner/Schmitt § 55 Rn. 17.

126 BGH, Urt. v. 15.12.2005 – 3 StR 281/04, NJW 2006, 785 ff.; OLG Karlsruhe, Urt. v. 20.06.2001 – 3 Ss 120701, BeckRS 2002, 30267239 = StV 2003, 505 f.

127 BVerfG, Beschl. v. 07.07.1995 – 2 BvR 326/92, NStZ 1995, 555.

schweigen. Das gilt auch, wenn er in verschiedenen Verfahrensstadien sein Aussageverweigerungsrecht unterschiedlich ausübt. Es dürfen also weder aus der durchgehenden oder auch nur anfänglichen Aussageverweigerung – und damit auch nicht aus dem Zeitpunkt, zu dem sich der Angeklagte erstmalig einlässt – nachteilige Schlüsse gezogen werden.[128] Auch soweit der Beschuldigte nur zu einer von mehreren prozessualen Taten schweigt, darf ihm auch dieses verfahrensrechtlich zulässige Verhalten nicht zum Nachteil gereichen. Es liegt insoweit ein **zulässiges Teilschweigen** vor.[129]

111 Unterlässt der Beschuldigte dagegen nur die Beantwortung bestimmter Fragen, so macht er sich selbst zum Beweismittel, mit der Folge, dass dieses sog. **Teilschweigen** indizielle Bedeutung erlangt und die Angaben insgesamt, also auch das Teilschweigen, der Beweiswürdigung unterliegt.[130] Dabei darf aber nicht vorschnell vom „Teilschweigen" ausgegangen werden. Denn eine nachteilige Schlussfolgerung ist nur dann berechtigt, wenn nach den Umständen Angaben zu dem verschwiegenen Punkt zu erwarten gewesen wären, andere mögliche Ursachen des Verschweigens ausgeschlossen werden können und die gemachten Angaben nicht ersichtlich fragmentarischer Natur sind.[131]

112 Der Beschuldigte darf nicht nur schweigen, sondern ebenso auf einen **Entlastungsbeweis verzichten** bzw. den Zeitpunkt eines solchen Entlastungsbeweisantritts frei wählen, ohne deshalb in Kauf nehmen zu müssen, dass dieses Verhalten als belastender Umstand bewertet wird und ihm damit zum Nachteil gereicht.[132]

113 Die **Weigerung, an einer freiwilligen Ermittlungsmaßnahme** – z.B. einem freiwilligen Massen-DNA-Test – **teilzunehmen**, darf nicht als ein den Tatverdacht gegen den Betroffenen begründendes oder bestärkendes Indiz gewertet werden.[133]

114 Dem Beschuldigten kann auch nicht angelastet werden, **nichts zu** einer ihm möglichen **Entkräftung des Tatvorwurfs beigetragen** zu haben, denn ihn trifft keinerlei Verpflichtung, in irgendeiner Weise selbst an der Feststellung der Voraussetzungen von Tatbestandsmerkmalen mitzuwirken.[134]

115 Dem umfassend die Einlassung verweigernden Beschuldigten dürfen aus der **Wahrnehmung prozessualer Rechte** keine Nachteile entstehen. Deshalb sind Schlussfolgerungen zu seinen Lasten unzulässig, falls er sich weigert, einen Berufsgeheimnisträger nach § 53 Abs. 1 Nr. 1-3 b StPO von der Schweigepflicht zu entbinden.[135]

bb) Aussageverhalten von Zeugen

116 **Schweigt ein Zeuge** in Wahrnehmung eines Zeugnisverweigerungsrechts gemäß **§ 52 StPO**, so darf dies nicht als belastendes Indiz verwertet werden.[136] Entsprechendes gilt für die an das Zeugnisverweigerungsrecht anknüpfende Weigerung des Angehörigen nach § 81 c Abs. 3 StPO, an der Entnahme seiner Blutprobe mitzuwirken.[137] Auch darf nicht auf die Unwahrheit einer später entlastenden Aussage des

---

128 BGH, Beschl. v. 17.09.2015 – 3 StR 11/15, RÜ 2016, 32; BGH, Urt. v. 02.09.1998 – 2 StR 144/98, NStZ 1999, 47.

129 BGH, Urt. v. 26.10.1983 – 3 StR 251/83, NStZ 1984, 377.

130 BVerfG, Urt. v. 29.11.2004 – 2 BvR 1034/02, NJW 2005, 1640, 1642; BGH, Urt. v. 03.12.1965 – 4 StR 573/65, NJW 1966, 209.

131 BGH, Beschl. v. 16.04.2015 – 2 StR 48/15, RÜ 2016, 238 ff.; BGH, Urt. v. 28.04.2002 – 3 StR 370/01, NStZ 2003, 45.

132 BGH, Beschl. v. 23.10.2003 – 1 StR 415/01, NStZ 2002, 161.

133 BGH, Urt. v. 21.01.2004 – 1 StR 364/03 (Rn. 2 ff.), NStZ 2004, 392, 393 f.

134 Meyer-Goßner/Schmitt Einl. Rn. 80.

135 BGH, Urt. v. 22.12.1999 – 3 StR 401/99, NJW 2000, 1426 (bei ärztlicher Schweigepflicht).

136 BGH, Urt. v. 26.10.1983 – 3 StR 251/83, NJW 1984, 1829; BGH, Beschl. v. 02.04.1968 – 5 StR 153/68, NJW 1968, 1246.

137 BGH, Urt. v. 26.10.1983 – 3 StR 251/83, NJW 1984, 1829.

Angehörigen geschlossen werden, wenn dieser zuvor von seinem Schweigerecht Gebrauch gemacht hat.[138]

Das **Teilschweigen** des Zeugen, der die Wahl zwischen Reden und Schweigen hat, unterliegt dagegen im selben Umfang der Beweiswürdigung wie das teilweise Schweigen des Angeklagten (s.o.).[139]   **117**

Schweigt dagegen ein nach § 55 StPO **zur Auskunftsverweigerung berechtigter Zeuge**, so können daraus **Schlüsse gegen den Beschuldigten** hergeleitet werden (nicht aber gegen den Zeugen selbst in einem später gegen ihn geführten Verfahren!).[140]   **118**

V. Beweiswürdigung

Bei einer Beweiswürdigung geht es um eine **rationale und logische Begründung** dafür, ob die verwertbaren Beweismittel hinreichen, um am Ende einer gedachten Hauptverhandlung die richterliche Überzeugung vom Vorliegen der beweisbedürftigen Tatsache zu ermöglichen.   **119**

> **Klausurhinweis**: Nahezu in jeder Assessorklausur ist eine Beweiswürdigung vorzunehmen. Ihre Bedeutung nimmt dabei in dem Verhältnis zu, in welchem Beweismittel vorhanden sind, die zum Tatvorwurf, zur Einlassung des Täters oder zueinander in Widerspruch stehen. Glauben Sie dabei nicht alles, was Beschuldigte oder Zeugen zu Protokoll geben, sondern hinterfragen Sie die beweiserheblichen Aussagen. Scheuen Sie sich dann nicht, Ihre Schlussfolgerungen zur Beweisbarkeit hinzuschreiben. Hier sind oftmals mehr Punkte zu holen als bei der Entfaltung wissenschaftlicher Probleme.

Sprachregeln für Beweiswürdigungen

- In Bezug auf **Personen** spricht man von „glaubwürdig" oder „unglaubwürdig".

- In Bezug auf **Äußerungen** spricht man von „glaubhaft" oder „unglaubhaft".

- **Inhaltswiedergaben von Beschuldigtenäußerungen** beginnt man mit Verben wie „einlassen", „gestehen", „einräumen", „bestreiten", „in Abrede stellen".

- **Inhaltswiedergaben der Angaben von Zeugen und Sachverständigen** leitet man mit Verben wie „bekunden", „aussagen", „berichten", „schildern" ein.

- Der Inhalt selbst wird **neutral und knapp als indirekte Rede wiedergegeben, also im Konjunktiv I**. Damit weisen Sie grammatisch korrekt darauf hin, dass die Information von einer anderen Person stammt: „er sei auf dem Weg zum Bahnhof gewesen", „sie habe den Beschuldigten an seiner Stimme wiedererkannt" usw.

1. Einfache Beweiswürdigungen

In aller Regel genügt in der Assessorklausur eine kurze Darstellung der Beweislage. Diese könnte in folgenden Klausurkonstellationen auftreten:

---

138 BGH, Beschl. v. 20.03.2014 – 3 StR 353/13, RÜ 2014, 516 = NStZ 2014, 415.

139 BGH, Beschl. v. 07.01.2003 – 4 StR 454/02, NStZ 2003, 443, 444.

140 BGH, Beschl. v. 03.04.1984 – 5 StR 986/83, StV 1984, 233.

a) Der Beschuldigte ist geständig und seine Einlassung steht im Einklang mit den vorhandenen Beweismitteln

120   **Fall**: B verursacht beim Ausrangieren einen Blechschaden in Höhe von 300 € an einem geparkten Pkw. Er meldet sich nachträglich bei der Polizei. Bereits zuvor hatte ein Zeuge den Ablauf geschildert und eine Personenbeschreibung von B abgegeben.

Eine kurze Beweiswürdigung könnte etwa folgendermaßen lauten:

A-Gutachten:

B könnte des unerlaubten Entfernens vom Unfallort gemäß § 142 Abs. 1 Nr. 2 StGB hinreichend verdächtig sein, indem er beim Ausparken das Fahrzeug des A streifte und anschließend davon fuhr.

1. Zunächst müsste ein Unfall im Straßenverkehr vorliegen. Nach dem Bericht der aufnehmenden Polizeibeamten beruht der Schaden am PKW des A darauf, dass ein anderes Fahrzeug die Vorderradverkleidung beim Ausrangieren aus der Parkbucht der Mozartstraße gestreift hat. Die Reparaturkosten beziffern sich nach dem Kostenvoranschlag auf 300 €. Damit liegt ein plötzliches Ereignis mit nicht unerheblichem Schaden als Folge einer typischen Verkehrsgefahr auf öffentlicher Verkehrsfläche, mithin ein Unfall im Straßenverkehr, vor.

2. B müsste weiterhin auch Unfallbeteiligter gewesen sein. Das ist gemäß § 142 Abs. 5 StGB der Fall, wenn er das Unfallfahrzeug im Zeitpunkt des Schädigungsereignisses geführt hat. B hat bei seiner Vernehmung eingeräumt, der Fahrer gewesen zu sein. Er hat dabei im Wesentlichen angegeben, er habe beim Ausrangieren auf einen Radfahrer geachtet. Dabei habe er die Nähe zu dem beschädigten Fahrzeug unterschätzt. Diese Einlassung deckt sich mit der Aussage des Zeugen Z, der mit hoher Wahrscheinlichkeit der Radfahrer war, den der Beschuldigte erwähnt hat. Der Zeuge hat im Wesentlichen bekundet, er habe den ausparkenden Pkw-Fahrer noch mit seiner Fahrradklingel auf sich aufmerksam gemacht, bevor er das Geräusch von knirschendem Blech wahrgenommen habe. Zudem hat der Zeuge eine Personenbeschreibung des Fahrers gegeben, die auf den Beschuldigen B passt. An der Richtigkeit der Einlassung des Beschuldigten bestehen daher keine Zweifel. ...

121   ## b) Der Beschuldigte lässt sich nicht zur Sache ein oder bestreitet den Tatvorwurf und Beweismittel fehlen oder sind unergiebig

Fall: Dem Aktenauszug ist zu entnehmen, dass A Anzeige gegen B wegen gefährlicher Körperverletzung erstattet hat. Er war bei einem Schützenfest am Hinterkopf von einem Bierglas getroffen worden und vermutet, dass B nach einem vorherigen Streit das Bierglas geworfen hatte.

Die Beweiswürdigung könnte in diesem Fall etwa folgendermaßen lauten:

A-Gutachten:

B könnte wegen gefährlicher Körperverletzung gemäß §§ 223, 224 Abs. 1 Nr. 2 StGB hinreichend verdächtig sein.

1. Dadurch dass A von einem Bierglas am Hinterkopf getroffen wurde, erlitt dieser eine Beule und eine Platzwunde. Gesundheitsschädigung und üble ungemessene Behandlung liegen damit vor.

2. Fraglich ist, ob der Glaswurf dem Beschuldigten auch nachgewiesen werden kann. Der Beschuldigte selbst bestreitet den Vorwurf. Er hat sich eingelassen, nach der Auseinandersetzung mit dem Geschädigten das Festzelt sofort verlassen zu haben. Diese

Einlassung kann mangels Beweismittel nicht widerlegt werden. Der Geschädigte selbst hat ausweislich seiner Angaben den Werfer des Bierglases nicht gesehen; der Wurf traf ihn am Hinterkopf. Er vermutet insoweit lediglich einen Aggressionsakt des Beschuldigten wegen des vorhergehenden Streits. Zeugen, die den Vorfall wahrgenommen haben könnten, oder sonstige Beweismittel (Handyvideoaufzeichnung o.ä.) fehlen. Ein Tatnachweis ist daher nicht zu führen. Hinreichender Tatverdacht für eine gefährliche Körperverletzung besteht nicht.

2. Fälle mit komplexen Beweiswürdigungen

In einigen Assessorklausuren kann die Beweiswürdigung auch komplexer ausfallen; **122** zumeist ist diese dann der Klausurschwerpunkt. Komplexe Beweiswürdigungen können in folgenden Fallkonstellationen auftreten:

- Der Beschuldigte lässt sich nicht zur Sache ein oder beschränkt sich auf schlichtes Bestreiten der Tat. Es stehen aber Beweismittel zur Verfügung, die ihn überführen können.

- Der Beschuldigte lässt sich zur Sache ein und bestreitet den Tatvorwurf. Zudem finden sich in der Akte entlastende Sachbeweise oder Zeugenaussagen. Es bestehen aber Widersprüche zu anderen Aussagen des Beschuldigten, eines Mitbeschuldigten oder anderer Zeugen.

Gedankenführung bei Beweiswürdigungen
■ Einzelbewertung der vorhandenen Beweismittel
■ Beweiswert
■ Zuverlässigkeit
■ Gesamtbewertung

a) Zu den einzelnen Beweismitteln

aa) Abstrakte Zuverlässigkeit der Beweismittel

Bei der Beweiswürdigung ist die unterschiedliche Zuverlässigkeit der jeweils vorhan- **123** denen Beweismittel zu berücksichtigen.

(1) Augenscheinsobjekte und **Urkunden** haben allgemein gesehen einen hohen Zuverlässigkeitsgrad, weil sie unmittelbar durch sinnliche Wahrnehmung oder gedanklich die Überzeugungsbildung ermöglichen. Allerdings kann der konkrete Beweiswert gemindert sein.

Beispiele: Unschärfe eines Fotos oder teilweise Unleserlichkeit eines Schriftstücks

(2) Zu den Beweismitteln mit generell hoher Sicherheit zählen auch **Sachverständi-** **124** **gengutachten**, weil hier eine neutrale Informationsquelle zur Verfügung steht. Die Einholung von Sachverständigengutachten im Ermittlungsverfahren geschieht sehr häufig, vgl. § 161 a Abs. 1 StPO, Nr. 69 ff. RiStBV. Der Sachverständige kann entweder eingesetzt sein, um vorgegebene Tatsachen nach seiner Sachkunde zu bewerten oder um seinerseits Tatsachen zu ermitteln, die nur aufgrund besonderer Sachkunde wahrgenommen, verstanden und beurteilt werden können, sog. ***Befundtatsachen***.[141] Darüber hinaus kann es vorkommen, dass der Sachverständige bei Gele-

---

141 BGH, Urt. v. 07.06.1956 – 3 StR 136/56, NJW 1996, 1526.

genheit seiner Tätigkeit von nicht sachkundigen Auskunftspersonen verfahrensrelevante Tatsachen erfährt, sog. *Zusatztatsachen*. Diese dürfen nur nach den Regeln des Zeugenbeweises in das Verfahren eingeführt werden.[142]

Beispiel: Bei der Glaubwürdigkeitsbegutachtung eines – ggf. sexuell missbrauchten – Mädchens erfährt der Sachverständige von der Mutter bisher unbekannte Informationen zu den Einzelakten der Tat.

Die Informationen des Sachverständigen dürfen indes nicht ungeprüft übernommen werden. Die konkrete Zuverlässigkeit des Beweismittels ergibt sich erst, wenn die Fachkunde des Sachverständigen hinreichend sicher ist, der Sachverständige sich methodischer Mittel nach dem aktuellen wissenschaftlichen Kenntnisstand bedient hat und seine Gedankenführung nachvollziehbar ist.[143]

Beispiel: Der Beweiswert eines Schriftvergleichsgutachtens hängt vom Umfang und der Qualität des zu untersuchenden Schriftstücks und des Vergleichsmaterials sowie der Sachkunde des Gutachters ab. In der Regel lassen ausreichende Anknüpfungstatsachen weitgehend zuverlässige Schlüsse auf die Echtheit eines Schriftstücks bzw. auf seinen Urheber zu. In besonderen Fällen (etwa Beurteilung einer nur kurzen Unterschrift) und auch angesichts der verschiedenen Vergleichsmethoden der Schriftsachverständigen ist bei der Bewertung von Schriftgutachten besondere Vorsicht geboten.[144]

125 **(3)** Die praktisch **wichtigsten**, aber unzuverlässigsten Beweismittel sind **Zeugenaussagen**. Der einfachste Grund für den mangelnden Beweiswert kann sein, dass der Zeuge lügt. Möglich ist auch, dass er keine strukturierten Erinnerungen mehr besitzt oder die fragliche Tatsache fehlerhaft wahrgenommen hat. Selbst bei richtiger Wahrnehmung kann es nachträglich zu Verfälschungen der Erinnerung gekommen sein, deren sich der Aussagende auch bei besten Absichten und größtem Bemühen oft nicht bewusst ist.[145]

Beispiel: Dies zeigt sich häufig beim **Wiedererkennen** im Ermittlungsverfahren. Aus diesem Grund soll eine **Gegenüberstellung** zum Zwecke der Identifizierung gemäß Nr. 18 RiStBV als Wahlgegenüberstellung mit einer Reihe anderer Personen gleichen Geschlechts, ähnlichen Alters und ähnlichen Erscheinungsbildes stattfinden.[146]

Die Würdigung des Beweiswerts ist grundsätzlich bei jeder Zeugenaussage erforderlich. Entscheidendes Gewicht kommt ihr zu, wenn der hinreichende Tatverdacht allein auf die Angaben einer Person gestützt werden soll und der Beschuldigte die Tat leugnet („Aussage gegen Aussage").

bb) Gegenstand der Beweiswürdigung bei Angaben von Beschuldigten und Zeugen

126 **Gegenstand der Beweiswürdigung bei Einlassungen von Beschuldigten und Bekundungen von Zeugen** ist nach heutigem Verständnis in der Rspr. nicht die Glaubwürdigkeit der Aussageperson als individuelle dauerhafte Eigenschaft. Es ist vielmehr die **Glaubhaftigkeit der Aussage** entscheidend, also ob die zu einem bestimmten Geschehen gemachten Aussagen zutreffen.[147] Die **Bewertung der Glaubhaftigkeit einer Aussage** kann sich an folgenden Punkten orientieren:

---

142 BGH, Beschl. v. 16.03.1982 – 1 StR 115/82, NStZ 1982, 256.

143 BGH, Urt. v. 18.12.1958 – 4 StR 399/58, NJW 2012, 311.

144 OLG Düsseldorf, Beschl. v. 30.05.1986 – 5 Ss 323/85 – 253/85 I, NStZ 1987, 137.

145 Kirchhoff MDR 2001, 661 ff.

146 Meyer-Goßner/Schmitt § 58 Rn. 12.

147 BGH, Urt. v. 30.07.1999 – 1 StR 618/98, NStZ 2000, 100; OLG Stuttgart, Beschl. v. 08.12.2005 – 4 Ws 163/05, NJW 2006, 3506 auch zum Nachfolgenden.

Kriterien für die Beweiswürdigung von Aussagen

- **Aussageinhalt**

  - Konkrete, **detailreiche Schilderung**, insbesondere mit der Wiedergabe

    scheinbarer Nebensächlichkeiten zum Randgeschehen,

    von Komplikationen des Handlungsablaufs,

    von Gesprächen, vor allem nach der Tat,

    von besonderen Umständen, die so deliktstypisch sind, dass sie nur jemand wiedergeben kann, der sie selbst erlebt hat.

  - Umstände, die durch die **Individualität** des Aussagenden geprägt sind:

    Einzigartige Details, die nur von der Aussageperson wahrgenommen werden konnten,

    Schilderung von spontanen Gefühlen,

    Assoziationen zu ähnlichen, früher erlebten Geschehensabläufen,

    Selbstbelastung; Äußerung, einzelne Vorgänge nicht verstanden zu haben oder erklären zu können,

    oder aber

    zielorientiert auf den Kern des Geschehens

    ohne Komplikationen im Ablauf

    auffallend abstrakte Sachverhaltsschilderung in kurzer und allgemein gehaltener Sprache,

    Unfähigkeit, **Details** aus dem Randbereich des Geschehens wiederzugeben oder **abweichend von der chronologischen Reihenfolge** zu berichten,

    Überbetonung der Richtigkeit des Beobachteten und Wahrheit der eigenen Aussage,

    Vielzahl einseitiger Wertungen (= **Be- oder Entlastungstendenz**).

- **Aussagestruktur**

  - **Gleichbleibender Informationsfluss** innerhalb der gesamten Vernehmung und im Vergleich zur Wiedergabefähigkeit bei anderen Gelegenheiten

  - **Nichtsteuerung**, also die Fähigkeit, spontan Abläufe unchronologisch, sogar in zeitlicher Umkehrung spontan zu schildern

  - **Homogenität**, d.h. einzelne, für sich gesehen **unverständliche Aussageteile** fügen sich in der Gesamtschau zusammen oder finden durch eine andere Information ihre **logische Erklärung**

  oder aber

  Brüche in der Schilderung: Nebensächlichkeiten werden inhaltlich überbetont, zu dem Geschehen, das auch für die Aussageperson besonders wichtig sein müsste, werden aber nur mehrdeutige Formulierungen gewählt oder Wertungen statt Tatsachen mitgeteilt.

- **Aussagekonstanz**

  Im **Kerngeschehen** bleibt die Schilderung im Vergleich verschiedener Aussagen derselben Person gleich. Kerngeschehen ist dabei nicht das, worauf es aus objektiv-juristischer Sicht ankommt, sondern der Ablauf, der für die Auskunftsperson im Moment des Erlebnisses von zentraler Bedeutung war.

  oder aber

  - Der Aussagekern wird in stereotyper Weise, zumeist mit denselben Begriffen, wiederholt; alle Aussagen wirken „**eingedrillt**".

b) Gesamtbewertung

Nach der Einzelwürdigung werden die verschiedenen Beweismittel zusammengeführt und einer **Gesamtwürdigung** unterzogen.

127   Hierbei lassen sich zunächst weitere Erkenntnisse über die **Glaubhaftigkeit von Zeugenaussagen und Beschuldigteneinlassungen** gewinnen: Je größer die inhaltliche Übereinstimmung mit anderen sachlichen und persönlichen Beweismitteln ist, umso mehr spricht für die Glaubhaftigkeit der Aussage. Je größer umgekehrt die Häufung von – einzeln vielleicht zu entkräftenden – negativen Indizien ist, umso mehr spricht gegen die Glaubhaftigkeit der jeweiligen Aussage.[148]

Wenngleich die Beweiswürdigung von Gesetzes wegen „frei", d.h. keinen Beweisregeln unterworfen ist, hat die Rspr. aus den aus wissenschaftlichen, insbesondere den kriminalistischen, forensischen und aussagepsychologischen Untersuchungen gewonnenen Erfahrungsregeln **Grundsätze für die Beweiswürdigung** entwickelt, die – in eingeschränktem Umfang – bereits im Rahmen der von der Staatsanwaltschaft vorzunehmenden Prognose über die Verurteilungswahrscheinlichkeit zu berücksichtigen sind. Dies gilt insbesondere für Beweissituationen, die – auch von Verfassungs wegen – **erhöhte Anforderungen an die Beweiswürdigung** stellen, und auch für Faktoren, die zu einer **Minderung des Beweiswerts eines konkreten Beweismittels** im Einzelfall führen:[149]

128   Entlastende **Angaben eines Beschuldigten**, für die keine zureichenden Anhaltspunkte bestehen und deren Wahrheitsgehalt fraglich ist, dürfen nicht ohne Weiteres als wahr angenommen werden, nur weil es für das Gegenteil keine unmittelbaren Beweise gibt. Die Zurückweisung einer Einlassung erfordert auch nicht, dass sich ihr Gegenteil positiv feststellen lässt. Vielmehr muss eine Gesamtwürdigung des Ergebnisses der zu erwartenden Beweisaufnahme eine hinreichende Wahrscheinlichkeit der Richtigkeit oder Unrichtigkeit der Einlassung ergeben. Dies gilt umso mehr, wenn objektive Beweisanzeichen festgestellt sind, die mit Gewicht gegen die Richtigkeit der Einlassung des Beschuldigten sprechen.[150]

129   Belastende Angaben eines **Zeugen vom Hörensagen** tragen nur dann einen hinreichenden Tatverdacht, wenn sie durch andere gewichtige Beweismittel bestätigt werden.[151] Dies gilt auch für die mittelbare Einführung der Erkenntnisse von verdeckten Ermittlern. Denn einer erschöpfenden Sachaufklärung steht es entgegen, wenn eine polizeiliche oder nachrichtendienstliche Gewährsperson nur deshalb nicht als unmittelbarer Zeuge gehört werden kann, weil die zuständige Behörde sich – gemäß § 96 StPO analog – weigert, deren Identität preiszugeben oder eine Aussagegenehmigung zu erteilen. Die Überprüfung der persönlichen Glaubwürdigkeit der gesperrten Gewährsperson wird den Verfahrensbeteiligten so unmöglich gemacht.[152]

130   Stehen sich nur **Aussage gegen Aussage** gegenüber, ist in besonderem Maße eine Gesamtwürdigung aller Indizien geboten.[153] Stellt sich in einer solchen Konstellation heraus, dass ein Aussageteil des Belastungszeugen unwahr ist, so kann dieser Aussage nur gefolgt werden, wenn im Übrigen Indizien außerhalb der Aussage selbst für deren Richtigkeit vorliegen.[154] Ähnlich liegt es, wenn der Hauptbelastungszeuge in

---

148   BGH, Beschl. v. 15.09.1994 – 1 StR 424/94, StV 1995, 5, 6.

149   BVerfG, Beschl. v. 30.04.2003 – 2 BvR 2045/02, StV 2003, 593 ff.

150   BGH, Urt. v. 26.04.2012 – 4 StR 51/12, NStZ 2012, 563.

151   BGH, Beschl. v. 24.07.2003 – 4 StR 226/03, StV 2003, 604, 605.

152   BVerfG, Beschl. v. 20.12.2000 – 2 BvR 591/00, NJW 2001, 2245 ff.

153   BGH, Beschl. v. 17.01.2002 – 3 StR 417/01, NStZ-RR 2002, 146.

154   BGH, Beschl. v. 24.10.2002 – 1 StR 314/02, NStZ 2003, 164 f.

einem wesentlichen Punkt von seiner früheren Tatschilderung abweicht oder sich später selbst der Falschaussage bezichtigt.[155]

Bei der **Gegenüberstellung** hat die **Einzelgegenüberstellung** zum Zwecke der Identifizierung allenfalls einen nur sehr eingeschränkten Beweiswert.[156] **131**

Gleiches gilt beim erneuten **Wiedererkennen** des Täters durch den Zeugen bei der **Wahlgegenüberstellung oder Lichtbildvorlage,** sofern der Zeuge den Angeklagten bereits zuvor im Ermittlungsverfahren identifiziert hat. Dies begründet die Gefahr einer unbewussten Beeinflussung des Erinnerungsvermögens durch die vorangegangene Identifizierung. Auch insoweit besteht nur ein eingeschränkter Beweiswert.[157] Diese Grundsätze sind auch bei der Identifizierung durch einen Stimmenvergleich zu beachten.[158] **132**

Eine umfangreichere Beweiswürdigung könnte beispielhaft wie im nachfolgenden Formulierungsbeispiel erfolgen: **133**

Aus dem Aktenauszug ergibt sich die Frage, ob der Beschuldigte B mit seinem Motorrad an der von E gepachteten Esso-Tankstelle ohne zu bezahlen getankt hat oder ob ein Unbekannter das Motorrad zuvor gestohlen hatte und dann die Tat an der Tankstelle begangen hat.

A-Gutachten:

B könnte durch das Davonfahren nach dem Tankvorgang ohne zu bezahlen wegen Unterschlagung einer geringwertigen Sache gemäß §§ 246 Abs. 1, 248 a StGB hinreichend verdächtig sein.

1. Fraglich ist zunächst, ob B als Täter in Betracht kommt. Diese Frage kann nur beantwortet werden, wenn eine für die spätere Verurteilung hinreichende Wahrscheinlichkeit dafür besteht, dass B tatsächlich mit dem unerkannt gebliebenen Fahrer des Motorrads identisch ist.

B hat sich zum Tatvorwurf nicht eingelassen.

Die Frage der Täterschaft ist beweisbedürftig, weil nach dem Akteninhalt zwei Abläufe denkbar sind: Entweder hat B das Motorrad selbst geführt und sich nach der Tat entschlossen, einen Diebstahl zu fingieren, um für das Geschehen an der Tankstelle strafrechtlich nicht zur Verantwortung gezogen zu werden, oder aber das Fahrzeug ist tatsächlich von einem anderen entwendet worden.

Soweit man auf Informationen des Beschuldigten zurückgreifen will, ist nur dessen Strafanzeige ergiebig. Für die Diebstahlsvariante spricht zunächst der Inhalt der Strafanzeige, ferner die Auffindung des Motorrads außerhalb des Wohn- und Zugriffsbereichs des Beschuldigten und die Aussage des Zeugen E, der den Täter wegen des von ihm getragenen Helms nicht erkannt hat.

Für die Täterschaft des Beschuldigten sprechen demgegenüber folgende Umstände:

Der Zeuge E hat zwar das Gesicht des Beschuldigten nicht identifiziert. Er bekundet aber eine von ihm geschätzte Körpergröße von ca. 1,90 cm. Diese entspricht der überdurchschnittlichen Körpergröße des Beschuldigten. Ferner hat der Zeuge E die Aufschrift „Motocross" auf dem Rücken der Lederkombination erkannt. Diese Aufschrift muss – wie die Äußerung des sicherstellenden Ermittlungsbeamten zeigt – kurze Zeit vorher auf dem Lederanzug des Beschuldigten vorhanden gewesen sein. Zudem wur-

---

155 Meyer-Goßner/Schmitt § 261 Rn. 11; BGH, Beschl. v. 24.10.2002 – 1 StR 314/02, NStZ 2003, 164, 165.

156 BGH, Urt. v. 24.02.1994 – 4 StR 317/93, NStZ 1994, 295, 296; Meyer-Goßner/Schmitt § 58 Rn. 12.

157 OLG Köln, Beschl. v. 04.08.1992 – Ss 325/92, StV 1994, 67, 68; OLG Düsseldorf, 09.08.1993 – 2 Ss 187/93 – 86/93 II, OLG Oldenburg, Beschl. v. 01.11.1993 – Ss 340/93, StV 1994, 8, 9.

158 OLG Köln, Urt. v. 11.06.1996 – Ss 194/96 – 84, StV 1998, 178.

de der vom Zeugen beschriebene schwarze Helm mit dunkel getöntem Visier beim Beschuldigen sichergestellt. Ferner schildert der Zeuge, dass der Täter das Motorrad zum Aufbäumen gebracht und für kurze Zeit auf einem Rad in seine Richtung dirigiert habe. Ein solches Geschicklichkeitsfahren ist nur möglich, wenn der Motorradfahrer Motorkraft und Fahrverhalten seiner Maschine genau kennt. Wenig wahrscheinlich ist, dass eine Person, die das Fahrzeug das erste Mal für kurze Zeit führt, eine derartige Fahrzeugbeherrschung erreicht.

Die Aussage des Zeugen ist inhaltlich schlüssig und detailreich, insbesondere mit der Wiedergabe scheinbarer Nebensächlichkeiten, z.B. das Wegwerfen der einzusortierenden Waren. Sie enthält auch eine Fülle individuell geprägter Einzelheiten wie etwa die Schilderung über das Aufbäumenlassen des Motorrads. Die Aussage ist frei von Fantasiesignalen und ohne Belastungstendenz. Auch hat der Zeuge kein nachvollziehbares Motiv dafür, die Ermittlungen in eine bestimmte Richtung zum Nachteil des Beschuldigten zu lenken. Die Aussage ist damit insgesamt glaubhaft.

Als weiteres Indiz für die Täterschaft des B spricht, dass der Tatort nur unweit von seiner Wohnung liegt und dass auch das Motorrad nur einige hundert Meter davon entfernt aufgefunden wurde. Der angebliche Entwendungsort des Motorrads lag dagegen in der Stadtmitte, d.h. einige Kilometer entfernt. Kaum vorstellbar ist, dass Tatort, Auffindungsort und Wohnort nur durch Zufall so dicht beieinander liegen.

Außerdem spricht für die Täterschaft der Umstand, dass die „Motocross"-Aufschrift von dem Motorradanzug erst kürzlich entfernt worden sein muss. Hierfür ist kein anderes Motiv des B ersichtlich, als ein auf seine Identität hindeutendes und markantes Detail nachträglich zu beseitigen.

Schließlich spricht die Tatsache, dass an dem Zündschloss des Motorrads keinerlei mechanische oder elektrische Manipulationen vorgenommen worden sind, dafür, dass das Fahrzeug bis zu seinem Auffindungsort nur von Personen benutzt worden sein kann, die im Besitz eines Zündschlüssels waren.

Die Gesamtschau der Indizien verstärkt die gegen den Beschuldigten sprechende Belastungswahrscheinlichkeit, weil sie im Wesentlichen unabhängig voneinander sind.

Damit besteht hinreichende Wahrscheinlichkeit dafür, dass der angebliche Diebstahl des Motorrads nur zum Zwecke der Selbstbegünstigung des Beschuldigten vorgetäuscht wurde und dass B selbst der zahlungsunwillige Kunde war.

2. Ausgehend von der Täterschaft des B müsste dieser nunmehr auch objektiv und subjektiv die Tatbestandsmerkmale der Unterschlagung gemäß §§ 246 Abs. 1, 248 StGB verwirklicht haben. ...

VI. Die strafrechtlichen Zweifelsregeln

134 Kommen Sie nach einer Beweiswürdigung zu dem Ergebnis, dass die vorhandenen Beweismittel für den Nachweis eines bestimmten Delikts nicht ausreichen, kommen die Regeln zur Behandlung von Tatsachenzweifeln im Strafverfahren zum Zuge. Diese gelten über die Verurteilungsprognose nach § 170 StPO auch im Ermittlungsverfahren.

Zweifelsregeln
■ In dubio pro reo (Zweifelssatz)
■ Tatsachenalternativität (unechte oder gleichartige Wahlfeststellung)
■ Postpendenz
■ Echte (oder auch: ungleichartige) Wahlfeststellung

1. In dubio pro reo

Der aus § 261 StPO und Art. 6 Abs. 2 EMRK ableitbare **Zweifelssatz** besagt, **dass nur** **135**
der wirklich Schuldige Strafe verwirkt hat und dass straflos ist, wessen Schuld
nicht zweifelsfrei feststeht und wer daher möglicherweise unschuldig ist.[159] Der
Zweifelssatz bezieht sich nur auf **Tatsachen**. In seinem Anwendungsbereich ist der
Rechtsanwender verpflichtet, jeweils den für den Beschuldigten **günstigeren Sach-**
verhalt als gegeben zugrunde zu legen.

> **Klausurhinweis:** Aufbautechnisch sind diese Fälle einfach: Sprechen Sie den
> Zweifel beim jeweiligen Tatbestandsmerkmal an.

a) Kann mit den zur Verfügung stehenden Beweismitteln der Sachverhalt nicht ein- **136**
deutig festgestellt werden, kann dies zur Folge haben, dass der Beschuldigte nicht
angeklagt werden kann. Das kann der Fall sein, soweit in dem zu unterstellenden
günstigeren Sachverhalt Merkmale des Tatbestandes, der Rechtswidrigkeit oder der
Schuld nicht nachweisbar sind oder weil **Strafausschließungs- oder Strafaufhe-**
bungsgründe vorliegen.[160] Auch für **Prozesshindernisse** – wie etwa Verjährung[161]
– gilt der Zweifelssatz.

b) Ist dieselbe **Zweifelsfrage in unterschiedlichem rechtlichen Zusammenhang** **137**
bedeutsam, muss **der jeweils günstigste** Lebenssachverhalt unterstellt werden. Das
kann sogar zu gegensätzlichen in dubio pro reo-Entscheidungen führen.

Beispiel: Die Blutalkoholkonzentration des Beschuldigten B ist nicht festgestellt worden.

Sie kann möglicherweise noch unterhalb der Beeinträchtigung der Schuldfähigkeit gelegen haben,
möglicherweise aber auch so hoch gewesen sein, dass B gemäß § 20 StGB schuldunfähig war. Für
die in diesem Zustand begangene Tat wäre folglich in dubio pro reo von der Schuldunfähigkeit auszugehen. Für die Frage der Strafbarkeit wegen Vollrauschs gemäß § 323 a StGB wäre demgegenüber beim Tatbestandsmerkmal „Rausch" in dubio pro reo davon auszugehen, dass der „sichere Bereich des § 21 StGB" noch nicht erreicht worden war.[162] Es besteht demnach kein hinreichender
Tatverdacht und das Verfahren ist gemäß § 170 Abs. 2 S. 1 StPO einzustellen.

c) „In dubio pro reo" gilt ferner dann, wenn die möglicherweise verwirklichten Delikte **138**
im Verhältnis von „Mehr oder Weniger" zueinander, also in einem **normativ-ethi-**
schen Stufenverhältnis stehen.

aa) Ein Stufenverhältnis besteht zunächst in den Fällen, in denen sich das Delikt als **139**
Grund- oder Durchgangsstufe zu dem anderen Delikt darstellt. Ist in dieser Gruppe
die Verwirklichung der Grund- oder Durchgangsstufe sicher, während die Verwirklichung der höheren Verbrechensstufe zweifelhaft bleibt, wird aus dem Grund- oder
Durchgangsdelikt bestraft.

---

159 BGH, Beschl. v. 19.02.1963 – 1 StR 318/62; NJW 1963, 1209.

160 Meyer-Goßner/Schmitt § 261 Rn. 29.

161 BGH, Beschl. v. 19.02.1963 – 1 StR 318/62; NJW 1963, 1209.

162 OLG Karlsruhe, Beschl. v. 21.09.2004 – 1 Ss 104/04, NJW 2004, 3356.

Beispiele: Grunddelikt und qualifizierter Fall; Versuch und Vollendung; vorsätzliche Körperverletzung und Tötungsversuch.[163]

140   **bb)** Ein Verhältnis von „Mehr" zu „Weniger" besteht auch in den Fällen, in denen ein **Tatbestand einen anderen mitumschließt**.

Beispiele: Raub, § 249 StGB zu Diebstahl, § 242 StGB; nach der Rspr. räuberische Erpressung gemäß § 255 zu Raub gemäß § 249 StGB; Diebstahl, § 242 StGB zur Gebrauchsanmaßung, § 248 b StGB.

141   **cc)** Auch wenn unklar bleibt, ob der Beschuldigte einen Deliktserfolg aktiv oder durch garantenpflichtwidriges Unterlassen herbeigeführt hat, ist von der **Unterlassung als milderer Möglichkeit** auszugehen.[164]

142   **dd)** Mit unterschiedlichen Begründungen wird der Grundsatz „in dubio pro reo" auch dann angewendet, wenn zweifelhaft bleibt, ob der Angeklagte als **(Mit-)Täter oder Gehilfe**[165] oder ob er als **Anstifter** oder Gehilfe[166] gehandelt hat. Auch wenn unklar bleibt, ob der Beschuldigte sich an einem Verbrechen beteiligt hat, aber sicher ist, dass er die Verbrechensverabredung kannte, wird er wegen des normativen Stufenverhältnisses aus § 138 StGB bestraft.[167]

143   **ee)** Nach überwiegender Meinung gibt der Zweifelssatz auch die Möglichkeit, im Verhältnis von **Vorsatz- und Fahrlässigkeitstat** den Täter aus dem Fahrlässigkeitsdelikt zu verurteilen, soweit ihn jedenfalls der Fahrlässigkeitsvorwurf trifft.[168]

Beispiel: A würgt den M zunächst ohne Tötungsvorsatz, bis er leblos zusammensinkt. Sofort danach drosselt er ihn, um ihn zu töten und als Tatzeugen zu beseitigen. Nicht mehr nachweisbar ist, ob der Tod schon durch das Würgen oder erst durch das Drosseln eingetreten ist.

Nach Ansicht des BGH ist in jeder der denkbaren Varianten § 227 StGB verwirklicht. Dies gilt sogar für die Alternative, dass der Tod tatsächlich erst durch das Drosseln herbeigeführt worden ist, **denn auch der auf Tötung des Opfers gerichtete Vorsatz schließt die in § 227 StGB vorausgesetzte, auf den Todeserfolg bezogene Fahrlässigkeit ein**. Gegen A besteht also hinreichender Tatverdacht wegen Körperverletzung mit Todesfolge und versuchten Mordes in Verdeckungsabsicht.[169]

2. Postpendenz

144   Hier ist **ein Sachverhalt – nämlich der eines Nachtatgeschehens – hinreichend beweisbar**. Die fragliche Strafnorm ist aber entweder schon tatbestandlich (§§ 257, 258, 259 StGB) nicht erfüllt oder tritt auf Konkurrenzebene zurück (§ 246 StGB), wenn der Beschuldigte – was ebenfalls möglich, aber nicht beweisbar ist – täterschaftlich an der Vortat beteiligt war. Diese rechtliche Abhängigkeit von einem Vorgeschehen nennt man **Postpendenz**. In diesen Fällen wendet die Rspr. für die Nachtat den in dubio pro reo-Grundsatz nicht an, eben weil insoweit gar kein Tatsachenzweifel besteht. Der Täter wird nur aus der Nachtat angeklagt. Bezüglich des nur möglichen Vortatgeschehens muss der hinreichende Tatverdacht verneint und insoweit das Verfahren eingestellt werden.[170]

---

163   BGH, Urt. v. 11.09.1990 – 1 StR 293/90, NJW 1990, 3282, MDR 1991, 70.

164   BGH, Urt. v. 11.07.2003 – 2 StR 531/02; Sch/Sch/Eser/Hecker § 1 Rn. 93.

165   BGH, Urt. v. 16.12.1969 – 1 StR 339/69, NJW 1970, 1052; BGH, Beschl. v. 10.08.2011 – 4 StR 369/11, RÜ 2011, 714.

166   BGH, Urt. v. 28.10.1982 – 4 StR 480/82, NStZ 1983, 165; OLG Stuttgart, Beschl. v. 12.09.1989 – 4 VAs, MDR 1991, 176.

167   Antwortbeschlüsse BGH, Beschl. v. 11.03.2010 – 1 ARs 1/10; Beschl. v. 17.03.2010 – 2 ARs 45/10; v. 09.03.2010 – 3 ARs 3/10; v. 23.03.2010 – 4 ARs 3/10; auf Anfrage BGH, Beschl. v. 13.01.2010 – 5 StR 464/09, RÜ 2010, 369.

168   Jescheck/Weigend, Lehrbuch des Strafrecht, 5. Aufl. 1996, § 16 II 2; Sch/Sch/Eser/Hecker § 1 Rn. 91 m.w.N.; nach BGHSt 17, 210 bilden die Fahrlässigkeitsvarianten gegenüber den Vorsatzdelikten Auffangtatbestände.

169   BGH, Urt. v. 27.07.1988 – 3 StR 139/88, MDR 1988, 982; vgl. auch BGH JR 1990, 470 m. zust. Anm. Wolter.

170   BGH, Beschl. v. 24.02.2011 – 4 StR 651/10, RÜ 2011, 714.

> **Klausurhinweis**: Im A-Gutachten sollten Sie die Vortatbeteiligung zunächst ansprechen und dann lediglich ihre Nichtbeweisbarkeit feststellen, also noch nicht den Zweifelssatz anwenden. Bejahen Sie dann unter dem Gesichtspunkt des hinreichenden Tatverdachts eines Anschlussdelikts (in der Regel Hehlerei gemäß § 259 StGB) zunächst die tatsächliche Beweisbarkeit des Nachtatgeschehens und kommen Sie dann bei der Subsumtion auf die rechtliche Ausschlusswirkung des möglichen Vortatgeschehens zu sprechen, bevor Sie diese mithilfe der Postpendenz für die Nachtat ausräumen.

3. Tatsachenalternativität (unechte oder auch gleichartige Wahlfeststellung)

Rechtlich einfach, nur in der Darstellung aufwendiger, ist es, wenn nach dem Akteninhalt mehrere Geschehensabläufe möglich sind, aber jeder der Sachverhalte zu derselben Strafbarkeit führt und zugleich feststeht, dass ein weiterer strafloser Hergang ausgeschlossen ist. Hier besteht also gar kein Zweifel an der Tatbestandserfüllung, sondern nur daran, durch welche Handlung sich der Beschuldigte strafbar gemacht hat. Deshalb ist für den in dubio pro reo-Grundsatz kein Raum. Hinreichender Tatverdacht ist trotz der Zweifel zu bejahen.

145

> **Klausurhinweis:** Aufbautechnisch kommen Sie an solche Fälle nur heran, wenn Sie die jeweilige nach dem Akteninhalt mögliche Sachverhaltsalternative zunächst als wahr unterstellen, jeweils rechtlich durchprüfen und dann miteinander vergleichen.

Fall: Aus dem Aktenauszug ergibt sich, dass Fußgänger F von dem Fahrzeug des A erfasst und getötet wurde. Nach Zeugenaussagen ist sicher, dass der Fahrzeughalter A und dessen Freund B in dem Auto saßen und dass beide sicher nicht mehr fahrtüchtig waren. Der Beschuldigte A lässt sich ein, er habe das Auto nicht geführt, sondern es seinem Freund überlassen. B streitet ab, Fahrer gewesen zu sein. A habe das Auto gesteuert.

A-Gutachten:

I. A könnte wegen fahrlässiger Tötung des F gemäß § 222 StGB hinreichend verdächtig sein, indem er in fahruntüchtiger Weise entweder selbst am Steuer saß oder dem ebenfalls erkennbar alkoholisierten B das Steuer überließ.

1. Die Spuren am Fahrzeug des A lassen mit hinreichender Sicherheit den Schluss zu, dass F hiervon gestreift, zu Boden geschleudert und getötet worden ist, als er auf der Landstraße Richtung Ennigerloh ging.

2. Fraglich ist, ob der Beschuldigte A hierfür verantwortlich gemacht werden kann. Weder seine Einlassung noch die Einlassung des Mitbeschuldigten B sind zu widerlegen. Nach den Zeugenaussagen ist auszuschließen, dass eine dritte unbekannte Person das Auto geführt hat. Möglich sind folglich nur zwei Abläufe: Entweder hat A das Auto selbst im Unfallzeitpunkt geführt oder aber er saß nicht am Steuer, sondern hatte es zuvor dem B überlassen.

a) Hat A das Auto selbst geführt, hat er den Tod des F unmittelbar verursacht. Nach den Trinkmengenangaben der Zeugen hatte A so viel Alkohol zu sich genommen, dass die Grenze absoluter Fahruntüchtigkeit überschritten war. Er handelte objektiv und subjektiv sorgfaltswidrig. Dass es durch Einwirkungen von Alkohol zu einem tödlichen Unfall kommen kann, ist jedermann und auch für A einsichtig. Da der Unfall nach der Rekonstruktion des Sachverständigen nur auf einem Wahrnehmungsfehler des Fahrers

> *beruht haben kann, ist auch davon auszugehen, dass sich hier alkoholbedingte Wahrnehmungsbeschränkungen ausgewirkt haben. Der Tod des F beruht in dieser Sachverhaltsvariante auf der Fahrlässigkeit des Beschuldigten A, geschah rechtswidrig und schuldhaft.*
>
> *b) Hat A dem Mitbeschuldigten B das Auto überlassen, so kann diese Handlung nicht hinweggedacht werden, ohne dass der Tod des F entfiele. A war dann ebenfalls ursächlich dafür. Die Überlassung eines Fahrzeuges an eine fahruntüchtige Person ist objektiv sorgfaltswidrig. Da die Alkoholisierung des B den übrigen Zeugen aufgefallen war, muss sie auch für A erkennbar gewesen sein. Dass es infolge der Fahruntüchtigkeit zu einem Unfall mit tödlichem Ausgang kommen konnte, war objektiv und für A subjektiv vorhersehbar. A hat damit auch in dieser Sachverhaltsvariante rechtswidrig und schuldhaft eine fahrlässige Tötung begangen.*
>
> *A ist wegen fahrlässiger Tötung gemäß § 222 StGB hinreichend verdächtig.*
>
> *...*

4. Echte (oder auch ungleichartige) Wahlfeststellung

146 Nach der Aktenlage sind **mehrere Geschehensabläufe möglich. Kein Hergang ist sicher**; daher scheidet Postpendenz aus. Es ist aber hinreichend sicher, dass sich der Beschuldigte **in jedem Fall strafbar gemacht hat**, allerdings aus **verschiedenen Strafnormen**. Daher liegt kein Fall bloßer Tatsachenalternativität vor. Die bei den möglichen Sachverhalten verwirklichten Delikte stehen auch nicht in einem normativen Stufenverhältnis zueinander, sodass nach dem Zweifelssatz auch nicht aus einem „Weniger" bestraft werden könnte.

Häufigster Fall: Beim Beschuldigten wurde Diebesbeute sichergestellt. Nicht nachweisbar ist, wie er in den Besitz der Beute gelangt ist. Möglich ist, dass er selbst die Ware gestohlen hat (§ 242 StGB). Möglich ist aber auch, dass er sie vom Vortäter in Kenntnis der Herkunft erworben hat (§ 259 StGB).

147 **a)** Bisher galt in ständiger Rspr.: Wenn die infrage kommenden Delikte nun **rechtsethisch und psychologisch miteinander vergleichbar** sind, ist hinreichender Tatverdacht im Sinne eines „entweder oder" zu bejahen. Anzuklagen sind dann als selbstständige prozessuale Taten **alle** alternativ möglichen Sachverhalte.[171]

Nach der Rspr. bedeutet „rechtsethische Vergleichbarkeit" **eine annähernd gleiche Schwere der Schuldvorwürfe und eine nach dem allgemeinen Rechtsempfinden sittlich und rechtlich vergleichbare Bewertung.** „Psychologische Vergleichbarkeit" bedeutet **eine einigermaßen vergleichbare seelische Beziehung des Täters zu den infrage stehenden Verhaltensweisen.**

Die Wahlfeststellungsfähigkeit wurde von der Rspr. **bejaht**: bei den **Alternativen desselben Tatbestandes (z.B. Mord**[172]**)**, ferner bei **Diebstahl und Hehlerei,**[173] Diebstahl in einem besonders schweren Fall und Hehlerei,[174] Bandendiebstahl und Bandenhehlerei,[175] **Betrug und Hehlerei,**[176] **Betrug und Computerbetrug,**[177] besonders schwerem Diebstahl und Begünstigung,[178] **Raub und räuberischer Er-**

---

171 OLG Oldenburg, Beschl. v. 23.05.2011 – 1 Ss 81/11, RÜ 2011, 714.

172 BGH, Urt. v. 01.12.1967 – 4 StR 523/67, NJW 1968, 659; BGH, Urt. v. 08.03.2012 – 4 StR 498/11, NStZ 2012, 441.

173 BGH, Urt. v. 08.01.1952 – 1 StR 561/51, NJW 1952, 477; BGH, Urt. v. 12.09.1951 – 4 StR 533/51, BGHSt 1, 302; 11, 28; 15, 65.

174 BGH, Urt. v. 12.09.1951 – 4 StR 533/51, BGHSt 1, 302; 15, 66.

175 BGH, Beschl. v. 19.01.2000 – 3 StR 500/99, NStZ 2000, 473.

176 BGH, Urt. v. 20.02.1974 – 3 StR 1/74, BGH NJW 1974, 804.

177 BGH, Beschl. v. 12.02.2008 – 4 StR 623/07, RÜ 2008, 311.

178 BGH, Urt. v. BGH 21.10.1970 – 2 StR 316/70, NJW 1971, 62.

pressung,[179] **Allein- und Mittäterschaft,**[180] **Mittäterschaft und mittelbarer Täterschaft.**[181] Sogar zwischen **drei** möglichen und vergleichbaren Tatbeständen ist eine Wahlfeststellung erlaubt (Betrug, Hehlerei und Unterschlagung).[182]

Die „rechtsethische und psychologische Vergleichbarkeit" kann auch durch **Reduktion eines Tatbestandes in einen minder schweren Tatbestand** ermöglicht werden. Ist der Grundtypus eines Delikts mit einem anderen Tatbestand vergleichbar, nicht aber dessen straferschwerende Abwandlung, so kann die nicht wahlfeststellungsfähige straferschwerende Komponente unter Anwendung des Grundsatzes „in dubio pro reo" gedanklich eliminiert werden.[183]

Beispiel aus einer Assessorklausur: Hat sich der Beschuldigte entweder wegen einer vorsätzlichen Trunkenheitsfahrt der Verkehrsgefährdung nach § 315 c StGB oder wegen Überlassung eines Kraftfahrzeugs an einen Fahrer ohne Fahrerlaubnis eines fahrlässigen Verstoßes gegen § 21 Abs. 1 Nr. 2 i.V.m. Abs. 2 Nr. 1 StVG strafbar gemacht, so ist nach OLG Hamm[184] eine Wahlfeststellung zwischen fahrlässiger Trunkenheit im Verkehr, § 316 Abs. 2 StGB, und fahrlässigem Gestatten des Fahrens ohne Fahrerlaubnis, § 21 Abs. 1 Nr. 2 i.V.m. Abs. 2 Nr. 1 StVG, zulässig. Dafür eliminiert das OLG Hamm „in dubio pro reo" aus § 315 c StGB die konkrete Gefährdung und geht für den verbleibenden § 316 StGB von fahrlässiger Begehung aus. Zwischen beiden fahrlässigen abstrakten Gefährdungstatbeständen bestehe die erforderliche rechtsethische und psychologische Vergleichbarkeit.

b) Ist dagegen **auch eine Wahlfeststellung ausgeschlossen,** so muss **bei jeder**   **148**
Sachverhaltsvariante „in dubio pro reo" unterstellt werden, dass nicht diese, sondern die jeweils andere verwirklicht wurde. Damit ist dann auch keine Straftat hinreichend sicher nachzuweisen. Obwohl feststeht, dass der Täter sich irgendwie strafbar gemacht hat, muss das Verfahren insgesamt eingestellt werden.

Verneint wurde eine Wahlfeststellung zwischen **Diebstahl und Betrug**[185] oder **Diebstahl und Erpressung**[186] oder zwischen **Vollrausch, § 323 a StGB, und der im Rausch begangenen Tat**[187] oder zwischen **Unterschlagung und Verstrickungsbruch.**[188]

c) Die Fortexistenz der echten Wahlfeststellung war durch den 2. Strafsenat des BGH   **149**
mit der Begründung, die Rechtsfigur verstoße gegen das in Art. 103 Abs. 2 GG normierte Bestimmtheitsprinzip, in Frage gestellt worden.[189] Nachdem die anderen Strafsenate dieser Auffassung nicht gefolgt waren, hat der 2. Strafsenat seinen Vorlagebeschluss an den Großen Senat in Strafsachen zurückgenommen.[190] Man wird daher von der Fortgeltung der Rechtsfigur ausgehen dürfen.

---

179 BGH, Urt. v. 02.08.1984 – 4 StR 413/84, NStZ 1984, 506.

180 BGH, Urt. v. 08.10.1957 – 1 StR 318/57, NJW 1957, 1888.

181 BGH, Urt. v. 30.06.1960 – 2 StR 275/60, NJW 1960, 2062.

182 BGH, Beschl. 09.11.2011 – 2 StR 386/11, RÜ 2012, 168.

183 BGH, Urt. 15.05.1973 – 4 StR 172/73, MDR 1986, 793.

184 OLG Hamm, Urt. v. 08.07.1981 – 7 Ss 2709/80, NJW 1982, 192.

185 BGH, Urt. v. 18.09.1984 – 4 StR 483/84, NStZ 1985, 123.

186 OLG Hamm, Beschl. v. 21.06.2007 – 3 Ss 62/07, NStZ-RR 2008, 143.

187 BGH, Urt. v. 21.06.1951 – 4 StR 26/51, NJW 1952, 193.

188 OLG Koblenz, Beschl. v. 08.01.2003 – 1 Ss 238/02.

189 BGH, Beschl. v. 11.03.2015 – 2 StR 495/12, RÜ 2016, 96 ff. m.w.N.

190 BGH, Beschl. v. 09.08.2016 – 2 StR 495/12, BeckRS 2016, 15069.

> **Klausurhinweis:** Aufbautechnisch sind die Fälle echter Wahlfeststellung so zu lösen, dass Sie die jeweilige nach dem Akteninhalt mögliche Sachverhaltsalternative zunächst als wahr unterstellen, jeweils rechtlich durchprüfen und dann in einem weiteren Prüfungsschritt die rechtsethische und psychologische Vergleichbarkeit prüfen. Sollte diese zu verneinen sein – oder lehnen Sie die Verfassungsmäßigkeit der Wahlfeststellung in Ihrem Gutachten auch ab – ist eine mehrfache in dubio pro reo-Entscheidung unausweichlich und jeweils der hinreichende Tatverdacht abzulehnen. Es bleibt dann nur hinreichender Tatverdacht für etwaige wiederauflebende und in allen Sachverhaltsvarianten verwirklichten Tatbestände (z.B. Unterschlagung bei Sachverhaltsungewissheit zwischen Diebstahl oder Hehlerei).
>
> Die Prüfungsämter werden angesichts der Zweifel an der Verfassungsmäßigkeit der Wahlfeststellung in naher Zukunft wohl eher von Aufgaben dieser Art absehen.

F. Konkurrenzen und Ergebnis der materiellen Prüfung

150 Die Konkurrenzen der bejahten Straftaten sollten Sie am Ende jedes Handlungskomplexes darstellen, das erleichtert die Übersichtlichkeit. Zwischen den einzelnen Handlungskomplexen wird dann in aller Regel **Tatmehrheit** gemäß § 53 StGB bestehen, sofern nicht ausnahmsweise eine **Verklammerung** durch ein verbindendes drittes Delikt infrage kommt.

Beispiel: Der Tatbestand der Nachstellung, § 238 StGB, verklammert die zu verschiedenen Zeitpunkten verwirklichten Straftaten wie etwa Beleidigung und Körperverletzung, durch die der Täter die Lebensführung des Opfers beeinträchtigt hat, zur Tateinheit.

> **Klausurhinweis:** Am Ende des materiell-rechtlichen Gutachtens empfiehlt sich, das Gesamtergebnis kurz unter Hinweis auf die Konkurrenzen darzustellen. Das Gesamtergebnis ist der Einstieg in das dann folgende prozessuale Gutachten und ermöglicht auch eine Kontrolle bei der praktischen Umsetzung des materiell-rechtlich gefundenen Ergebnisses.

3. Abschnitt: Das verfahrensrechtliche Gutachten (B-Gutachten)

151 Das prozessuale B-Gutachten ist das Bindeglied zwischen der materiellen Prüfung im A-Gutachten und der verfahrenspraktischen Entschließung. Ausgehend vom Ergebnis des A-Gutachtens werden hier alle wichtigen Details für die Abschlussentscheidung entwickelt. Sie müssen nun Ihre Fähigkeit unter Beweis stellen, das Strafverfahren zu gestalten, also aktiv in die gebotene Richtung zu steuern.

Es ist darzulegen – und bei problematischen Fragen auch im Gutachtenstil zu erörtern –, aus welchen Gründen eine bestimmte verfahrensmäßige Behandlung der Strafsache infrage kommt, welche prozessualen Voraussetzungen dafür erfüllt sein müssen und welche Nebenentscheidungen zu treffen sind.[191]

Die Inhalte des B-Gutachtens unterscheiden sich danach, ob die jeweils zu prüfende prozessuale Tat eingestellt (s.u. Rn. 152 ff.) oder angeklagt (s.u. Rn. 172 ff.) wird.

---

191 Rabe von Kühlewein JuS 2002, 271.

A. Für das B-Gutachten relevante Einstellungsfragen

Die wichtigsten Einstellungsentscheidungen
■ Beschuldigter **nicht greifbar**: Einstellung nach § 154 f StPO
■ Hinreichender Tatverdacht für ein oder mehrere Delikte **verneint**
■ innerhalb **derselben prozessualen Tat: Keine Einstellung – „Vermerk"**
■ bei **selbstständigen prozessualen Taten: (Teil-)Einstellung nach § 170 Abs. 2 S. 1 StPO**

Die StPO kennt zahlreiche Gründe und Formen der Verfahrenseinstellung und -beschränkung durch die Staatsanwaltschaft. Die in der Praxis wichtigsten sind die Verfahrenseinstellung wegen Geringfügigkeit (§ 153 Abs. 1 StPO), die vorläufige und endgültige Einstellung nach Erfüllung von Auflagen (§ 153 a Abs. 1 StPO) und die Ausklammerung einzelner Taten (§ 154 StPO) oder einzelner Gesetzesverletzungen (§ 154 a StPO) von der Strafverfolgung wegen mangelnden Gewichts. Diese Abschlussentscheidungen haben jedoch in Assessorklausuren im Regelfall keine Bedeutung, weil sie durch den Bearbeitervermerk ausgeschlossen sind.

> **Klausurhinweis:** Sind mehrere Personen Beschuldigte, betrachten Sie jeden für sich getrennt. Auch wenn mehrere an derselben Tat beteiligt sind, kann für den einen eine Verfahrenseinstellung aus Opportunitätsgründen oder wegen eines möglichen unbekannten Aufenthalts geboten sein und für den anderen eine Anklageerhebung.

I. Einstellung nach § 154 f StPO

Dass ein **Alleinbeschuldigter** flüchtig oder längere Zeit verhandlungsunfähig ist und dann das Verfahren gegen ihn nach § 154 f StPO eingestellt werden muss, wird in einer Assessorklausur nicht vorkommen. Es ist allerdings denkbar, dass von **mehreren Mitbeschuldigten** der Aufenthalt nur eines Beschuldigten unbekannt ist oder aus anderen Gründen ein Hindernis für die Durchführung des Hauptverfahrens in seiner Person besteht. **152**

Bei Einstellung nach § 154 f StPO im B-Gutachten gegebenenfalls zu berücksichtigenden Punkte
■ Abtrennung des Verfahrens
■ Maßnahmen zur Ergreifung und zur Verjährungsunterbrechung
■ Haftbefehl
■ Einstellungsnachricht an Anzeigeerstatter

1. Wird gegen den oder die Mittäter Anklage erhoben, ist es aus prozessökonomischen Gründen sinnvoll, das Verfahren gegen den nicht greifbaren Beschuldigten **abzutrennen**, um das Verfahren gegen die übrigen Beschuldigten weiterführen zu können. Anschließend ist es dann vorläufig nach § 154 f StPO einzustellen (vgl. Nr. 104 Abs. 1 RiStBV). **153**

Trotz eines Hinderungsgrundes nach § 154 f StPO ist auf eine vorläufige Einstellung lediglich dann zu verzichten, wenn eine Einstellung mangels hinreichenden Tatverdachts möglich erscheint, Nr. 104 Abs. 2 RiStBV.

154 2. Kommt es zu einer Einstellung nach § 154 f StPO, darf nicht versäumt werden, Maßnahmen einzuleiten, um des Beschuldigten **habhaft** zu werden und die ggf. **drohende Verjährung zu unterbrechen**.

Besonders wichtig ist die **Ausschreibung zur Aufenthaltsermittlung**, § 131 a Abs. 1 StPO.

Bei Straftaten von erheblicher Bedeutung darf auch eine Öffentlichkeitsfahndung gemäß § 131 a Abs. 3 StPO angeordnet werden. In der Regel sind anzuordnen:

- **Niederlegung eines Suchvermerks zum Zentral- bzw. Erziehungsregister** (§§ 27, 62 BZRG)

- und eine **Eintragung im zentralen staatsanwaltschaftlichen Verfahrensregister** (§ 492 Abs. 2 S. 1 StPO)

155 3. Es kann zudem Anlass bestehen, an dieser Stelle die Voraussetzungen eines **Haftbefehlsantrags** zu prüfen. Dabei ist neben dringendem Tatverdacht und Haftgrund die Verhältnismäßigkeit gemäß § 112 Abs. 1 S. 2 StPO der wichtigste Punkt. Hat der Beschuldigte die Verhängung einer empfindlichen Freiheitsstrafe zu erwarten – Faustregel: über ein Jahr „Netto"-Freiheitsstrafe (= tatsächlich zu erwartende Verbüßungszeit unter Berücksichtigung der üblichen 2/3-Regelung) –, so ist die Verhältnismäßigkeit anzunehmen (s.u. Rn. 329).

156 4. Der **Anzeigeerstatter ist von der Einstellung formlos zu benachrichtigen**, Nr. 104 Abs. 3, 103 RiStBV. Eine Rechtsbelehrung über das Klageerzwingungsverfahren darf nicht erteilt werden, da dieses bei vorläufigen Einstellungen unzulässig ist.[192]

B-Gutachten:

1. Gegen die Beschuldigten B und G ist Anklage zu erheben (§ 170 Abs. 1 StPO).

2. Der Anklageerhebung gegenüber G steht zurzeit entgegen, dass dessen Aufenthalt nicht bekannt ist und ihm eine Anklage auch nicht zugestellt werden könnte. Das Verfahren gegen G ist daher abzutrennen und anschließend vorläufig nach § 154 f StPO einzustellen.

3. Die Akte in dem abgetrennten Verfahren ist dem Fahndungssachbearbeiter mit der Bitte vorzulegen, den Beschuldigten G zur Fahndung auszuschreiben und einen Suchvermerk beim Bundeszentralregister niederzulegen.

4. Der Anzeigeerstatter ist über die vorläufige Einstellung nach § 154 f StPO zu benachrichtigen.

5. ...

II. (Teil-)Einstellung nach § 170 Abs. 2 S. 1 StPO

157 Eine Abschlussentscheidung, die *ausschließlich* eine Verfahrenseinstellung gegen den oder die Beschuldigten zum Gegenstand hat, ist in Assessorklausuren die Ausnahme. Möglich ist aber, dass **gegen einen von mehreren Beschuldigten** kein hinreichender Tatverdacht besteht. Denkbar ist aber auch der Fall, dass bei **demselben Beschuldigten** hinreichender Tatverdacht bei einzelnen Delikten bejaht und bei anderen wiederum verneint wird.

---

192 KK-Müller § 172 Rn. 6; anders aber, wenn die „vorläufige" Einstellung auf eine endgültige hinausläuft, OLG Frankfurt, Beschl. v. 02.05.1972 – 2 Ws 130/71, NJW 1972, 1875.

In einer solchen Verfahrenssituation stellen sich folgende Fragen im Hinblick auf eine gegebenenfalls vorzunehmende (Teil-)Einstellung gemäß § 170 Abs. 2 S. 1 StPO:

Verfahrensfragen bei (Teil-)Einstellung nach § 170 Abs. 2 S. 1 StPO
■ Selbstständige prozessuale Tat
■ Einstellungsbescheid und Rechtsbelehrung über Klageerzwingungsverfahren
■ Einstellungsnachricht an Beschuldigten
■ Belehrung über Entschädigung
■ Aufhebung noch nicht erledigter Zwangsmaßnahmen

1. Selbstständige prozessuale Tat

Gegenstand der Anklage und spiegelbildlich dazu der Verfahrenseinstellung ist stets nur die **Tat im prozessualen Sinn.**[193] **Dies ist ein konkretes Vorkommnis, ein einheitlicher geschichtlicher Vorgang, der sich von anderen, ähnlichen oder gleichartigen unterscheidet.**[194] **Zu dieser Tat gehört das gesamte Verhalten des Täters, soweit es nach natürlicher Auffassung einen einheitlichen Lebensvorgang darstellt** (s.o. Rn. 38).[195] Werden jeweils also prozessuale – nicht materiellrechtliche – Taten angeklagt bzw. eingestellt, hat dies in nachfolgenden Klausurkonstellationen folgende Konsequenzen:

158

a) Kein hinreichender Tatverdacht für einzelne Delikte derselben prozessualen Tat

Wird bei **demselben Lebenssachverhalt** der hinreichende Tatverdacht für einzelne Delikte bejaht und für andere verneint, wird die prozessuale Tat angeklagt, wenn auch nur aus einem bestimmten rechtlichen Gesichtspunkt. **Für eine förmliche Verfahrenseinstellung ist dann kein Raum.** Erforderlich ist im B-Gutachten aber eine kurze Begründung im Urteilsstil. Regelmäßig wird auch in der Begleitverfügung zur Anklageschrift eine kurze Begründung gegeben.

159

> *B-Gutachten:*
>
> *1. Soweit der Beschuldigte B des Betrugs und zugleich der Urkundenfälschung im 1. Tatkomplex hinreichend verdächtig ist, ist Anklage gegen ihn zu erheben (§ 170 Abs. 1 StPO).*
>
> *2. Da im 2. Tatkomplex bezüglich des Diebstahls ein hinreichender Tatverdacht gegen ihn ausscheidet, ist fraglich, ob eine Teileinstellung nach § 170 Abs. 2 S. 1 StPO zu erfolgen hat. Dies kommt in Betracht, wenn eine selbstständige Tat im Sinne des § 264 StPO vorliegt. Tat nach § 264 StPO ist das gesamte Verhalten des Beschuldigten, soweit es nach der Lebensauffassung einen einheitlichen Vorgang bildet und dessen getrennte Strafverfolgung als unnatürliche Aufspaltung erscheinen würde. Der Tatvorwurf des Diebstahls im 2. Tatkomplex ist keine eigene prozessuale Handlung im Sinne des § 264 StPO. Er wurde am gleichen Tattag begangen und zwar in unmittelbarer zeitlicher Abfolge zu dem Betrug und der tateinheitlich begangenen Urkundenfälschung in den Räumlichkeiten des Baumarktes. Die Tat ist daher zeitlich, räumlich in Bezug auf den*

---

193 Dazu vgl. auch OLG Karlsruhe, Beschl. v. 04.08.2016 – 2 [4] Ss 356/16 – AK 124/16, RÜ2 2016, 255.

194 BGH, Urt. v. 20.05.1969 – 5 StR 658/68, NJW 1969, 1181.

195 BGH, Urt. v. 03.11.1959 – 1 StR 425/59, NJW 1960, 110.

Tatgegenstand und die Angriffsrichtung identisch. Das Verfahren ist daher wegen des Diebstahls im 2. Tatkomplex einer Teileinstellung nach § 170 Abs. 2 S. 1 StPO nicht zugänglich.

Verfahrenspraktische Entscheidung:

1. Teil: Begleitverfügung

Staatsanwaltschaft   **Münster, den ....**

... Js ... / ....

Vfg.

1. **Vermerk:**

   Bezüglich des angezeigten Diebstahls ist ein Tatnachweis aus folgenden Gründen nicht zu führen: ... Eine Teileinstellung kommt nicht in Betracht. Der Diebstahl ist Bestandteil derselben prozessualen Tat, wegen der im Folgenden Anklage erfolgt.

2. *Die Ermittlungen sind abgeschlossen (§ 169 a StPO).*

3. *...*

2. Teil: Anklageschrift:

...

b) Kein hinreichender Tatverdacht für eine von mehreren prozessualen Taten

160   Bei **verschiedenen Geschehen** liegen **mehrere prozessuale Taten** vor, wenn sie nach Zeit und Ort der Begehung der Tat, Beteiligten, Tatgegenstand und Angriffsrichtung voneinander abgrenzbar und nicht durch einen Bedingungs- oder Beziehungszusammenhang untrennbar miteinander verbunden sind.[196]

In einem solchen Fall ist die **(Teil-) Einstellung nach § 170 Abs. 2 S. 1 StPO zwingend erforderlich** und im Verfahrensgutachten zu begründen.

...

B-Gutachten:

1. Soweit der Beschuldigte B des Betrugs und zugleich der Urkundenfälschung im 1. Tatkomplex hinreichend verdächtig ist, ist Anklage gegen ihn zu erheben (§ 170 Abs. 1 StPO).

2. Da im 2. Tatkomplex bezüglich des Diebstahls ein hinreichender Tatverdacht gegen ihn ausscheidet, ist fraglich, ob eine Teileinstellung nach § 170 Abs. 2 S. 1 StPO zu erfolgen hat. Dies kommt in Betracht, wenn eine selbstständige Tat im Sinne des § 264 StPO vorliegt. Tat nach § 264 StPO ist das gesamte Verhalten des Beschuldigten, soweit es nach der Lebensauffassung einen einheitlichen Vorgang bildet und dessen getrennte Strafverfolgung als unnatürliche Aufspaltung erscheinen würde. Der Tatvorwurf des Diebstahls im 2. Tatkomplex ist eine eigene prozessuale Handlung im Sinne des § 264 StPO. Er wurde zwar am gleichen Tattag wie der Betrug und die Urkundenfälschung begangen, doch erst in den Abendstunden in den Räumlichkeiten des Baumarktes. Die

---

196 BGH, Urt. v. 18.10.1995 – 3 StR 324/94, NStZ 1996, 147; BGH, Urt. v. 15.05.1997 – 1 StR 233/96, NStZ 1997, 540.

Tat ist daher zeitlich, räumlich in Bezug auf den Tatgegenstand und die Angriffsrichtung von dem Betrug und der Urkundenfälschung im 1. Tatkomplex voneinander abgrenzbar. Das Verfahren ist daher bezüglich des Diebstahls gemäß § 170 Abs. 2 S. 1 StPO einzustellen.

2. Einstellungsbescheid und Rechtsbelehrung über das Klageerzwingungsverfahren, §§ 171 f. StPO

a) Einstellungsbescheid

Bei einer Einstellung nach § 170 Abs. 2 S. 1 StPO muss dem Anzeigeerstatter ein Einstellungsbescheid erteilt werden, und zwar auch dann, wenn das Strafverfolgungsbegehren nicht unmittelbar bei der StA gestellt worden war, § 171 StPO, Nr. 89 RiStBV. Die Erteilung eines Einstellungsbescheids kommt demgegenüber nicht in Betracht, wenn das **Verfahren von Amts** wegen durch die Strafverfolgungsbehörden in Gang gekommen war.

161

Gibt der Anzeigende lediglich eine Anregung zur Sachverhaltserforschung, verzichtet er erkennbar auf einen Einstellungsbescheid über den Ausgang des Verfahrens.[197] Bei geschäftsunfähigen Anzeigeerstattern ist ein Einstellungsbescheid entbehrlich, wenn nicht der gesetzliche Vertreter die Anzeige erkennbar unterstützt.[198]

b) Rechtsbelehrung über das Klageerzwingungsverfahren

Grundsätzlich ist bei einem Einstellungsbescheid wegen Verneinung eines Offizialdelikts eine **Rechtsbelehrung über die Möglichkeit des Klageerzwingungsverfahrens** gemäß § 171 S. 2 StPO unter weiteren Voraussetzungen zu erteilen. Diese Voraussetzungen im Einzelnen sind:

Rechtsbelehrung über das Klageerzwingungsverfahren, § 171 S. 2 i.V.m. § 172 Abs. 1 StPO
■ Verletzter
■ Prozessuale Tat beinhaltet nicht ausschließlich Privatklagedelikte

aa) Verletztenbegriff

Verletzter ist, wer durch die behauptete Tat – ihre tatsächliche Begehung unterstellt – unmittelbar in einem Rechtsgut verletzt ist.[199]

162

Beispiele: Unmittelbar verletzt ist regelmäßig der Träger des jeweils durch den infrage kommenden Tatbestand geschützten Rechtsguts, etwa der Eigentümer einer Sache beim Diebstahl, der Geschädigte einer Körperverletzung oder einer unterlassenen Hilfeleistung und derjenige, zu dessen Nachteil eine Urkunde im Geschäftsverkehr gebraucht worden ist. Angehörige sind Verletzte i.F.d. Nebenklageberechtigung gemäß § 395 Abs. 2 Nr. 1 StPO.[200]

Verletzteneigenschaft fehlt bei Personen, die nur Teil der durch die Norm geschützten Allgemeinheit sind, etwa bei Umweltschutzdelikten oder bei Behörden und berufsständischen Organisationen, die die beeinträchtigten Interessen von Amts wegen wahrzunehmen haben, z.B. die Ärztekammer bei einem Vergehen nach § 132 a StGB.[201]

---

197 Meyer-Goßner/Schmitt § 171 Rn. 2.

198 Meyer-Goßner/Schmitt § 171 Rn. 1.

199 Meyer-Goßner/Schmitt § 172 Rn. 9.

200 Zu weiten Beispielen vgl. Meyer-Goßner/Schmitt § 172 Rn. 11 f.

201 KK-Schmidt § 172 Rn. 28 ff.

bb) Privatklagedelikte und Klageerzwingungsverfahren

163 Die der Einstellung zugrunde liegende prozessuale Tat darf weiterhin **nicht ausschließlich Privatklagedelikte** beinhalten (§ 172 Abs. 2 S. 3 StPO). Denn in diesem Fall kann der Anzeigeerstatter selbst die prozessuale Tat zur Anklage bringen (§§ 376, 381 StPO). Zu den Einzelheiten s.u. Rn. 167 ff.

3. Einstellungsnachricht

164 Gemäß § 170 Abs. 2 S. 2 StPO ist der Beschuldigte von der Einstellung in Kenntnis zu setzen, wenn er als **Beschuldigter vernommen** worden ist, ein Haftbefehl gegen ihn erlassen war, er um einen **Bescheid gebeten** hat oder wenn ein besonderes **Interesse an der Bekanntgabe** ersichtlich ist.

Nr. 88 RiStBV geht davon aus, dass die Mitteilung **grundsätzlich keine weiteren Informationen** enthält. Hat sich aber herausgestellt, dass der Beschuldigte unschuldig ist oder dass gegen ihn kein begründeter Verdacht mehr besteht, so wird dies in der Mitteilung erwähnt. Gründe für die Einstellung werden nur auf Antrag und auch dann nur insoweit bekannt gegeben, als keine schutzwürdigen Interessen entgegenstehen.

4. Belehrung nach dem Gesetz über die Entschädigung für Strafverfolgungsmaßnahmen (StrEG)

165 Nach einer endgültigen **Einstellung des Verfahrens** oder eines prozessual selbstständigen Verfahrensteils ist der Beschuldigte nach **§ 9 Abs. 1 S. 5 StrEG über sein Entschädigungsrecht i.S.d. § 9 StrEG zu belehren**, wenn entschädigungsfähige Maßnahmen nach § 2 StrEG – insbesondere Haft, Festnahme, Beschlagnahme und Durchsuchung – gegen ihn ergriffen wurden (§ 2 Abs. 1 StrEG). Der Antragsberechtigte ist über das Antragsrecht, die Frist und das zuständige Gericht zu belehren. Dies erfolgt in der Regel mit der Einstellungsnachricht, die dann zugestellt wird (vgl. § 9 Abs. 1 S. 3 StrEG), durch Mitübersendung der entsprechenden Formblätter.

5. Aufhebung noch nicht erledigter Zwangsmaßnahmen

166 Vorher getroffene und noch andauernde Zwangsmaßnahmen sind spätestens bei der Einstellung aufzuheben. Das betrifft etwa den Antrag auf Aufhebung eines Haftbefehls und die Anordnung der Freilassung des Beschuldigten (§ 120 Abs. 3 StPO) oder einen Antrag auf Aufhebung der Beschlagnahme und die Herausgabe sichergestellter Gegenstände.

...

B-Gutachten:

1. Tatkomplex:

Bzgl. der im vorbezeichneten 1. Tatkomplex genannten Tatvorwürfe ist Anklage zu erheben (§ 170 Abs. 1 StPO).

2. Tatkomplex:

1. Soweit dem Beschuldigten im 2. Tatkomplex der Tatvorwurf des Diebstahls nach § 242 Abs. 1 StGB gemacht wird, ist demgegenüber das Verfahren gemäß § 170 Abs. 2 S. 1 StPO einzustellen. Es handelt sich dabei um eine eigenständige prozessuale Tat im Sinne des § 264 StPO. Denn ...

2. Dem Anzeigeerstatter ist gemäß § 171 S. 1 StPO ein Einstellungsbescheid zu erteilen. Da er zugleich der Verletzte der Diebstahlstat ist und es sich bei dem Delikt auch um ein Offizialdelikt handelt (§ 172 Abs. 2 S. 3 StPO), ist gemäß § 171 S. 2 StPO dem Einstellungsbescheid auch eine Rechtsbelehrung über das Klageerzwingungsverfahren beizufügen.

3. Dem Beschuldigten ist gemäß § 170 Abs. 2 S. 2 StPO eine Einstellungsnachricht zu erteilten. Er ist zum Tatvorwurf verantwortlich vernommen worden. Im Hinblick darauf, dass im Übrigen Anklage erfolgt, muss sich aus der Nachricht der Hinweis ergeben, dass sich die Einstellung ausschließlich auf den Tatvorwurf des Diebstahls bezieht.

4. Ergänzend ist der Beschuldigte nach § 9 Abs. 1 S. 5 StrEG über sein Entschädigungsrecht i.S.d. § 9 StrEG zu belehren, da bezüglich der den vorbezeichneten Diebstahl betreffenden prozessualen Tat eine entschädigungsfähige Maßnahme nach § 2 StrEG, nämlich eine Durchsuchung, gegen ihn ergriffen worden war. Aus der Belehrung muss sich auch die einmonatige Frist ab Zustellung und das zuständige Amtsgericht (Ort) ergeben. Die Belehrung ist zusammen mit der Einstellungsnachricht dem Beschuldigten zuzustellen.

5. Die sichergestellte Kreissäge ist an den Beschuldigten herauszugeben.

6. ...

6. Besonderheiten im Rahmen der (Teil-)Einstellung bei Privatklagedelikten, § 170 Abs. 2 S. 1 StPO

Auch wenn das Ermittlungsverfahren **Privatklagedelikte** nach dem abschließenden Katalog des § 374 Abs. 1 StPO zum Gegenstand hatte und nach der materiellen Prüfung kein hinreichender Tatverdacht übrig geblieben ist, erfolgt **eine Einstellung nach § 170 Abs. 2 S. 1 StPO**. Hier muss die Frage erörtert werden, ob anstelle oder neben der Rechtsmittelbelehrung über das Klageerzwingungsverfahren **eine Verweisung auf den Privatklageweg** zu erfolgen hat.   **167**

Klageerzwingungsverfahren und Privatklagedelikte, § 172 Abs. 2 S. 3 StPO
■ Prozessuale Tat beinhaltet ausschließlich Privatklagedelikte
■ Prozessuale Tat beinhaltet Offizial- und Privatklagedelikte

a) Prozessuale Tat beinhaltet ausschließlich Privatklagedelikte

Ging es in dem Verfahren **ausschließlich um Privatklagedelikte**, so ist gemäß § 172 Abs. 2 S. 3 StPO das **Klageerzwingungsverfahren ausgeschlossen**. In diesem Fall muss deshalb **eine Verweisung auf den Privatklageweg** erfolgen. Allerdings **unterbleibt** auch dieser Hinweis im Interesse des Anzeigeerstatters, wenn eine solche Privatklage völlig aussichtslos erscheint.[202]   **168**

Problematisch ist die Behandlung bei einer Einstellung von Taten **Jugendlicher** (zur Tatzeit 14–17-Jähriger, § 1 Abs. 2 JGG). Da nach § 80 Abs. 1 S. 1 JGG gegen Jugendliche Privatklage nicht erhoben werden kann, scheidet eine Verweisung auf den Privatklageweg zwingend aus. Ob eine Belehrung über das Klageerzwingungsverfahren zu erfolgen hat, hängt von der Vorfrage ab, ob ein solches in Verfahren gegen Jugendliche überhaupt zulässig ist. Die h.M. bejaht dies,[203] sofern hinsichtlich der Ver-

---

202 Heghmanns Rn. 613.

203 OLG Stuttgart, Beschl. 11.08.1988 – 4 Ws 206/88, NStZ 1989, 136; Eisenberg, JGG, 17. Aufl. 2014, § 80 Rn. 8.

neinung des hinreichenden Tatverdachts nach § 170 Abs. 2 S. 1 StPO keine Ermessensentscheidung vorliegt und insoweit das Legalitätsprinzip Vorrang besitzt. Dann muss eine Belehrung nach § 171 S. 2 StPO erfolgen.

b) Privatklagedelikte und Offizialdelikte in einer prozessualen Tat

169 Betraf das Verfahren innerhalb einer prozessualen Tat, also im Rahmen eines konkreten historischen Vorkommnisses, sowohl Offizial- als auch Privatklagedelikte, so kommt eine Verfahrensaufspaltung nicht infrage.[204] Erforderlich ist eine **einheitliche Verfahrenseinstellung** nach § 170 Abs. 2 S. 1 StPO, bei der das Offizialverfahren Vorrang hat, weil das Privatklagedelikt hierin mitbehandelt wird. Das gilt unabhängig davon, ob materiell-rechtlich zwischen Offizial- und Privatklagedelikt Tateinheit oder Tatmehrheit bestanden hätte.[205]

Deshalb kommt bei fehlendem Tatverdacht sowohl für das Offizial- als auch für das Privatklagedelikt auch nur **eine einheitliche und uneingeschränkte Rechtsbelehrung in Bezug auf das Klageerzwingungsverfahren** infrage, wenn der Anzeigeerstatter hinsichtlich des Offizialdelikts „Verletzter" ist.[206]

In der (Ausbildungs-) Literatur und von einigen AG-Leitern wird für diese Konstellation auch die Ansicht vertreten, dass der Anzeigeerstatter nach der jeweiligen Art der Delikte – **im Ergebnis zweifach** – zu belehren sei, da ihm hinsichtlich des Offizialdelikts das Klageerzwingungsverfahren offenstehe, während er das Privatklagedelikt im Privatklageverfahren weiterverfolgen könne (sog. **geteilte Rechtsbelehrung innerhalb einer prozessualen Tat**). Selbst wenn man ein solches Wahlrecht rein theoretisch bejaht, hilft der Hinweis hierauf dem Anzeigeerstatter, der beide Delikte überprüft wissen will, nicht weiter.[207] Die vorgenannte Ansicht verkennt, dass Gegenstand des Klageerzwingungsverfahrens die dem Beschuldigten vom Antragsteller zur Last gelegte **Tat im prozessualen Sinne** in jeglicher rechtlicher Ausgestaltung ist. Liegen also hinsichtlich des Offizialdelikts alle Voraussetzungen des § 172 StPO vor, so umfasst die Prüfung durch das OLG auch notwendigerweise das Privatklagedelikt.[208] Die Sperrwirkung des § 172 Abs. 2 S. 3 StPO gewinnt in dieser Konstellation erst dann wieder Bedeutung, wenn der Klageerzwingungsantrag wegen des Offizialdelikts für unzulässig bzw. unbegründet erachtet wird; nur dann unterbleibt auch eine gerichtliche Prüfung des Privatklagedelikts.[209] Auf diese – erst in der Zukunft mögliche – Beschränkung ist aber bei der Frage nach der richtigen Rechtsbelehrung anlässlich einer Einstellungsverfügung nicht abzustellen. Zudem ist ein Privatklageverfahren nur zulässig, wenn der Antragsteller ausschließlich die Verletzung eines Privatklagedelikts behauptet (vgl. dazu die nachfolgende Konstellation). Eine solche Beschränkung auf die Überprüfung des Privatklagedelikts ist aber schon deshalb fernliegend, weil der Verletzte dem Beschuldigten auch ein Offizialdelikt vorwirft, sodass die uneingeschränkte Belehrung i.S.d. § 171 S. 2 StPO den Vorzug verdient.

c) Privatklagedelikte und Offizialdelikte ohne Verletzteneigenschaft in einer prozessualen Tat

170 Bezieht sich die Verfahrenseinstellung nach § 170 Abs. 2 S. 1 StPO wegen fehlenden Tatverdachts allerdings auf ein **Privatklagedelikt und ein** – dazu in Tateinheit oder Tatmehrheit stehendes – **Offizialdelikt**, bei dem der Antragsteller **nicht Verletzter** ist, so **entfällt** sowohl eine **Belehrung über das Klageerzwingungsverfahren als auch** ein **Verweis auf den Privatklageweg** zur rechtlichen Überprüfung des Privatklagedelikts.

Eine Rechtsbelehrung nach § 171 S. 2 StPO wäre sachwidrig, da dem Antragsteller mangels Verletzteneigenschaft bzgl. eines Offizialdelikts nicht das Klageerzwin-

---

204 BGH, Beschl. v. 08.03.2016 – 3 StR 417/15, RÜ2 2016, 133.

205 KK-Schmid § 172 Rn. 40; KK-Senge § 374 Rn. 9.

206 LR-Graalmann-Scheerer § 172 Rn. 24 m.w.N.

207 OLG Neustadt MDR 1961, 955.

208 Meyer-Goßner/Schmitt § 172 Rn. 2.

209 KMR-Plöd § 172 Rn. 13; OLG Koblenz, Beschl. v. 05.04.1984 – 1 Ws 224/84, NJW 1985, 1409.

gungsverfahren offensteht. Aber auch die Durchführung eines Privatklageverfahrens ist – soweit der Strafantragsteller auch die Strafverfolgung wegen des Offizialdelikts begehrt (s.o.) – ausgeschlossen, da bereits die bloße Behauptung des Vorliegens eines Offizialdelikts dieses besondere Verfahren – wegen der uneingeschränkten Rechtskraftwirkung eines Privatklage-Urteils – unzulässig macht.[210]

Auf den ersten Blick ist das vorstehende Ergebnis **paradox**: Dem Antragsteller wird durch die – zusätzliche – Behauptung des Vorliegens eines Offizialdelikts die Möglichkeit eines Privatklageverfahrens genommen. Diese prozessuale Rechtsverkürzung wird zudem nicht durch die Eröffnung des Klageerzwingungsverfahrens kompensiert, weil der Antragsteller nicht Verletzter des Offizialdelikts ist. Es muss aber berücksichtigt werden, dass die StA das eingestellte Verfahren jederzeit – z.B. nach Auftauchen neuer belastender Beweismittel – wieder aufnehmen kann, da die Einstellung nach § 170 Abs. 2 S. 1 StPO nicht in Rechtskraft erwächst. Diese Wiederaufnahme des Ermittlungsverfahrens mit der Möglichkeit einer Anklageerhebung wäre dagegen ausgeschlossen, wenn der Beschuldigte im Privatklageverfahren wegen des Privatklagedelikts verurteilt oder freigesprochen würde, denn die Rechtskraft eines solchen Urteils stünde auch der Durchführung eines weiteren Offizialverfahrens entgegen. Eine bisher vereinzelt gebliebene Ansicht[211] bejaht dagegen auch in dieser Konstellation die Durchführbarkeit des Klageerzwingungsverfahrens mit dem Hinweis, dass der entscheidende Grund für den Ausschluss der Privatklagedelikte vom Klageerzwingungsverfahren in der Möglichkeit des Verletzten liegt, eine gerichtliche Entscheidung durch die Privatklage herbeiführen zu können und diese Möglichkeit in derartigen Fällen gerade nicht besteht.

d) Mehrere prozessuale Taten

Lagen **mehrere prozessuale Taten** vor, so ist jede für sich nach den vorgenannten Regeln zu behandeln. Richteten sich die Geschehnisse gegen verschiedene Verletzte, müssen jeweils eigenständige Einstellungsbescheide und Rechtsbelehrungen erstellt werden. Ist durch die verschiedenen Vorkommnisse **derselbe Anzeigeerstatter verletzt** worden und stehen **bei der einen prozessualen Tat nur Offizialdelikte und bei der anderen Tat nur Privatklagedelikte** in Rede, so darf freilich eine sog. „geteilte Rechtsbelehrung" erfolgen – nämlich eine (beschränkt auf die Offizialdelikte) für das Klageerzwingungsverfahren und eine (beschränkt auf die Privatklagedelikte) für das Privatklageverfahren.

171

B. Im B-Gutachten relevante Fragestellungen im Zusammenhang mit der Anklageerhebung

In der staatsanwaltlichen Assessorklausur ist im Regelfall bezüglich einer oder mehrerer prozessualer Taten Anklage zu erheben (§ 170 Abs. 1 StPO). Im verfahrensrechtlichen B-Gutachten stellen sich dann im Zusammenhang mit der Anklageerhebung die nachfolgenden Fragen:

---

210 KK-Senge § 289 Rn. 1; KMR-Stöckel § 389 Rn. 2; LR-Hilger § 389 Rn. 1, 2.
211 LR-Graalmann-Scheerer § 172 Rn. 25.

Verfahrensfragen im Zusammenhang mit der Anklageerhebung
■ Besonderes öffentliches Verfolgungsinteresse bei fehlendem Strafantrag
■ Bestimmung des zuständigen Gerichts
■ Beiordnung eines Pflichtverteidigers
■ Antrag auf Anordnung von Untersuchungshaft
■ Antrag auf vorläufige Entziehung der Fahrerlaubnis
■ Mitteilungen nach MiStra
■ Verfall der Einziehung
■ Fristen

I. Bejahung des besonderen öffentlichen Verfolgungsinteresses bei fehlendem Strafantrag

172 Es kommt nicht selten vor, dass im A-Gutachten Delikte zu bejahen sind, für die zwar kein wirksamer Strafantrag vorliegt, die aber auch bei Vorliegen eines besonderen öffentlichen Interesses verfolgbar sind. Hier wird von Ihnen eine tragfähige Begründung für das (Nicht-)Vorliegen des besonderen öffentlichen Verfolgungsinteresses erwartet.

Argumente für den wichtigsten Fall, nämlich § 230 StGB für die einfache Körperverletzung nach § 223 StGB und die fahrlässige Körperverletzung nach § 229 StGB, finden sich in den Nrn. **234 und 243 Abs. 3 RiStBV**. Die dort genannten Gesichtspunkte können sinngemäß auf die anderen Delikte übertragen werden, die auch die Verfolgbarkeit bei besonderem öffentlichen Strafverfolgungsinteresse ermöglichen, so z.B. §§ 248 a, 205, 303 StGB. Ergänzend ist auch auf das Gesamtergebnis der Prüfung des materiell-rechtlichen A-Gutachtens hinzuweisen.

...

B-Gutachten:

1. Gegen B ist Anklage zu erheben. Eine Anklageerhebung wegen fahrlässiger Körperverletzung ist aber gemäß § 230 Abs. 1 Hs. 2 StGB nur möglich, wenn der fehlende Strafantrag durch die Bejahung des besonderen öffentlichen Interesses ersetzt werden kann. Dieses ist unter Berücksichtigung der sich aus Nr. 234 RiStBV ergebenden Kriterien hier gegeben: Durch das Herunterstoßen des Betonblumenkübels hätte Z auch leicht getötet werden können. Hinzu kommt, dass es sich bei B um den Sicherheitsbeauftragten und Vorgesetzten des Z handelt, woraus sich ergibt, dass er in besonders schwerwiegender Weise gegen seine Pflichten verstoßen hat. Auch ist die Einhaltung der Unfallverhütungsvorschriften am Arbeitsplatz wegen des hohen Schadenspotenzials und der Belastung für die Versichertengemeinschaft durch die Folgekosten eines Arbeitsunfalls für Heilbehandlung und Rehabilitation ein Anliegen der Allgemeinheit. B hat schließlich weiterhin versucht, seine Täterschaft zu verschleiern, indem er bei der Unfallaufnahme zunächst den Hilfsarbeiter H als denjenigen angab, der den Kübel geworfen haben sollte. Aufgrund der Angaben von B wurde zunächst auch gegen ihn ein Verfahren eingeleitet und ermittelt. Das Verfahren gegen H wurde erst eingestellt, als der unbeteiligte Zeuge T später im Rahmen der Untersuchung des Unfalls bei der Ver-

> *sicherung gehört wurde und den tatsächlichen Unfallverlauf schilderte. Auch dieses Verhalten des B, das gemäß § 164 StGB zur Erhebung der öffentlichen Klage führt, rechtfertigt die Bejahung des besonderen öffentlichen Interesses für die Verfolgung der fahrlässigen Körperverletzung.*
>
> *2. ... (Es folgen die Verfahrensfragen einer Anklageerhebung*

II. Bestimmung des zuständigen Gerichts

Bei der Anklageerhebung ist zunächst das **sachlich, örtlich und funktionell erstins-** **173** **tanzlich zuständige Gericht** zu ermitteln, an das die Anklageschrift zu adressieren ist.

1. Sachliche und funktionelle Zuständigkeit

Im Rahmen der **sachlichen und funktionellen Zuständigkeitsprüfung** muss differenziert werden, ob ein **allgemeines Strafgericht** oder ein **Jugendgericht** zuständig ist.

Sachliche und funktionelle Zuständigkeit
Allgemeine Zuständigkeit erster Instanz
■ Strafrichter
■ Schöffengericht
■ Landgericht (= Große Strafkammer, Schwurgericht)
■ Oberlandesgericht (= Strafsenat)
Jugendgerichtszuständigkeit

a) Zuständigkeit der allgemeinen Strafgerichte erster Instanz

aa) Der **Strafrichter** beim Amtsgericht ist neben Privatklageverfahren gemäß § 25 GVG **nur für Vergehen** zuständig, bei denen die konkrete Rechtsfolgenerwartung **zwei Jahre Freiheitsstrafe nicht übersteigt**.

bb) Das **Schöffengericht** beim Amtsgericht ist demgegenüber zuständig für **Verge-** **174** **hen** mit einer konkreten **Straferwartung zwischen zwei und vier Jahren** und für **Verbrechen** mit einer konkreten **Straferwartung bis zu vier Jahren**, § 24 Abs. 2 GVG, sofern keine Spezialzuständigkeit des LG gegeben ist (z.B. nach § 74 Abs. 2 GVG).

cc) Der **Strafkammer** beim Landgericht bleibt gemäß § 74 Abs. 1 GVG die Zuständig- **175** keit für alle Verfahren, bei denen

■ entweder mit einer **höheren Freiheitsstrafe als vier Jahre**, Unterbringung in einem psychiatrischen Krankenhaus oder Sicherungsverwahrung zu rechnen ist, § 24 Abs. 1 Nr. 2 GVG,

■ oder die StA gemäß § 24 Abs. 1 Nr. 3 GVG die Anklage beim LG für geboten erachtet, nämlich wegen der besonderen Schutzbedürftigkeit des durch die Straftat verletzten Zeugen,

■ des **besonderen Umfangs** des Falles,

■ oder der **besonderen Bedeutung** des Falles.

Von besonderer Bedeutung ist eine Sache, die sich aus tatsächlichen oder rechtlichen Gründen aus der Masse der durchschnittlichen Strafsachen nach oben heraushebt.[212] Kriterien dafür können sein: Ausmaß der Rechtsverletzung und verschuldeter Auswirkungen der Tat, die exponierte Stellung des Beschuldigten oder Verletzten im öffentlichen Leben, großes Interesse der Medien und Öffentlichkeit an dem Verfahren, das Bedürfnis der raschen Klärung einer grundsätzlichen und für eine Vielzahl gleich gelagerter Fälle bedeutsamen Rechtsfrage durch den BGH.[213]

176   OLG haben als erstinstanzliche Gerichte nach **§ 120 Abs. 2 GVG** höchste Priorität in bedeutsamen – in der Assessorklausur allerdings nicht relevanten – **Staatsschutzsachen**.

b) Zuständigkeit der Jugendgerichte erster Instanz

177   Die **Jugendgerichte** entscheiden nach § 33 Abs. 1 JGG über Verfehlungen Jugendlicher, ferner nach § 108 Abs. 1 JGG auch über die Verfehlungen Heranwachsender und schließlich nach § 103 Abs. 2 S. 1 JGG grundsätzlich auch bei verbundenen Strafsachen gegen Jugendliche und Erwachsene. Daneben sieht § 26 GVG eine besondere Zuständigkeit für Jugendschutzsachen vor.

Innerhalb der Jugendgerichtsbarkeit richtet sich die funktionelle Zuständigkeit nach einer **Rechtsfolgenerwartung**. Dafür muss der Bearbeiter eine Prognose über die im konkreten Fall zu erwartenden Sanktionen und ihre Höhe abgeben.

Bei Heranwachsenden ist schon in diesem Zusammenhang zu erwägen, ob sie eine Sanktion des allgemeinen Strafrechts oder eine solche des Jugendstrafrechts zu erwarten haben, vgl. § 105 JGG. Bei mehreren Straftaten in verschiedenen Altersstufen setzt dies zudem eine Schwergewichtsprognose i.S.d. § 32 JGG voraus.

Im Rahmen der Zuständigkeitsprüfung sind also – wenn auch vereinfachte – Strafzumessungserwägungen anzustellen.

178   **aa)** Beim **Jugendrichter** am Amtsgericht wird gemäß § 39 Abs. 1 JGG angeklagt, wenn Jugendstrafrecht Anwendung findet und nur **Erziehungsmaßregeln** (Erteilung von Weisungen [§ 10 JGG] und die Verpflichtung zur Inanspruchnahme von Hilfe zur Erziehung im Sinne des § 12 JGG), **Zuchtmittel** (Verwarnung, Erteilung von Auflagen und Jugendarrest, § 13 Abs. 2 JGG), nach JGG zulässige Nebenstrafen und Nebenfolgen oder die Entziehung der Fahrerlaubnis zu erwarten sind (vgl. §§ 2, 6, 7, 8 Abs. 3 JGG).

Für die Verfehlungen von **Heranwachsenden** ist der Jugendrichter auch bei Anwendung von Erwachsenenstrafrecht unter den allgemeinen Voraussetzungen des § 25 GVG zuständig, § 108 Abs. 2 JGG.

179   **bb)** Bei der **Jugendkammer** am Landgericht wird angeklagt, wenn die Sache nach allgemeinen Regeln vor das Schwurgericht gehört oder wenn bei einer verbundenen Sache für den angeklagten Erwachsenen eine große Strafkammer zuständig wäre, § 41 Abs. 1 Nr. 1, 3 JGG.

Bei Verfahren gegen **Heranwachsende** und Anwendung von allgemeinem Strafrecht ist die Jugendkammer auch dann zuständig, wenn eine vier Jahre übersteigende Freiheitsstrafe zu erwarten ist, § 108 Abs. 3 S. 2 JGG.

180   **cc)** Bei dem **Jugendschöffengericht** am Amtsgericht wird in allen anderen jugendgerichtlichen Fällen angeklagt, die nicht den vorgenannten besonderen Zuständig-

---

212   Meyer-Goßner/Schmitt § 24 GVG Rn. 8.

213   BGH, 22.04.1997 – 1 StR 701/96, StV 1998, 1.

keitsregeln unterfallen, § 40 Abs. 1 JGG, also insbesondere dann, wenn die Verhängung einer Jugendstrafe gemäß §§ 17, 18 JGG zu erwarten ist.

Diese Zuständigkeitsmerkmale hat der StA darzulegen. Die für die Klausur bedeutsame Zuständigkeit hier noch einmal im Überblick: **181**

AG	Strafrichter	Vergehen bei einer Straferwartung von nicht mehr als zwei Jahren
	Jugendrichter	Anwendung von Jugendstrafrecht bei Jugendlichen und Heranwachsenden, wenn nur Erziehungsmaßregeln, Zuchtmittel und nach dem JGG zulässige Nebenstrafen und -folgen zu erwarten sind, § 39 JGG; bei der Anwendung von Erwachsenenstrafrecht gilt § 25 GVG i.V.m. § 108 Abs. 2 JGG
	Schöffengericht	Vergehen bei einer Straferwartung von mehr als zwei und weniger als vier Jahren sowie bei Verbrechen und einer Straferwartung von nicht mehr als vier Jahren
	Jugendschöffengericht	§ 40 JGG, wenn die Anwendung von Jugendstrafrecht zu erwarten ist
LG	Große Strafkammer	Katalogtaten nach §§ 74 ff. GVG – Schwurgericht, Wirtschaftskammer, Staatsschutzkammer
	Jugendstrafkammer	§ 41 Abs. 1 Nrn. 1 und 3 JGG

2. Örtliche Zuständigkeit

a) Verfahren gegen Erwachsene

Die örtliche Zuständigkeit in Verfahren gegen **Erwachsene** folgt aus §§ 7 ff. StPO. Bei   **182**
mehreren Gerichtsständen hat die Staatsanwaltschaft ein Wahlrecht, das aber wegen der Bedeutung des Grundrechts auf den gesetzlichen Richter nicht willkürlich ausgeübt werden darf. Der Gerichtsstand des Tatorts hat Vorrang, vgl. Nr. 2 Abs. 1 RiStBV.

b) Verfahren gegen Jugendliche

In Verfahren gegen **Jugendliche** erweitert § 42 JGG die örtliche Zuständigkeit um   **183**
drei besondere JGG-Gerichtsstände, welche den übrigen Gerichtsständen mindestens gleichgeordnet sind.[214] Aufgrund der Besonderheiten des Jugendstrafrechts als Täterstrafrecht genießen diese Gerichtsstände oft sogar Vorrang. Dies gilt insbesondere für § 42 Abs. 1 Nr. 2 JGG. Zuständig ist der Richter, in dessen Bezirk sich der auf freiem Fuß befindliche Beschuldigte zur Zeit der Erhebung der Anklage aufhält. Dies ist in der Praxis häufig der Wohnort des jugendlichen Beschuldigten.

---

214 BGH, Beschl. v. 30.06.1959 – 2 ARs 158/58, NJW 1959, 1834.

> **B-Gutachten**
>
> *1. Gegen den Beschuldigten ist Anklage zu erheben (§ 170 Abs. 1 StPO).*
>
> *2. Sachlich und örtlich zuständig ist gemäß § 24 Abs. 2 GVG und § 7 StPO das Amtsgericht in Gelsenkirchen-Buer. Funktionell zuständig ist dort das Schöffengericht. Dem Beschuldigten wird zwar lediglich ein Vergehen zur Last gelegt, er ist aber bereits erheblich strafrechtlich vorbelastet, sodass eine höhere Freiheitsstrafe als zwei Jahren, aber nicht mehr als vier Jahren, in Betracht kommt.*
>
> ...

III. Beiordnung eines Pflichtverteidigers

In vielen Fällen ist darzulegen, dass die Beiordnung eines Pflichtverteidigers erforderlich ist. **Die Beiordnung eines Pflichtverteidigers** ist in den Fällen **notwendiger Verteidigung**, § 140 StPO, veranlasst.

184   **1.** Nach **§ 140 Abs. 1 StPO** ist die Beiordnung erforderlich, wenn

- die **Hauptverhandlung im ersten Rechtszug vor dem Landgericht oder dem OLG** stattfindet, Nr. 1,

- dem Beschuldigten ein **Verbrechen** zur Last gelegt wird, Nr. 2,

- das Verfahren zu einem Berufsverbot führen kann, Nr. 3,

- gegen den Beschuldigten Untersuchungshaft nach den §§ 112, 112 a oder einstweilige Unterbringung nach §§ 126 a oder 275 a Abs. 6 vollstreckt wird, Nr. 4 oder

- der Beschuldigte sich mindestens **drei Monate** aufgrund richterlicher Anordnung oder mit richterlicher Genehmigung **in einer Anstalt** befunden hat und **nicht mindestens zwei Wochen vor Beginn der Hauptverhandlung entlassen** wird, Nr. 5.

185   **2.** Eine Beiordnung ist aber auch – wenn ein Fall nach Abs. 1 nicht vorliegt – nach der Generalklausel des **§ 140 Abs. 2 StPO** möglich. Im Gegensatz zu § 140 Abs. 1 StPO handelt es sich hier um eine **Ermessensentscheidung.**[215]

- Für eine Beiordnung unter Berücksichtigung der **„Schwere der Tat"** (1. Alt.) ist auf die zu erwartende Rechtsfolgenentscheidung abzustellen. So soll bei einer Straferwartung von einem Jahr Freiheitsstrafe bereits Anlass zur Beiordnung eines Pflichtverteidigers bestehen, selbst wenn deren Vollstreckung zur Bewährung ausgesetzt wird.[216] Praktisch läuft das darauf hinaus, **bei allen Schöffengerichtsanklagen einen Pflichtverteidiger zu bestellen.** Dem Beschuldigten ist nach § 140 Abs. 2 StPO wegen der Schwere der Tat auch dann ein Pflichtverteidiger beizuordnen, wenn er zwar nur eine Freiheitsstrafe von unter zwölf Monaten zu erwarten hat, ihm aber aufgrund der Verurteilung der Widerruf einer zur Bewährung ausgesetzten früheren Freiheitsstrafe droht und somit eine neu zu bildende Gesamtfreiheitsstrafe von über einem Jahr wahrscheinlich ist.[217]

- Neben der Schwere der Tat kann auch eine Pflichtverteidigerbeiordnung wegen der **Schwierigkeit der Sach- und Rechtslage** (2. Alt.) erforderlich sein. Das ist insbesondere anzunehmen, wenn für die sachgerechte Verteidigung die Kenntnis des Akteninhalts erforderlich ist, die nach § 147 Abs. 1 StPO dem Verteidiger vor-

---

215   Meyer-Goßner/Schmitt § 140 Rn. 22 m.w.N.

216   Meyer-Goßner/Schmitt § 140 Rn. 23 m.w.N.

217   Meyer-Goßner/Schmitt § 140 Rn. 25 m.w.N.

behalten ist,[218] wenn bei der Anwendung formellen oder materiellen Rechts auf den konkreten Sachverhalt bislang nicht ausgetragene Rechtsfragen entschieden werden müssen[219] oder auch – wegen der erforderlichen „Waffengleichheit" – wenn der Nebenkläger anwaltlich vertreten ist.[220] Handelt es sich dagegen bei dem Beschuldigten um einen sprachunkundigen Ausländer, so ist ihm allein deswegen kein Pflichtverteidiger beizuordnen. Er hat in diesem Fall jedoch einen Anspruch auf unentgeltliche Zuziehung eines Dolmetschers aus Art. 6 Abs. 3 lit. e EMRK.[221]

3. Einem **jugendlichen Beschuldigten** ist ein Verteidiger beizuordnen, wenn einem Erwachsenen ein solcher zu bestellen wäre, **§ 68 Nr. 1 JGG i.V.m. § 140 StPO**, darüber hinaus in den Fällen des **§ 68 Nr. 2–4 JGG**. Für **Heranwachsende** gelten nach **§ 109 Abs. 1 S. 1 JGG** die Regelungen des § 68 Nr. 1, 3 JGG entsprechend. **186**

B-Gutachten

1. ...

2. ...

3. Dem Beschuldigten ist gemäß § 140 Abs. 1 Nr. 2 ein Pflichtverteidiger beizuordnen, da ihm ein Verbrechen zur Last gelegt wird.

oder:

Dem Beschuldigten ist gemäß § 140 Abs. 2 ein Pflichtverteidiger beizuordnen, da bereits Anklage vor dem Schöffengericht erhoben worden ist. Zwar wird dem Beschuldigten nur ein Vergehen zur Last gelegt, es ist aber mit der Verhängung einer Freiheitsstrafe von mehr als zwei Jahren zu rechnen.

oder:

Dem Beschuldigten ist gemäß § 140 Abs. 2 StPO ein Pflichtverteidiger beizuordnen. Es ist zwar nur Anklage wegen Diebstahls vor dem Amtsgericht – Strafrichter – erhoben worden und eine höhere Freiheitsstrafe als sechs Monate dürfte kaum zu erwarten sein. Allerdings steht der Beschuldigte wegen einer früheren Verurteilung zu einer Freiheitsstrafe von neun Monaten unter Bewährung. Es ist nicht auszuschließen, dass im vorliegenden Verfahren eine Freiheitsstrafe ohne Strafaussetzung zur Bewährung verhängt werden wird mit der Folge, dass auch in dem anderen Verfahren ein Widerruf zu erwarten ist und der Beschuldigte dann mehr als ein Jahr Freiheitsstrafe verbüßen müsste. Die Beiordnung ist daher unerlässlich.

IV. Antrag auf Anordnung von Untersuchungshaft

1. Antrag auf Erlass eines Haftbefehls gegen noch nicht inhaftierte Beschuldigte nach § 112 StPO

Ist nach dem Ergebnis des materiell-rechtlichen A-Gutachtens der hinreichende Tatverdacht für das Vorliegen eines Verbrechens (Mindestfreiheitsstrafe: ein Jahr) gegeben oder ist mit der Verhängung einer längeren vollstreckbaren Freiheitsstrafe zu rechnen, ist zu prüfen, ob ein Antrag auf Erlass eines Haftbefehls nach § 112 Abs. 1 StPO gestellt werden muss. **187**

---

218 Meyer-Goßner/Schmitt § 140 Rn. 27 m.w.N.

219 Meyer-Goßner/Schmitt § 140 Rn. 27a m.w.N.

220 Meyer-Goßner/Schmitt § 140 Rn. 31 m.w.N.

221 Meyer-Goßner/Schmitt § 140 Rn. 30a m.w.N.

Im B-Gutachten ist zunächst auszuführen, dass über den im A-Gutachten bejahten hinreichenden Tatverdacht hinaus auch der für § 112 StPO erforderliche **dringende Tatverdacht** besteht. Anschließend ist der **Haftgrund** festzustellen und abschließend die **Verhältnismäßigkeit** zu bejahen (ausführlich s.u. Rn. 329 ff.).

B-Gutachten

1. Gegen den Beschuldigten ist Anklage zu erheben (§ 170 Abs. 1 StPO).

2. ...

3. ...

4. Fraglich ist, ob mit Erhebung der öffentlichen Klage ein Antrag auf Erlass eines Haftbefehls gemäß § 112 Abs. 1 StPO zu stellen ist. Aufgrund der Beweissituation liegt neben dem hinreichenden Tatverdacht auch der für § 112 StPO erforderliche dringende Tatverdacht vor, also die große Wahrscheinlichkeit, dass der Beschuldigte Täter der Straftat ist. Dem Beschuldigten wird ein Verbrechen zur Last gelegt. Da er auch bereits erheblich vorbelastet ist, dürfte die Verhängung einer erheblichen Freiheitsstrafe zu erwarten sein. Es steht zu vermuten, dass der Beschuldigte sich dann dem Verfahren durch Flucht entziehen wird, sodass der Haftgrund der Fluchtgefahr gemäß § 112 Abs. 2 Nr. 2 StPO besteht. Die Anordnung der Untersuchungshaft ist unter Berücksichtigung der Schwere des Tatvorwurfs auch verhältnismäßig.
Es ist daher auch ein Antrag auf Erlass eines Haftbefehls nach § 112 Abs. 1 StPO unter Bezugnahme auf den Inhalt der Anklageschrift zu stellen.

5. ...

---

2. Anordnung der Fortdauer der Untersuchungshaft (§ 207 Abs. 4 StPO)

188   Sitzt der Beschuldigte bereits in Untersuchungshaft, ist bei Erhebung der öffentlichen Klage im B-Gutachten die Frage zu beantworten, ob gemäß Nr. 110 Abs. 4 S. 2 RiStBV ein Antrag auf Fortdauer der Untersuchungshaft gestellt wird. Denn im Falle der Anklage geht die Zuständigkeit für Haftentscheidungen vom Ermittlungsrichter auf das für die Eröffnung des Hauptverfahrens zuständige Gericht erster Instanz über (§§ 125 Abs. 2, 126 Abs. 2 StPO) über. Gemäß **§ 207 Abs. 4 StPO** hat dieses Gericht, soweit das Verfahren eröffnet wird, zugleich über die Fortdauer der Untersuchungshaft zu beschließen. Dies setzt einen entsprechenden **Antrag der Staatsanwaltschaft** an das Gericht erster Instanz voraus.

Weiterhin muss der den Haftbefehl erlassende Ermittlungsrichter von der Anklageerhebung **benachrichtigt** und der Vollzugsanstalt, in der die Untersuchungshaft des Beschuldigten vollzogen wird, eine Abschrift der Anklageschrift übermittelt werden (**§ 114 d Abs. 2 S. 2 StPO**).

V. Antrag auf vorläufige Entziehung der Fahrerlaubnis

189   Besteht nach dem Ergebnis des materiell-rechtlichen A-Gutachtens der hinreichende Tatverdacht für eine Straftat, die im Zusammenhang mit dem Führen eines Kraftfahrzeugs im Straßenverkehr steht, so ist zu prüfen, ob ein Antrag auf **vorläufige Entziehung der Fahrerlaubnis** gemäß **§ 111 a StPO** in Betracht kommt.

Im B-Gutachten wäre in dieser Konstellation auszuführen, ob über den im A-Gutachten bejahten hinreichenden Tatverdacht hinaus der für § 111a StPO erforderliche **dringende Tatverdacht für das Vorliegen der Voraussetzungen des § 69 StGB** besteht.

1. Voraussetzungen § 69 StGB

§ 69 Abs. 1 StGB ermöglicht die Entziehung der Fahrerlaubnis bei einer rechtswidrigen Tat, die der Beschuldigte bei oder im Zusammenhang mit dem Führen eines Kraftfahrzeugs oder unter Verletzung der Pflichten eines Kraftfahrzeugführers begangen hat, soweit sich aus der Tat der Mangel zur **Eignung zum Führen von Kraftfahrzeugen** manifestiert. Verkehrsdelikte als Fußgänger oder Radfahrer scheiden also von vornherein aus.[222]

190

a) Straftaten, die den Eignungsmangel **indizieren, sind in § 69 Abs. 2 StGB aufgelistet**, nämlich

- **Nr. 1:** § 315 c StGB in allen Begehungsformen;

- **Nr. 2:** § 316 StGB als Vorsatz- und Fahrlässigkeitstat;

- **Nr. 3:** § 142 StGB, allerdings nur dann, wenn als Folge des Unfalls und noch bevor der Täter den Unfallort verlassen hat, ein Mensch zu Tode gekommen oder nicht unerheblich verletzt worden ist oder wenn an einer für den Täter fremden Sache (hier im Gegensatz zu § 315 c StGB auch das bei der Tat geführte Fahrzeug!) unfallbedingt ein bedeutender Schaden (Untergrenze 1.300 €[223]) entstanden ist. Erforderlich ist weiter, dass der Täter diese Unfallfolgen gekannt oder vorwerfbar nicht gekannt hat;

- **Nr. 4:** § 323 a StGB i.V.m. einer der vorgenannten Straftatbestände als Rauschtat.

Besteht hinreichender Tatverdacht für eine der vorgenannten Taten, so bedarf es nur im Ausnahmefall einer besonderen Begründung für die Entziehung der Fahrerlaubnis.

b) Auch aus anderen Straftaten als den in § 69 Abs. 2 StGB genannten kann die fehlende Eignung zum Führen von Kraftfahrzeugen hergeleitet werden, z.B. wenn der Täter sein Fahrzeug dazu missbraucht hat, einen „Unfall" zu inszenieren und die Versicherung des „Unfall"-Gegners in Anspruch zu nehmen. Bei solchen **„Nicht-Katalogtaten"** ist eine Gesamtabwägung erforderlich, die sich damit auseinandersetzt, ob vom Beschuldigten weitere Verletzungen seiner Kraftfahrerpflichten zu erwarten sind. § 69 Abs. 1 StGB verlangt immer konkrete Anhaltspunkte dafür, dass der Täter bereit ist, die Sicherheit des Straßenverkehrs seinen kriminellen Interessen unterzuordnen. Hierfür ist aber ein **spezifischer Zusammenhang zwischen Tat und Verkehrssicherheit** erforderlich. Daher scheiden Delikte, die keine spezifischen Verkehrssicherheitsinteressen berühren (z.B. Drogentransport mit einem Pkw) als Anlasstaten für eine Entziehung der Fahrerlaubnis aus.[224]

c) § 69 StGB gilt über § 69 b Abs. 1 S. 1 StGB auch für Beschuldigte, die Inhaber ausländischer Fahrberechtigungen sind. Zur Entziehung der Fahrerlaubnis bei Jugendlichen und Heranwachsenden vgl. § 7 JGG.

2. Beschlagnahme des Führerscheins

Mit der – etwaigen – Anordnung des § 111 a StPO ist zugleich die Beschlagnahme des Führerscheins verbunden (vgl. § 111 a Abs. 3 S. 1 StPO). Ausführungen hierzu sind im B-Gutachten entbehrlich.

191

---

222 LG Mainz, Urt. v. 18.06.1985 – 1 Qs 241/85, NJW 1986, 1769.

223 Fischer § 69 Rn. 29.

224 BGH, Beschl. v. 27.04.2005 – GSSt 2/04, BGHSt 50, 93 ff.

3. Fahrverbot

192 Sollte eine Entziehung der Fahrerlaubnis aus rechtlichen oder tatsächlichen Gründen ausgeschlossen sein, kommt als einzige Nebenstrafe des Strafgesetzbuches die Anordnung eines **Fahrverbots** nach § 44 StGB in Betracht. Ausführungen zum Fahrverbot sind im B-Gutachten im Regelfall ebenfalls entbehrlich.

B-Gutachten

1. Gegen den Beschuldigten ist Anklage zu erheben (§ 170 Abs. 1 StPO).

2. ...

3. ...

4. Fraglich ist, ob mit Erhebung der öffentlichen Klage ein Antrag auf vorläufige Entziehung der Fahrerlaubnis gemäß § 111 a Abs. 1 StPO zu stellen ist. Das wäre möglich, wenn der dringende Tatverdacht für das Vorliegen der Voraussetzungen des § 69 StGB besteht. Aufgrund der vorbezeichneten Beweissituation besteht auch der dringende Tatverdacht, dass der Beschuldigte mit seinem Pkw eine Trunkenheitsfahrt verwirklicht hat. Hierdurch hat er sich auch als ungeeignet zum Führen von Kraftfahrzeugen erwiesen (vgl. § 69 Abs. 2 Nr. 2 StGB). Es ist insoweit ein entsprechender Antrag an das Gericht zu stellen.

5. ...

VI. Mitteilungspflichten

193 In der Assessorklausur sind weiterhin bestimmte Informationspflichten zu berücksichtigen. Diese ergeben sich aus der **Anordnung über Mitteilungen in Strafsachen (MiStra)**. Hierbei handelt es sich um eine von Bund und Ländern vereinbarte Verwaltungsvorschrift, die ihre gesetzliche Grundlage in § 12 Abs. 5 EGGVG findet. Gegenstand sind diverse Verpflichtungen u.a. der StA, in den einzelnen Verfahrensstadien anderen Behörden Mitteilung vom Verfahrensgegenstand und Sachstand zu machen. Inhalt und Form richten sich dabei nach dem Zweck der Mitteilung und den Umständen des Einzelfalls, vgl. Nr. 6 Abs. 1, Abs. 2 MiStra. In der Regel ist es ausreichend, den Namen des Beschuldigten und das Delikt zu benennen.

Die für die Klausur wichtigen Fälle sind:

- **Nr. 11 Abs. 2 MiStra**: Mitteilung an die Polizei. Die Mitteilung erfolgt im Regelfall nur bei einer (Teil-) Einstellung, jedoch **nicht** bei Anklageerhebung.

- **Nrn. 15 f. MiStra**: Mitteilung an den zuständigen Dienstvorgesetzten bei Strafsachen gegen **Richter, Beamte und Personen in einem Beschäftigungsverhältnis im öffentlichen Dienst**.

- **Nr. 19 MiStra**: Mitteilung an den Disziplinarvorgesetzten bei Strafverfahren gegen **Soldatinnen und Soldaten der Bundeswehr**, die Vorsatztaten oder schwere Fahrlässigkeitstaten zum Gegenstand haben.

- **Nr. 31–35 MiStra**: Mitteilungen an Vormundschaftsrichter, Jugendgerichtshilfe, Schule, gesetzliche Vertreter und Jugendamt bei **Strafverfahren gegen oder zum Schutz von Jugendlichen**.

- **Nr. 42 MiStra**: Mitteilung an die Ausländerbehörde in **Strafsachen gegen Ausländer**.

- **Nr. 43 MiStra**: Mitteilungen an die Anstalt bei **Strafsachen gegen Gefangene und Untergebrachte**.

- **Nr. 45 MiStra:** Mitteilung in **Straßenverkehrssachen** an die nach § 68 Abs. 1 u. 2 StVZO zuständige Verwaltungsbehörde (Straßenverkehrsamt).

- **Nr. 51 MiStra:** Mitteilungen an die zuständige Behörde bei **Umweltdelikten.**

VII. Einziehung und Verfall

Ergibt sich aus dem Aktenauszug, dass bestimmte Gegenstände sichergestellt beziehungsweise beschlagnahmt worden sind, die nicht ausschließlich Beweiszwecken dienen, so ist im B-Gutachten festzustellen, ob bezüglich dieser Gegenstände die Einziehung oder der Verfall in Betracht kommt. 194

1. Einziehung gemäß §§ 74 ff. StGB

Die Einziehung gemäß §§ 74 ff. StGB bewirkt als Folge der Tat, dass das **Eigentum an der eingezogenen Sache oder das eingezogene Recht** mit Rechtskraft der zugrunde liegenden Entscheidung **auf den Staat übergeht**, § 74 e StGB. Zu unterscheiden ist die Einziehung als Tatfolge mit strafähnlichem Charakter gemäß § 74 Abs. 1, Abs. 2 Nr. 1 StGB und die Einziehung als Sicherungsmaßnahme wegen der Gefährlichkeit des fraglichen Gegenstands, § 74 Abs. 2 Nr. 2, Abs. 3 StGB.

a) Voraussetzungen der **Einziehung als strafähnliche Tatfolge** gemäß §§ 74 Abs. 1 und Abs. 2 Nr. 1, 74 a, 74 b, 74 c StGB: 195

Anknüpfungstat kann nur eine **Vorsatztat** sein, die rechtswidrig und schuldhaft begangen worden und verfolgbar ist.[225]

Objekt der Einziehung können **Gegenstände** sein, also Sachen und Rechte. Dies gilt auch für Tiere (z.B. Kampfhunde). Auch sie unterliegen nach § 90 a BGB dem strafrechtlichen Sachbegriff.[226]

Zwischen dem Einziehungsgegenstand und der Straftat muss eine bestimmte **innere Beziehung** bestehen. Der Gegenstand muss entweder durch die Straftat hervorgebracht sein (= **productum sceleris**) oder zu ihrer Begehung oder Vorbereitung gebraucht worden oder bestimmt gewesen sein (= **instrumentum sceleris**).

- **Productum sceleris** ist nur der Gegenstand, der seine Entstehung oder seine gegenwärtige Beschaffenheit unmittelbar der Straftat verdankt. Erfasst werden also z.B. die aus der Geldfälschung stammenden „Blüten", nicht aber die Tatbeute eines Diebstahls oder der Gewinn aus illegalem Glücksspiel. **Solche Gegenstände können aber dem Verfall** unterliegen, §§ 73 ff. StGB.

- **Instrumenta sceleris** sind nur die unmittelbar zur Tat oder ihrer Vorbereitung verwendeten oder dazu bestimmten Gegenstände,[227] also nur die Tatwerkzeuge wie etwa die Brechstange für den Einbruchdiebstahl.

> Ein mit einem Wohnhaus bebautes Grundstück, auf dem im Keller des Hauses ein unerlaubtes Glücksspiel betrieben wurde, kann dagegen nicht als sog. Tatmittel angesehen werden. Der Begriff des Tatwerkzeugs nach § 74 Abs. 1 StGB ist auslegungsbedürftig. Der Kreis der zur Begehung oder Vorbereitung von Straftaten gebrauchten oder bestimmten Gegenstände bedarf einer sinnvollen, am Zweck der Vorschrift orientierten Einschränkung. Einziehbar sind nicht solche Gegenstände, die lediglich im Zusammenhang mit der Tat stehen, sondern nur diejenigen, die darüber hinaus nach der Absicht des Täters als „eigentliches Mittel" zur Verwirklichung eines Straftatbestandes eingesetzt werden, deren Verwendung für die Begehung der Tat kausal geworden ist. Es muss sich um „Werkzeuge" handeln, die die Tat gefördert haben und fördern sollten.[228]

---

225 Lackner/Kühl § 74 Rn. 3.

226 OLG Karlsruhe NJW 2001, 2488.

227 LK-Schmidt § 74 Rn. 16.

228 OLG Köln, Beschl. v. 16.09.2005 – 2 Ws 336/05, NStZ 2006, 225–226 mit Anmerkung Burr.

■ Gegenstände, die weder producta sceleris noch instrumenta sceleris sind, aber notwendigerweise zur Tat gehören, nennt man **Beziehungsgegenstände**. Solche unterliegen nicht der Einziehung unmittelbar nach § 74 StGB, sondern nur aufgrund von Spezialvorschriften i.V.m. § 74 Abs. 4 StGB (z.B. §§ 132 a Abs. 4, 261 Abs. 7 StGB). Die Abgrenzung ist schwierig. Verkürzt kann man sagen, dass Beziehungsgegenstände alle solche sind, die das passive Objekt der Tat bilden, dessen Verwendung sich in dem durch die jeweilige Straftat verbotenen Gebrauch erschöpft,[229] wie z.B. das Fahrzeug bei einer Trunkenheitsfahrt.[230]

Der beschuldigte Täter oder Teilnehmer muss **Eigentümer** der Sache oder **Inhaber** des Rechts sein.

Hat der Beteiligte den Einziehungsgegenstand verwertet, so kann anstelle dessen der **Wertersatz** eingezogen werden, § 74 c StGB.

Bei nicht obligatorischer Einziehung muss der Grundsatz der **Verhältnismäßigkeit** gewahrt sein, § 74 b StGB. Die Einziehung darf bei verständiger Würdigung nicht außer Verhältnis zum Unrechtsgehalt der Tat und zu dem den Angeklagten treffenden Schuldvorwurf stehen.[231]

196 **b)** Die **Einziehung als Sicherungsmaßnahme** regelt § 74 Abs. 2 Nr. 2 StGB. Besonderheiten:

Als Anknüpfungsdelikt genügt hier eine rechtswidrige, nicht notwendig schuldhafte Tat, § 74 Abs. 3 StGB.

Auf die Eigentumsverhältnisse an den Tatgegenständen kommt es nicht an; dafür müssen sie art- oder umständebedingt generell gefährlich sein (§ 74 Abs. 2 Nr. 2 Alt. 1 StGB), wie z.B. Sprengstoff, oder es muss die Gefahr strafrechtswidrigen Gebrauchs bestehen (2. Alt.), z.B. Fälschungswerkzeug.

2. Verfall gemäß §§ 73 ff. StGB

197 Auch der **Verfall** gemäß §§ 73 ff. StGB bewirkt – mit Rechtskraft – als Tatfolge den Eigentumsübergang einer Sache oder eines verfallenen Rechts auf den Staat, § 73 e StGB. Im Gegensatz zur Einziehung eröffnet das Institut des Verfalls die Möglichkeit, Vermögensvorteile aus Straftaten unter folgenden Voraussetzungen abzuschöpfen:

Die **Anknüpfungstat** muss **rechtswidrig**, nicht notwendigerweise schuldhaft begangen worden sein. Anders als bei § 74 StGB reicht für die Anordnung des Verfalls auch eine fahrlässige Tat aus.

Der Täter oder Teilnehmer muss für die – von der Anklage umfasste und vom Tatrichter festgestellte – Tat oder aus ihr **etwas erlangt** haben, § 73 Abs. 1 S. 1 StGB.

Der Begriff „etwas" umfasst die Gesamtheit des aus der Tat Erlangten, mithin bewegliche Sachen aller Art, Grundstücke, dingliche und obligatorische Rechte sowie Erlangtes ohne Substrat, nicht aber immaterielle Werte.[232] Nach dem **„Bruttoprinzip"** sind Gegenleistungen oder Unkosten des Täters bei der Tatdurchführung nicht zu berücksichtigen, auch wenn sie den Tatgewinn unmittelbar schmälern.[233]

---

229 Sch/Sch/Eser § 74 Rn. 12 a.

230 Anders als bei Nutzung eines Kraftfahrzeugs bei der Begehung einer ausbeuterischen Zuhälterei, BGH, Beschl. v. 12.03.2013 – 2 StR 43, 13, BeckRS 2013, 6620.

231 OLG Hamm NJW 1975, 67.

232 Fischer § 73 Rn. 8.

233 BGH, Urt. v. 21.08.2002 – 1 StR 115/02, NJW 2002, 3339; BGH, Beschl. v. 04.02.2005 – 2 StR 586/08, NStZ-RR 2009, 235.

Der Tatbeteiligte muss das „Etwas" **unmittelbar** erlangt haben. Für die Anordnung des Verfalls bei mittelbar Erlangtem (z.B. Surrogate) gilt die Kann-Vorschrift des § 73 Abs. 2 S. 2 StGB.

Sind die von § 73 Abs. 1 StGB erfassten Tatvorteile einem tatunbeteiligten Dritten zugute gekommen, so kann sich die Anordnung des Verfalls unter den Voraussetzungen des § 73 Abs. 3 StGB gegen diesen richten.[234] Auch das Dritteigentum an einem Gegenstand hindert den Verfall nicht grundsätzlich, vgl. § 73 Abs. 4 StGB.

Um dem – durch die Tat – Verletzten die Erfüllung seiner zivilrechtlichen Ansprüche zu sichern und eine doppelte Inanspruchnahme des Täters zu vermeiden, schließt § 73 Abs. 1 S. 2 StGB die Anordnung des Verfalls schon bei der alleinigen Existenz eines solchen Anspruchs aus.[235] Somit **scheidet Verfall bei allen Eigentums- und Vermögensdelikten regelmäßig aus**.

Dem Staat steht insoweit ein **Auffangrechtserwerb** zu, der den nachgelagerten Eigentumsübergang des sichergestellten Vermögens ermöglicht, sofern der Geschädigte seine zivilrechtlichen Ansprüche nicht innerhalb von drei Jahren nach rechtskräftiger Verurteilung des Täters geltend macht.

Ist nicht feststellbar, ob ein Gegenstand aus einer Straftat erlangt worden ist, so kann gemäß § 73 d StGB der erweiterte Verfall angeordnet werden, wenn es sich um eine Straftat handelt, die auf § 73 d StGB verweist (vgl. §§ 150, 244 Abs. 3, 260 a Abs. 3, 282 Abs. 1 StGB, § 33 BtMG) und die Umstände die gerechtfertigte Annahme einer rechtswidrigen Vermögensherkunft begründen.[236]

B-Gutachten

1. Gegen den Beschuldigten ist Anklage zu erheben (§ 170 Abs. 1 StPO).

2. ...

3. ...

4. Fraglich ist, ob auch ein Antrag auf Einziehung des sichergestellten iPhones, Modell ..., Seriennummer ..., erfolgen kann. Der Beschuldigte hat ausweislich seiner eigenen Angaben hiermit die Tatbegehung koordiniert (s.o.). Bei dem – zunächst für Beweiszwecke – sichergestellten Gerät handelt es sich demnach um ein Tatwerkzeug i.S.d. § 74 Abs. 1 StGB. Das Gerät stand auch im Eigentum des Beschuldigten (§ 74 Abs. 1 Nr. 1 StGB). Ein entsprechender Antrag soll deshalb gestellt werden.

5. ...

VIII. Fristen

Werden außer dem Antrag auf Eröffnung des Hauptverfahrens „eilbedürftige" Nebenanträge auf Erlass eines Haftbefehls gemäß §§ 112 ff. StPO oder nach §§ 111 a StPO gestellt, ist die **sehr kurze Frist von einer Woche** zu notieren. Nach Fristablauf soll der sachbearbeitende Staatsanwalt nämlich im Rahmen der Aktenvorlage (Handakte!) prüfen, ob das Gericht bereits über diese Anträge entschieden hat. Es ist üblich, im B-Gutachten auf den genannten Grund der sehr kurzen Fristsetzung hinzuweisen.

198

Wird lediglich der Antrag auf Eröffnung des Hauptverfahrens gestellt, ist eine **Frist von drei Monaten** üblich. Ausführungen sind dann im verfahrensrechtlichen Gutachten entbehrlich.

---

234 Fischer § 73 Rn. 21 ff.

235 BGH, Beschl. v. 07.05.2003 – 5 StR 536/02, NStZ 2003, 533 (zum Prostitutionserlös des verurteilten Zuhälters, auf den die Prostituierte einen zivilrechtlichen Anspruch hat); vgl. BGH NStZ 1996, 332.

236 BGHSt 40, 372 zur verfassungskonformen Auslegung dieser Beweiserleichterung.

3. Teil: Die Entschließung der Staatsanwaltschaft

1. Abschnitt: Die Abschlussverfügung

A. Funktionen und Inhalt staatsanwaltschaftlicher Verfügungen

199   Der Staatsanwalt lenkt und organisiert durch eine Verfügung das gesamte Verfahren oder er veranlasst damit die Erledigung einzelner Aufgaben in schriftlicher Form. In der Praxis sind zur Durchführung des Verfahrens Ermittlungsverfügungen (Anordnung der polizeilichen Vernehmung, Anträge auf Erlass von Durchsuchungs- und Beschlagnahmebeschlüssen u.a.) erforderlich. In der Klausur spielt die Abschlussverfügung in Form einer (Teil-)**Einstellungs- bzw. Übersendungsverfügung** die wichtigste Rolle.

I. Formale Erfordernisse

200   Jede staatsanwaltschaftliche Verfügung ist unter Angabe der ermittelnden Behörde mit dem **Aktenzeichen** zu versehen, unter dem sie getätigt wird. Sie enthält das **aktuelle Datum** und lässt den **Unterzeichner** erkennen. Bei Verfügungen mit Außenwirkung (also bei Verfügungen mit nicht lediglich dienstinternen Anordnungen) erfolgt die Unterzeichnung unter Angabe des Ortes mit dem Namen und der Dienstbezeichnung. Anderenfalls genügt eine Paraphierung.

Um eine Aktenkontrolle gewährleisten zu können, sind in den Verfügungen **Fristen** zu notieren, nach deren Ablauf die Akten turnusgemäß wieder vorgelegt werden. Die Länge der Fristen ist nicht vorgeschrieben. Im Falle der Anklageerhebung wird häufig eine Wiedervorlagefrist von drei Monaten gewählt. Bei einer Verfahrenseinstellung nach § 170 Abs. 2 StPO dürfte – wenn die Vorschaltbeschwerde nicht auszuschließen ist – eine Frist von einem Monat angemessen sein. Dies gilt entsprechend bei dem Antrag auf Bestellung eines Pflichtverteidigers oder wenn die Jugendgerichtshilfe an dem Verfahren zu beteiligen ist.

II. Verfügungsinhalte

1. Vermerke

201   Der Bearbeiter dokumentiert in Vermerken – gewissermaßen als „Memo" – die Gründe für seine im weiteren Verlauf der Verfügung getroffenen Entscheidungen und Anordnungen. Vermerke können tatsächliche Dinge (Besprechungsprotokolle, Verfahrensentwicklung) oder auch rechtliche Ausführungen enthalten.

2. Entscheidungen

202   Sie beinhalten zum Teil untergeordnete Regelungen wie z.B. Versagung einer beantragten Akteneinsicht, Verfahrensabtrennung oder -verbindung. Wichtiger sind die verfahrensleitenden Entscheidungen wie Verfahrenseinstellung oder bei Anklageerhebung der Abschluss der Ermittlungen.

3. Benachrichtigungen und Mitteilungen

203   Verfügungen können auch Benachrichtigungen des Beschuldigten über den Ausgang des Verfahrens, Belehrungen nach dem StrEG oder auch Mitteilungen nach der MiStra enthalten. Es gibt weitere Mitteilungspflichten, die außerhalb der Anordnung über Mitteilungen in Strafsachen geregelt sind. Beispielhaft seien § 138 c Abs. 2 S. 3 StPO (Ausschließung von Verteidigern in Staatsschutzsachen) oder § 292 Abs. 2 StPO (Mitteilung bei einer Vermögensbeschlagnahme) erwähnt.

4. Anordnungen

Hierin werden Regelungen getroffen, die über die Geschäftsstelle veranlasst oder   **204**
weitergeleitet werden, z.B. Anforderung von Akten und Urteilsablichtungen, Gewäh-
rung von Akteneinsicht, Versendungsart von Schreiben.

5. Bescheide und Schreiben

Bescheide als förmliche Mitteilung sind Bestandteil der Verfügung. Die wichtigsten
sind die verschiedenen Einstellungsbescheide.

> In einer Klausur schließen sich die staatsanwaltschaftliche Verfügung und dann
> die Anklageschrift direkt an den verfahrensrechtlichen Teil des Gutachtens an.

B. Inhalt und Form

I. Einstellungsverfügung und -bescheid bei einer Einstellung nach § 154 f StPO

Ist nach dem Ergebnis des materiell-rechtlichen Gutachtens ein Beschuldigter einer   **205**
Straftat hinreichend verdächtig, steht aber für den weiteren Gang des Verfahrens
nicht zur Verfügung, weil er z.B. flüchtig ist, ist infolge der Darstellung im verfahrensrechtlichen Gutachten das Verfahren abzutrennen und das abgetrennte Verfahren
nach § 154 f StPO vorläufig einzustellen. Besteht auch kein dringender Tatverdacht
oder fehlen Haftgründe, so bedarf es keines Antrages nach § 112 StPO, sondern es
genügt die Anordnung von Fahndungsmaßnahmen. Besteht jedoch dringender Tatverdacht im Sinne des § 112 StPO, liegen Haftgründe vor und wäre die Anordnung
der Untersuchungshaft auch nicht unverhältnismäßig, so wäre in dem abgetrennten
Verfahren ein Antrag auf Erlass eines Haftbefehls zu stellen.[237]

Die typische Entschließung lautet:

Staatsanwaltschaft   *Ort, Datum*
Aktenzeichen

Vfg.

1. Vermerk:
Der Aufenthalt des Beschuldigten B ist derzeit unbekannt. Da gegen den Beschuldig-
ten D Anklage erhoben werden wird, soll das Verfahren gegen B abgetrennt werden.

2. Das Verfahren gegen den Beschuldigten B wird abgetrennt.

3. Akte ablichten

4. Vorgefertigte Ablichtungen als neues Js-Verfahren gegen B wegen … in Abt. … ein-
tragen und wiedervorlegen

5. Aktenzeichen des abgetrennten Verfahrens nebenstehend vermerken: _____

6. Vermerk: Dieses Verfahren richtet sich nunmehr ausschließlich gegen den Beschul-
digten D.

7. …

8. …

Unterschrift, Dienstbezeichnung

---

237 Vgl. hierzu Rn. 321 ff.

Die Verfügung in dem abgetrennten Verfahren ist dann in der Klausur auch als ein Teil der Abschlussentschließung der Staatsanwaltschaft auszuführen:

Staatsanwaltschaft   Ort, Datum
Aktenzeichen

Vfg.

1. Vermerk:
Der Aufenthalt des Beschuldigten B ist derzeit unbekannt.

2. Vorläufige Einstellung bezüglich B gemäß § 154 f StPO.

3. Einstellungsbescheid an den Anzeigeerstatter A:

Ermittlungsverfahren gegen B
wegen des Verdachts des Diebstahls in einem besonders schweren Fall u.a.

Datum der Strafanzeige …

Sehr geehrter Herr … ,

das Verfahren habe ich vorläufig gemäß § 154 f Abs. 1 der Strafprozessordnung eingestellt.

Bezüglich B kann das Verfahren zurzeit nicht fortgeführt werden, weil der Aufenthalt des Beschuldigten nicht ermittelt werden konnte. Die bisherigen Nachforschungen sind erfolglos verlaufen.

Ich habe die erforderlichen Fahndungsmaßnahmen veranlasst. Falls Sie Kenntnis von dem Aufenthalt des Beschuldigten erhalten sollten, wäre ich Ihnen dankbar, wenn Sie mir dieses oder andere geeignete Hinweise für Erfolg versprechende weitere Nachforschungen unter Angabe des oben angeführten Aktenzeichens mitteilen würden.

Mit freundlichen Grüßen
– z. U. –

4. Fahndung bezüglich B

   a) Ausschreibung zur Aufenthaltsermittlung und

   b) Niederlegung eines Suchvermerks

5. Einen Monat (Suchvermerk beim Bundeszentralregister?)

Unterschrift, Dienstbezeichnung

II. Einstellungsverfügung und -bescheid bei einer Einstellung nach § 170 Abs. 2 S. 1 StPO

1. Einstellungsbescheid

206 Nach Nr. 89 Abs. 2 RiStBV darf sich die Begründung der Einstellung nicht auf allgemeine und nichtssagende Redewendungen beschränken. Vielmehr soll in der Regel angegeben werden, aus welchen Gründen der Verdacht einer Straftat nicht ausreichend erscheint oder weshalb sich sonst die Anklageerhebung verbietet. Dabei soll

der Staatsanwalt den Bescheid so fassen, dass ihn auch ein Rechtsunkundiger verstehen kann. Geboten ist also eine schlichte Sprache. „Amtsdeutsch" ist zu vermeiden, juristische Fachbegriffe sollten nur Verwendung finden, wo dies unumgänglich ist.

Gliederung eines Einstellungsbescheids
■ Mitteilung, dass das **Verfahren eingestellt** worden ist.
■ Kurze **Darstellung des Sachverhalts**, den der Anzeigeerstatter vorgetragen hat und die **Wiederholung des erhobenen Vorwurfs**. Ihm wird so gezeigt, dass dem mit der Sache befassten Staatsanwalt sämtliche Anzeigevorwürfe bekannt waren und er sich damit auseinandergesetzt hat.
■ **Zusammenfassung der Einlassung des Beschuldigten**, soweit er eine solche abgegeben hat. Anderenfalls genügt ein kurzer Hinweis, dass sich der Beschuldigte nicht zur Sache eingelassen und von seinem ihm gesetzlich zustehenden Schweigerecht Gebrauch gemacht hat.
■ Kurze **Begründung** der Einstellungsentscheidung. Es genügt, die tragenden Gründe mitzuteilen.
■ In einigen Fällen ist dem Bescheid eine **Rechtsbelehrung** beizufügen. In Klausuren wird nicht erwartet, dass diese ausformuliert ist.

Die Einstellungsverfügungen sind in ihrer Form weitgehend einheitlich. Abweichungen finden sich in Bayern und Baden-Württemberg.

2. Einstellungsverfügung und -bescheid in Norddeutschland

Es ist zunächst ein Anschreiben mit Anrede und Schlussformel üblich. **207**

Staatsanwaltschaft *Ort, Datum*
Aktenzeichen

Vfg.

1. Einstellung des Verfahrens gemäß § 170 Abs. 2 S. 1 StPO gegen B mangels hinreichenden Tatverdachts aus den Gründen des Bescheides zu Nr. 2.

2. Einstellungsbescheid – mit Rechtsbelehrung – an die Anzeigeerstatterin, Bl. ... d.A.:

*Ermittlungsverfahren gegen B
wegen Betruges*

Ihre Strafanzeige ...

Sehr geehrte Frau ... ,

das Ermittlungsverfahren habe ich gemäß § 170 Abs. 2 S. 1 StPO eingestellt.

Gegenstand Ihrer Strafanzeige ist der Vorwurf, Ihre Mieterin B habe sie betrogen, weil sie in den letzten drei Monaten keine Miete mehr an Sie gezahlt habe.

Die Beschuldigte bestreitet, die ihr zur Last gelegte Tat begangen zu haben. Sie lässt sich ein, in den letzten drei Monaten einen Teil ihres Einkommens beim Glücksspiel verloren zu haben. Dadurch sei sie in Zahlungsschwierigkeiten geraten und deshalb nicht in der Lage gewesen, ihren mietvertraglichen Verpflichtungen nachzukommen.

Diese Angaben können nicht mit hinreichender Sicherheit widerlegt werden.

Um gegen die Beschuldigte wegen Betruges strafrechtlich einschreiten zu können, muss ihr nachgewiesen werden, dass sie bereits bei Abschluss des Mietvertrages den Willen gehabt hat, den Mietzins nicht zu bezahlen und dass sie Sie durch Vorspiegelung in Wahrheit nicht vorhandener Zahlungswilligkeit zum Abschluss des Mietvertrages bewogen hat.

Zureichende Anhaltspunkte hierfür liegen nicht vor. Die Beschuldigte war zu Beginn des Mietverhältnisses zahlungswillig und hat auch den Mietzins entrichtet. Der Vermögensverlust ist erst nach Abschluss des Mietvertrages eingetreten.

Die nachträgliche Nichterfüllung der Zahlungsverpflichtung erfüllt indes nicht den Tatbestand des Betruges.

Auch ein Betrug durch Unterlassen scheidet aus. Erforderlich hierfür ist, dass die Beschuldigte strafrechtlich verpflichtet gewesen wäre, Sie über ihren Vermögensverlust aufzuklären und dadurch eine Aufhebung des Mietverhältnisses herbeizuführen. Der Mietvertrag begründet aber nur zivilrechtliche Pflichten und keine strafbewehrten Aufklärungspflichten.

Es handelt sich hiernach nur um zivilrechtliche Ansprüche, die Sie im Zivilprozess geltend machen müssen und die von dieser Entscheidung unberührt bleiben.

Auf die anliegende Rechtsbelehrung nehme ich Bezug.

Mit freundlichen Grüßen

– u. U. –

3. Einstellungsnachricht an die Beschuldigte, Bl. ... d.A.

4. Mitteilung von der Einstellung des Verfahrens gemäß § 170 II 1 StPO an die Polizei zu Tgb-Nr...gemäß Nr. 11 II MiStra

5. Einen Monat (Beschwerde? Weglegen!)

Unterschrift, Dienstbezeichnung

Beschwerdebelehrung

Gegen diesen Bescheid kann gemäß § 172 Abs. 1 der Strafprozessordnung innerhalb einer Frist von zwei Wochen nach der Bekanntmachung Beschwerde bei dem

Generalstaatsanwalt in ...

(Postanschrift: ...)

eingelegt werden.

Durch den Eingang der Beschwerde während dieser Zeit bei der hiesigen Staatsanwaltschaft wird die Frist gewahrt. Um Fehlleitungen und Rückfragen zu vermeiden, wird gebeten, in der Beschwerdeschrift auch anzugeben, welche Staatsanwaltschaft unter welcher Geschäftsnummer (Aktenzeichen) den angefochtenen Bescheid erlassen hat.

Die Rechtsbelehrung muss in der Klausur im Regelfall nicht ausgeführt werden.

3. Einstellungsverfügung und Einstellungsbescheid in Bayern und Baden-Württemberg

208   Der Einstellungsbescheid in Bayern und Baden-Württemberg lehnt sich an die Form eines gerichtlichen Beschlusses oder Urteils an. Er wird als „Verfügung" überschrieben. Es folgt der Tenor, dass das Verfahren eingestellt worden ist. Im Anschluss wird unter den „Gründen" dargestellt, welche Aspekte zur Einstellung des Verfahrens geführt haben. Die Gründe sind so formuliert, als sei der Bescheid an die Öffentlichkeit gerichtet.

Staatsanwaltschaft
Aktenzeichen

Verfügung

1. Einstellung des Verfahrens gemäß § 170 Abs. 2 StPO mangels hinreichendem Tatverdacht gegen B aus den Gründen des Bescheides zu Nr. 2.

2. Einstellungsbescheid – mit Rechtsbelehrung – an die Anzeigeerstatterin, Bl. ... d.A.:

Staatsanwaltschaft   *Ort, Datum*
Aktenzeichen

Verfügung

Das Ermittlungsverfahren

gegen ...
geb. am ... in ...
wohnhaft ...
ledig, Deutsche,

wegen Betruges

wird gemäß § 170 Abs. 2 S. 1 StPO eingestellt.

Gründe:

Gegenstand der Strafanzeige ist der Vorwurf, die Beschuldigte habe ihre Vermieterin betrogen, weil sie in den letzten drei Monaten keine Miete mehr an sie gezahlt habe.

Die Beschuldigte bestreitet, die ihr zur Last gelegte Tat begangen zu haben. Sie lässt sich ein, in den letzten drei Monaten einen Teil ihres Einkommens beim Glücksspiel verloren zu haben. Dadurch sei sie in Zahlungsschwierigkeiten geraten und deshalb nicht in der Lage gewesen, ihren mietvertraglichen Verpflichtungen nachzukommen. Diese Angaben können nicht mit hinreichender Sicherheit widerlegt werden.

Dafür, dass die Beschuldigte bereits bei Abschluss des Mietvertrages den Willen gehabt hat, den Mietzins nicht zu bezahlen und dass sie die Anzeigeerstatterin durch Vorspiegelung in Wahrheit nicht vorhandener Zahlungswilligkeit zum Abschluss des Mietvertrages bewogen hat, fehlen zureichende Anhaltspunkte. Die Beschuldigte war zu Beginn des Mietverhältnisses zahlungswillig und hat auch den Mietzins entrichtet. Der Vermögensverlust ist erst nach Abschluss des Mietvertrages eingetreten.

Die nachträgliche Nichterfüllung der Zahlungsverpflichtung erfüllt nicht den Tatbestand des Betruges.

Auch ein Betrug durch Unterlassen scheidet aus. Erforderlich hierfür ist, dass die Beschuldigte strafrechtlich verpflichtet gewesen wäre, ihre Vermieterin über den Vermögensverlust aufzuklären und dadurch eine Aufhebung des Mietverhältnisses herbeizuführen. Der Mietvertrag begründet aber nur zivilrechtliche Pflichten und keine strafbewehrten Aufklärungspflichten.

Es handelt sich hiernach nur um zivilrechtliche Ansprüche, die im Zivilprozess geltend gemacht werden müssen und die von dieser Entscheidung unberührt bleiben.

Auf die anliegende Rechtsmittelbelehrung wird Bezug genommen.

Unterschrift, Dienstbezeichnung

3. Einstellungsnachricht an die Beschuldigte, Bl. ... d.A.

4. Mitteilung von der Einstellung des Verfahrens gemäß § 170 Abs. 2 S. 1 StPO an die Polizei ... gemäß Nr. 11 Abs. 2 MiStra.

5. Einen Monat (Beschwerde? Weglegen!)

Unterschrift, Dienstbezeichnung

C. Verfügung bei Erhebung der öffentlichen Klage (Begleitverfügung)

I. Inhalt der Begleitverfügung

Gliederung einer Begleitverfügung
■ Einleitungsvermerk
■ Abschluss der Ermittlungen
■ Anweisung, Anklage in Reinschrift zu fertigen
■ Entwurf und Überstück der Anklageschrift
■ Fotokopie des Bundeszentralregisterauszuges zu den Handakten
■ Mitteilungen nach der MiStra
■ U.m.A.
■ Zusätzliche Anträge
■ Wiedervorlagefrist

1. Einleitungsvermerk

209 In der staatsanwaltschaftlichen Praxis, wie auch in vielen Klausurfällen, kann es erforderlich sein, die Begleitverfügung mit einem **Einleitungsvermerk** zu beginnen. In dem Vermerk sind die **Gründe für eine Teileinstellung** (z.B. nach §§ 170 Abs. 2, 154 f, 206 a StPO) kurz darzustellen. Im Einleitungsvermerk stehen auch Ausführungen zur **Abtrennung oder Verbindung weiterer Verfahren** sowie **zu erklärungsbedürftigen Entscheidungen** des Staatsanwaltes (z.B. zur Annahme oder Verneinung eines Beweisverwertungsverbotes oder zur Verneinung des Tatverdachts hinsichtlich einzelner Delikte).

> **Klausurhinweis:** In der Klausur können Sie diese Ausführungen kurz halten, da Sie zu diesen Punkten schon ausführlich im gutachtlichen Teil der Lösung Stellung genommen haben.

2. Abschluss der Ermittlungen

210 In der Begleitverfügung ist bei Anklageerhebung zu notieren, dass die **Ermittlungen abgeschlossen sind**, § 169 a StPO, Nr. 109 RiStBV. Erst nach dem „Abschluss der Ermittlungen" steht dem Verteidiger ein uneingeschränktes Akteneinsichtsrecht zu, vgl. § 147 Abs. 2 StPO.

3. Fertigung der Anklageschrift in Reinschrift

Die Anklageschrift wird in der Praxis als Entwurf gefertigt, um diese noch einmal auf **211** Richtigkeit und Vollständigkeit zu überprüfen. Nach der Korrektur erfolgt die Anweisung, die **Anklageschrift in Reinschrift** zu **fertigen**.

4. Entwurf und Überstück der Anklageschrift

Der **Entwurf** und ein **Überstück (= nochmaliger Ausdruck der gespeicherten An-** **212** **klageschrift)** der gefertigten Anklage werden **zu den Handakten** gegeben.

5. Fotokopie des Bundeszentralregisterauszugs zu den Handakten

Eine **Fotokopie des Bundeszentralregisterauszugs** des Angeschuldigten sollte **213** ebenfalls **zu den Handakten** genommen werden.

In der Praxis ist häufig aufgrund einer dienstinternen Hausverfügung die die Verfügung des StA ausführende Geschäftsstelle gehalten, mit der Übersendung der Anklageschrift an das Gericht oder mit Eingang der Terminsnachricht für den Hauptverhandlungstermin einen aktuellen Auszug aus dem Bundeszentralregister anzufordern, der nach Eingang direkt in die Handakten geheftet wird.

6. Mitteilungen nach der MiStra

Anschließend werden gegebenenfalls die erforderlichen **Mitteilungen** – z.B. nach **214** der **MiStra** – verfügt.

7. „U.m.A."

Schließlich erfolgt – „Urschriftlich mit Akten **(U.m.A.)**" – **die Übersendungsanwei-** **215** **sung unter Bezugnahme auf die beiliegende Anklageschrift**.

8. Zusätzliche Anträge

Mit dem Antrag „aus der Anklageschrift", nämlich das Hauptverfahren zu eröffnen, **216** sind die Anträge zu verbinden, über die **vor Zustellung der Anklage oder vor Eröffnung des Hauptverfahrens entschieden werden soll**, nämlich:

a) § 111 a StPO (vorläufige Entziehung der Fahrerlaubnis),

b) § 111 b Abs. 1, Abs. 5 StPO (Beschlagnahme von Gegenständen des Verfalls und der Einziehung bzw. **Sicherstellung** zum Zwecke der **Zurückgewinnungshilfe)**,

aber auch die Anträge

c) auf Beiordnung eines Pflichtverteidigers nach §§ 140, 141 StPO, § 68 JGG,

d) auf **Verbindung** mit einem bei dem Gericht bereits anhängigen Verfahren

können in der Übersendungsverfügung und nicht erst in der Anklageschrift gestellt werden.

e) Wird zusätzlich ein **Haftbefehlsantrag** gestellt, so **muss** dies **in der Begleitverfü-** **217** **gung** erfolgen. Würde dieser zusätzliche Antrag nämlich in die Anklageschrift mit aufgenommen, bestünde die Gefahr, dass der Beschuldigte – wegen der Zustellung der Anklageschrift nach § 201 StPO im Zwischenverfahren – hierüber in Kenntnis gesetzt würde, bevor der Haftbefehl von dem zuständigen Richter erlassen oder auch vollstreckt worden ist.

218   Die Anträge auf **Haftfortdauer** gemäß § 207 Abs. 4 StPO, Nr. 110 Abs. 4 RiStBV und auf **Hinzuziehung eines zweiten Richters beim Amtsgericht** (erweitertes Schöffengericht, § 29 Abs. 2 GVG) sollten dagegen immer in der Anklageschrift selbst zu finden sein, denn die jeweilige richterliche Entscheidung hierüber ist – im Gegensatz zu den zuvor genannten Anträgen – zwingender Bestandteil des Eröffnungsbeschlusses.

9. Wiedervorlagefrist

219   Schließlich ist eine **Wiedervorlagefrist** unter Berücksichtigung der gestellten Nebenanträge zu notieren.

Die Regelwiedervorlagefrist beträgt drei oder vier Monate. Wird jedoch ein weiterer Antrag gestellt, so ist eine Wiedervorlagefrist von nur einem Monat zu notieren, um zu prüfen, ob das Gericht über den zusätzlichen Antrag eine Entscheidung getroffen hat.

Klausurhinweis: Die Regelfrist muss im verfahrensrechtlichen Gutachten nicht diskutiert werden. Wird jedoch eine kürzere Wiedervorlagefrist in der Abschlussverfügung notiert, muss diese im verfahrensrechtlichen Gutachten angesprochen werden.

II. Muster einer Begleitverfügung

1. Typische Begleitverfügung

220   Eine standardmäßige Begleitverfügung kann folgendermaßen gefasst werden:

Staatsanwaltschaft   *Ort, Datum*
Aktenzeichen

Vfg.

1. Die Ermittlungen sind abgeschlossen.

2. Anklageschrift in Reinschrift fertigen mit 5 Überstücken.

3. Entwurf und ein Überstück zu den Handakten nehmen

4. Ablichtung des Bundeszentralregisterauszugs zu den Handakten

5. Überstück der Anklageschrift übersenden an

a) das Ausländeramt der Stadt Gelsenkirchen gemäß Nr. 42 MiStra

b) das Straßenverkehrsamt Gelsenkirchen gemäß Nr. 45 MiStra

c) das AG Essen zu 33 Ls 11 Js 712/15 (18/16) gemäß Nr. 13 MiStra

6. U.m.A.
dem Amtsgericht
– Strafrichter –
Gelsenkirchen

---

mit dem Antrag aus der Anklageschrift und den weiteren Anträgen übersandt,

a) *dem Angeschuldigten gemäß § 111 a StPO die Fahrerlaubnis vorläufig zu entziehen und*

b) *das Verfahren mit dem Verfahren 23 a Ds 146/17 zur gemeinschaftlichen Verhandlung und Entscheidung zu verbinden.*

7. 1 Monat

Unterschrift, Dienstbezeichnung

2. Begleitverfügung mit (Teil-)Einstellung

Häufiger ist in der Examensklausur eine Begleitverfügung mit einer integrierten (Teil-) **221** Einstellung zu finden.

a) Begleitverfügung in Norddeutschland

222

Staatsanwaltschaft   *Dortmund, ...*
11 Js 786/17

Vfg.

1. Einstellung des Verfahrens gemäß § 170 Abs. 2 S. 1 StPO, soweit dem Beschuldigten eine gefährliche Körperverletzung zum Nachteil der Zeugin Wolters zur Last gelegt wird, aus den Gründen des Bescheides zu Nr. 2

2. Schreiben an die Anzeigeerstatterin Wolters, Bl. ... d.A.:

Ermittlungsverfahren gegen Ralf Köster wegen gefährlicher Körperverletzung u.a.

Ihre Strafanzeige und Ihr Strafantrag vom 18.12.2016

Anlage: Rechtsbelehrung

Sehr geehrte Frau Wolters,

das Ermittlungsverfahren gegen den Beschuldigten Ralf Köster wegen des Verdachts der gefährlichen Körperverletzung habe ich eingestellt. Die Ermittlungen haben aus rechtlichen Gründen keinen genügenden Anlass zur Erhebung der öffentlichen Klage geboten (§ 170 Abs. 2 S. 1 StPO).

Sie legen dem Beschuldigten zur Last, Sie an Ihrem 23. Geburtstag, also am 19.01.2005, mit einer Eisenstange geschlagen und erheblich verletzt zu haben. Ich bin aus rechtlichen Gründen gehindert, diese Tat zu verfolgen.

Die Verjährungsfrist für die Verfolgung der gefährlichen Körperverletzung beträgt gemäß §§ 224, 78 Abs. 3 Nr. 3 StGB zehn Jahre. Die Tat ist daher verjährt und kann nicht mehr verfolgt werden.

Auf die beigefügte Rechtsbelehrung nehme ich Bezug.

Mit freundlichen Grüßen

3. Einstellungsnachricht an den Beschuldigten, Bl....d.A.

Zusatz: Die Einstellung bezieht sich ausschließlich auf den Tatvorwurf der gefährlichen Körperverletzung zum Nachteil der geschädigten Zeugin Wolters am 19.01.2005.

223

4. Die Ermittlungen sind abgeschlossen.

5. Anklageschrift in Reinschrift fertigen mit 5 Überstücken.

6. Entwurf und ein Überstück der Anklageschrift zu den Handakten.

7. Überstück der Anklageschrift übersenden an
a) das AG Dortmund zu 6 Ds 186/141 und 6 Ds 214/16 gemäß Nr. 13 MiStra,
b) das AG Dortmund zu 15 Gs 246/16,
c) die JVA Gelsenkirchen zu Buch-Nr. 3412/16/3 zur Kenntnis.

8. U.m.A.
dem Amtsgericht
– Schöffengericht –
Dortmund
mit dem Antrag aus der Anklageschrift übersandt.

9. Am 15.06.17 genau (Hauptverhandlungstermin? Haftprüfung OLG!)

Unterschrift, Dienstbezeichnung

b) Entschließung der Staatsanwaltschaft in Bayern

224

Staatsanwaltschaft   *Bamberg, ...*
Aktenzeichen

Vfg.

1. Einstellung des Verfahrens gemäß § 170 Abs. 2 S. 1 StPO, soweit dem Beschuldigten eine gefährliche Körperverletzung und Beleidigung zum Nachteil der Zeugin Wolters zur Last gelegt wird, aus den Gründen des Bescheides zu Nr. 2.

2. Zu schreiben an die Anzeigeerstatterin Wolters:

Staatsanwaltschaft bei dem Landgericht Passau

Verfügung

Das Ermittlungsverfahren gegen

K ö s t e r, Ralf,   *geboren am 25.02.1968 in Passau,*
                       Werkzeugmacher, wohnhaft Heiliger Weg 14 bei Wolters,
                       94032 Passau,
                       Deutscher, ledig,

wegen des Verdachts der gefährlichen Körperverletzung und Beleidigung

wird gemäß § 170 Abs. 2 S. 1 StPO eingestellt.

Sehr geehrte Frau Wolters,

das Ermittlungsverfahren gegen den Beschuldigten Ralf Köster wegen des Verdachts der gefährlichen Körperverletzung habe ich eingestellt. Die Ermittlungen haben aus rechtlichen Gründen keinen genügenden Anlass zur Erhebung der öffentlichen Klage geboten (§ 170 Abs. 2 S. 1 StPO).

Sie legen dem Beschuldigten zur Last, Sie an Ihrem 23. Geburtstag, also am 19.01.2005, mit einer Eisenstange geschlagen und erheblich verletzt zu haben.

Ich bin aus rechtlichen Gründen gehindert, diese Taten zu verfolgen.

Die Verjährungsfrist für die Verfolgung der gefährlichen Körperverletzung beträgt gemäß §§ 224, 78 Abs. 3 Nr. 3 StGB zehn Jahre. Die Tat ist daher verjährt und kann nicht mehr verfolgt werden.

Auf die beigefügte Rechtsbelehrung nehme ich Bezug.

Mit freundlichen Grüßen

3. Einstellungsnachricht an den Beschuldigten, Bl....d.A.

Zusatz: Die Einstellung bezieht sich ausschließlich auf den Tatvorwurf der gefährlichen Körperverletzung zum Nachteil der geschädigten Zeugin Wolters am 19.01.2005.

4. Die Ermittlungen sind abgeschlossen.

5. Anklageschrift in Reinschrift fertigen.

6. Entwurf und ein Überstück der Anklageschrift zu den Handakten.

7. Ablichtung der Anklageschrift übersenden an
a) das AG Dortmund zu 6 Ds 186/141 und 6 Ds 214/15 gemäß Nr. 13 MiStra,
b) das AG Dortmund zu 15 Gs 246/16,
c) die JVA Gelsenkirchen zu Buch-Nr. 3412/16/3 zur Kenntnis.

8. U.m.A.
dem Amtsgericht
– Schöffengericht –
Passau

mit dem Antrag aus der Anklageschrift übersandt.

9. Am 15.06.2017 genau (Hauptverhandlungstermin? Haftprüfung OLG!)

Unterschrift, Dienstbezeichnung

c) Entschließung der Staatsanwaltschaft in Baden-Württemberg

Die Abschlussverfügung folgt zunächst dem üblichen Muster (s. oben Rn. 220).   **225**

2. Abschnitt: Die Anklageschrift

A. Funktionen und verfahrensrechtliche Bedeutung

I. Umgrenzungsfunktion

Die Anklageschrift dient zunächst der Bezeichnung des Prozessgegenstandes (**Um-** **226** **grenzungsfunktion**). Der Prozessgegenstand wird durch die Benennung des Angeschuldigten und die Schilderung der Tat als historischer Lebensvorgang, der dem Angeschuldigten zur Last gelegt wird, bestimmt. Dabei hat die Anklage die dem Angeschuldigten zur Last gelegte Tat mit Zeit und Ort ihrer Begehung so genau zu bezeichnen, dass die Identität des geschichtlichen Vorgangs klargestellt und erkennbar wird, welche bestimmte Tat gemeint ist. Sie muss sich von anderen gleichartigen strafbaren Handlungen desselben Täters unterscheiden lassen.[238]

---

238 BGH, Urt. v. 25.09.2014 – 4 StR 69/14, NJW 2015, 181.

II. Informationsfunktion

227   Die weiteren nach § 200 StPO in die Anklageschrift aufzunehmenden Angaben haben nur **Informationsfunktion**. Der Angeschuldigte soll durch sie in die Lage versetzt werden, sich sachgerecht zu verteidigen.[239]

III. Verfahrensrechtliche Bedeutung

228   **Eine wirksame Anklageerhebung ist Prozessvoraussetzung; eine unwirksame Anklage erzeugt ein Verfahrenshindernis.** Dieses kann auch nicht durch einen nachfolgenden Eröffnungsbeschluss geheilt werden. Vielmehr wirkt die Unwirksamkeit der Anklage in dem darauf beruhenden Eröffnungsbeschluss fort und macht diesen ebenfalls unwirksam.

229   **1.** Allerdings führen nur die **Umgrenzungsfunktion** beeinträchtigende Mängel des Anklagesatzes zur Unwirksamkeit der Anklage und damit zum Fehlen einer Prozessvoraussetzung.[240] Einzelheiten der dargestellten Taten können auch noch in der Hauptverhandlung durch gerichtliche Hinweise eingeführt oder klargestellt werden.[241]

Dies ist vor allem bei **Serientaten** bedeutsam geworden. Hier muss die Anklage den Verfahrensgegenstand durch den zeitlichen Rahmen der Tatserie, die Nennung der Höchstzahl der nach dem Anklagevorwurf innerhalb dieses Rahmens begangenen Taten, das Tatopfer und die wesentlichen Grundzüge des Tatgeschehens bezeichnen.[242]

Die Anklage von Serientaten ist aber unwirksam, wenn der Tatzeitraum mit der Leerformel „in nicht rechtsverjährter Zeit" und die wechselnden Beteiligungsrollen nur mit „teilweise gemeinschaftlich handelnd" umschrieben sind.[243]

230   **2.** Bloße **Mängel in der Informationsfunktion** berühren dagegen nach h.M. die Wirksamkeit der Anklage nicht.[244] So ist es z.B. unschädlich, wenn in der Anklageschrift zu knappe Ausführungen über die Verdachtsgründe enthalten sind.[245]

B. Form und Inhalt

231   Form und Inhalt der Anklageschrift sind in den §§ 199 ff. StPO sowie in den Nr. 110 bis 114 der RiStBV geregelt.

Grobgliederung einer Anklageschrift
■ Anklagesatz
■ Beweismittel
■ Wesentliches Ergebnis der Ermittlungen
■ Antrag
■ Unterschrift

Darüber hinaus gibt es keine allgemein verbindlichen Vorschriften über den Aufbau der Anklageschrift und die zu wählenden Formulierungen. Die nachfolgenden Darlegungen gehen von der in Norddeutschland gebräuchlichen Form aus. Die abwei-

---

239 OLG Celle, Beschl. v. 03.07.2013 – 1 Ws 123/13, BeckRS 2013, 13407.

240 OLG Celle, Beschl. v. 03.07.2013 – 1 Ws 123/13, BeckRS 2013, 13407.

241 OLG München, Beschl. v. 30.01.2006 – 5 St RR 206/05 BeckRS 2006, 01718.

242 BGHSt 40, 44.

243 BGH, Beschl. v. 01.04.1998 – 3 StR 22/98, BeckRS 1998, 25174.

244 Vgl. BGHSt 40, 390; OLG Celle, Beschl. v. 03.07. 2013 – 1 Ws 123/13, BeckRS 2013, 13407.

245 BGH a.a.O.

chenden Besonderheiten in den Ländern Bayern und Baden-Württemberg sind im Anschluss dargestellt.

I. Anklagesatz

Der Anklagesatz ist das Kernstück. Die erforderliche hinreichende Konkretisierung **232** der Tat muss sich grundsätzlich schon hieraus ergeben, um der Informationsfunktion der Anklage gerecht zu werden.[246] Nur der Anklagesatz wird in der Hauptverhandlung vom Sitzungsvertreter der Staatsanwaltschaft verlesen, § 243 Abs. 3 S. 1 StPO. Erforderlich sind folgende Bestandteile:

Gliederung eines Anklagesatzes
■ Kopf
■ Adressat
■ Überschrift
■ Rubrum
■ Eingangsformel: „wird / werden angeklagt"
■ Bezeichnung der Tat

1. Kopf der Anklageschrift

Im Kopf der Anklageschrift werden die sachbearbeitende Staatsanwaltschaft und das **233** Aktenzeichen genannt. Zudem finden sich dort Kurzhinweise, die auf Besonderheiten des Verfahrens hinweisen, wie *„Haft, Haft in anderer Sache, Strafhaft, Überhaft, Einstweilige Unterbringung"*. Eine „Überhaft" für die Sache, in der Anklage erhoben wird, wird bei der Justizvollzugsanstalt notiert, in der der Angeschuldigte bereits in einer anderen Sache einsitzt. Die Vermerke zur Haft sind mit der Angabe des nächsten Haftprüfungstermins oder der Mitteilung nach §§ 121 Abs. 1, 122 StPO verbunden.

Staatsanwaltschaft *Essen, den 16.04.2017*

11 Js 146/17

Haft!
Nächster Haftungsprüfungstermin
gemäß §§ 121, 122 StPO: 02.08.2017

2. Adressat der Anklage

Gemäß § 199 StPO ist die Anklage an das für die Hauptverhandlung zuständige Gericht zu übersenden. Es entscheidet dann darüber, ob das Hauptverfahren zu eröffnen oder das Verfahren vorläufig einzustellen ist. **Die Anklage richtet sich daher an das Gericht** und nicht an den zuständigen Spruchkörper, der erst mit der Hauptverhandlung feststeht. Der Spruchkörper, vor dem die Hauptverhandlung stattfinden soll, wird im Antrag am Schluss der Anklage bezeichnet. Grundsätzlich könnte sich daher die Adressierung auf die Angabe des Gerichts beschränken. In der Praxis wird von diesem Grundsatz abgewichen und – mit Billigung der Prüfungsämter – wie folgt adressiert:

---

246 BGH, Urt. v. 28.04.2006 – 2 StR 174/05, JuS 2006, 857.

An das	*An das*
Amtsgericht	*Landgericht*
– Strafrichter –	*– Große Strafkammer –*
– Jugendrichter –	*– Große Jugendkammer –*
– (Jugend-)Schöffengericht –	*– Schwurgericht –*
	– Wirtschaftskammer –
Düsseldorf	**Düsseldorf**

Klausurhinweis: Falsch ist es, die Anklage an das „erweiterte Schöffengericht" zu richten. Die Zuziehung des zweiten Richters beim Amtsgericht gemäß § 29 Abs. 2 GVG kann erst aufgrund des Antrags der Staatsanwaltschaft beschlossen werden.

3. Überschrift mit der Bezeichnung „Anklageschrift"

4. „Rubrum"

Untergliederung des „Rubrums"
■ Angaben zur Person
■ Angaben zur Haft oder Unterbringung
■ Benennung des Verteidigers

a) Angaben zur Person

235 Um den Angeschuldigten identifizieren und individualisieren zu können, ist es erforderlich, ihn möglichst genau zu bezeichnen. Nach **Nr. 110 Abs. 2 lit. a RiStBV** sind in der Anklageschrift anzugeben

■ der Familienname und die Vornamen (Rufname unterstrichen), Geburtsname,

■ Beruf,

■ Anschrift,

■ Familienstand,

■ Geburtstag und Geburtsort (Kreis, Bezirk)

des Angeschuldigten und seine Staatsangehörigkeit, bei Minderjährigen Namen und Anschriften der gesetzlichen Vertreter.

236 Ergänzend sind sogenannte „Alias-Namen" zu erwähnen. Im Hinblick auf den Tatvorwurf ist der **früher erlernte** oder der **zum Tatzeitpunkt ausgeübte Beruf** möglicherweise von Bedeutung. Er ist dann hinzuzufügen. Diskriminierende Berufsbezeichnungen wie „Prostituierte o.Ä." sind zu unterlassen.

237 Sitzt der Angeschuldigte in **Untersuchungshaft oder Strafhaft** ein, erfolgt die Angabe *„zuletzt wohnhaft gewesen"* oder *„zurzeit ohne festen Wohnsitz"*. Hält sich der Angeschuldigte am Wohnort auf, heißt es *„ ... in Dortmund ..."*; ist er ortsabwesend (Flucht, Haft u.a.) lautet die Angabe *„ ... aus Dortmund ..."*.

Der Name und die Anschrift des gesetzlichen Vertreters werden ausschließlich dann angegeben, wenn der Beschuldigte zum Zeitpunkt der Anklageerhebung noch nicht volljährig ist, sein Alter zum Tatzeitpunkt spielt insoweit keine Rolle.

Der Fernfahrer Martin Klaus Fenger, alias „Rambo",

geboren am 14.02.1965 in Dortmund,

gemeldet Brucknerstraße 5, 44141 Dortmund,

wohnhaft Moltkestraße 13 in 44142 Dortmund bei Manuela Jürgens,

geschieden, Deutscher,

Mehrere Angeschuldigte werden grundsätzlich in der Reihenfolge ihres Erscheinens in der Ermittlungsakte (Erst- bzw. Zweitbeschuldigter) aufgeführt. Bei Anklagen gegen **Jugendliche/Heranwachsende und gleichzeitig gegen Erwachsene** werden abweichend wegen der gerichtlichen Zuständigkeit die **Jugendlichen/Heranwachsenden vor** den Erwachsenen genannt.
238

> **Klausurhinweis:** Häufig wird in der Ausbildungsliteratur empfohlen, mehr als zwei Angeschuldigte mit arabischen oder römischen Gliederungsziffern zu kennzeichnen. Im Rahmen der Anklageschrift kommen aber sowohl den arabischen als auch den römischen Gliederungsziffern besondere Bedeutungen zu mit der Folge, dass die gleichlautende Gliederung bei der Anzahl der Angeschuldigten verwirrend wäre. Auch im Tenor eines Strafurteils werden die Angeklagten regelmäßig nicht mit Gliederungsziffern aufgeführt. **Mehrere Angeschuldigte sollten daher ohne Gliederungsziffern lediglich durch einen entsprechenden Absatz getrennt dargestellt werden**.

b) Angaben zur Haft oder Unterbringung

Sitzt ein Angeschuldigter in Untersuchungshaft ein oder hat er in dieser Sache bereits in Untersuchungshaft eingesessen, ist dies zu notieren. Anzugeben sind:
239

- der Tag der polizeilichen Festnahme,
- der Tag des Erlasses des Haftbefehls mit Aktenzeichen und des erlassenden Gerichts,
- der Beginn der Untersuchungshaft
- sowie die Justizvollzugsanstalt, in der der Angeschuldigte zum Zeitpunkt der Anklageerhebung einsitzt.

Für den Fall, dass der Angeschuldigte **haftverschont** oder der **Haftbefehl aufgehoben** worden ist, wird der Grund und der Zeitpunkt der Entlassung angegeben.
240

Die ...

– in dieser Sache vorläufig festgenommen am 18.01.2017 und seither in Untersuchungshaft aufgrund des Haftbefehls des Amtsgerichts Essen vom 12.01.2017 – 71 Gs 56/17 – in der Justizvollzugsanstalt Essen – Buch-Nr. 1438/06/17 –

oder bei Aufhebung des Haftbefehls:

Der ...

– in dieser Sache vorläufig festgenommen am 18.01.2017 und in Untersuchungshaft gewesen vom 18.01.2017 bis zum 27.02.2017 aufgrund des Haftbefehls des Amtsgerichts Essen vom 04.01.2017 – 71 Gs 56/17 – in der Justizvollzugsanstalt Essen – Buch-Nr. 1438/06/17 –

oder bei Außervollzugsetzung des Haftbefehls

Der ...

– in dieser Sache vorläufig festgenommen am 18.01.2017 und in Untersuchungshaft gewesen aufgrund des Haftbefehls des Amtsgerichts Essen vom 04.01.2017 – 71 Gs 56/17 – in der Justizvollzugsanstalt Essen – Buch-Nr.– 1438/06/17; vom Vollzug der Untersuchungshaft verschont aufgrund des Beschlusses des Amtsgerichts Essen vom 26.02.2017 – 71 Gs 56/17–, entlassen am 26.02.2017

241 Die gleichen Angaben sind erforderlich bei in derselben Sache erlittener Auslieferungshaft, der vorläufigen Unterbringung nach § 81 StPO sowie nach § 126 a StPO. Die Zeiten werden gemäß § 51 StGB angerechnet oder können auch für eine spätere Entscheidung nach dem Gesetz über die Entschädigung für Strafverfolgungsmaßnahmen (StrEG) von Bedeutung sein.

242 Sitzt der Angeschuldigte in **anderer Sache** in Untersuchungs- oder Strafhaft ein, ist die Angabe der Haftzeit in der anderen Sache nicht erforderlich. Eine Anrechnung auf die Strafe in der vorliegenden Sache ist nicht möglich.

Der ...

– zurzeit in dem Verfahren 14 Js 10/17 StA Essen in Untersuchungshaft (oder in Strafhaft) in der JVA Essen; im vorliegenden Verfahren Überhaft notiert aufgrund des Haftbefehls des Amtsgerichts Essen vom 15.04.2017 – 71 Gs 1287/174 –

c) Benennung des Verteidigers

243 Nach diesen Angaben erfolgt für jeden Beschuldigten die **Benennung des Verteidigers** unter Angabe der Vollmacht oder des Beschlusses der Beiordnung als Pflichtverteidiger (vgl. Nr. 110 Abs. 2 lit. b RiStBV).

Der ...

Verteidiger: Rechtsanwalt Dr. Müller-Aust aus Essen,

– Vollmacht vom 02.10.2017, Bl. 18 d.A. –

oder

– beigeordnet am 02.10.2017, Bl. 18 d.A. –

5. Eingangsformel „wird/werden angeklagt"

244 Es schließt sich die Wendung an: **„wird** (bei mehreren: werden) **angeklagt".** Wurden einzelne abtrennbare Tatteile oder einzelne Gesetzesverletzungen gemäß **§ 154 a StPO** von der Strafverfolgung ausgenommen, so ist gemäß Nr. 101 a Abs. 3, 110 Abs. 2 lit. e RiStBV in der Anklageschrift darauf hinzuweisen und zwar an dieser Stelle:

Die ...

wird – unter Beschränkung nach § 154 a StPO – angeklagt,

6. Bezeichnung der Tat

Einzelangaben zur Tat
■ Tatzeit und Tatort
■ Deliktsübergreifende Angaben
■ Gesetzliche Merkmale der Tat
■ Konkretisierung
■ Angabe der verletzten Strafgesetze
■ Strafantrag/besonderes öffentliches Verfolgungsinteresse

a) Tatzeit und Tatort

Tatzeit und Tatort sind wegen der **Verfolgungsverjährung** und der **örtlichen Zu-** 245
ständigkeit die wichtigsten Kriterien zur Umgrenzung des Verfahrensgegenstandes.
Sie werden deshalb vorangestellt und sind **so exakt wie möglich** zu bezeichnen. Zunächst ist die Tatzeit nach Tagen, Monaten oder auch Jahren einzugrenzen. Die in der
Praxis noch gebräuchliche Formulierung „in nicht rechtsverjährter Zeit" sollte soweit
wie möglich vermieden werden. Bei mehreren Tatorten und -zeiten genügt es, eine
alle Taten umfassende Zeit- oder Ortsangabe anzuführen.[247] In der Konkretisierung
erfolgen anschließend detaillierte Angaben.

Der ...

wird angeklagt,

am 30.05.2017

in Münster ...

oder:

Der ...

wird angeklagt,

am 25.02.2017 und 08.03.2017

in Ansbach und Oberhausen

oder:

Der ...

wird angeklagt,

vom 08.02.2017 bis zum 01.08.2017

in Essen und anderen Orten

---

247 BGHSt 46, 130–138, BGH, Beschl. v. 29.04.2015 – 2 StR 398/14, BeckRS 2015, 11800, zu Fehlern bei der Tatzeitanga-
be; KG Berlin, Beschl. v. 21.12.2011 – 1 Ss 456/11, BeckRS 2012, 12415.

> **oder:**
>
> *Der ...*
>
> *wird angeklagt,*
>
> *von Juni bis September 2017*
>
> *in Cloppenburg und Bremen*
>
> **oder:**
>
> *Der ...*
>
> *wird angeklagt,*
>
> *an einem nicht näher bestimmbaren Tag im Oktober oder November 2016 in Bielefeld*

b) Deliktsübergreifende Angaben

aa) Reifegrad jedes Angeschuldigten

246 **(1)** War der jeweilige Angeschuldigte zur Tatzeit **Jugendlicher**, so ist nach § 3 JGG darauf hinzuweisen, dass er mit **Verantwortungsreife** gehandelt hat.

> *Der ...*
>
> *wird angeklagt,*
>
> *am ... in ...*
>
> *als Jugendlicher mit Verantwortungsreife ...*

247 **(2)** War ein Angeschuldigter zur Tatzeit **Heranwachsender**, muss ebenfalls darauf hingewiesen werden.

> *Die ...*
>
> *wird angeklagt,*
>
> *am ... in ...*
>
> *als Heranwachsende...*

bb) Täterschaftsformen und wechselnde Tatbeteiligung

248 **(1)** In der Praxis wird **mittelbare Täterschaft** gemäß **§ 25 Abs. 1 Alt. 2 StGB** im Anklagesatz nicht ausdrücklich erwähnt. Zur genauen Darstellung der Art der Begehung und aus Gründen der Verständlichkeit der Anklage erscheint es aber sachgerecht, auch die mittelbare Täterschaft mit in den Anklagesatz aufzunehmen:

> *Der ...*
>
> *wird angeklagt,*
>
> *am ... in ...*
>
> ***durch einen anderen***

(2) Liegt **Mittäterschaft** gemäß § 25 Abs. 2 StGB vor, wird diese im Anklagesatz ge-   **249**
kennzeichnet. Sie wird üblicherweise durch das Wort *„gemeinschaftlich"* (nicht: „gemeinschaftlich *handelnd")* bezeichnet. Der Hinweis auf den oder die **konkreten Mittäter** darf nicht fehlen. Nur bei einer großen Anzahl von Mittätern kann hierauf verzichtet werden.

> *Der ...*
>
> *wird angeklagt,*
>
> *am ... in ...*
>
> ***gemeinschaftlich in zwei Fällen mit dem gesondert verfolgten ... / bereits abge-***
> ***urteilten ... / zwischenzeitlich verstorbenen ...***

(3) Bei **wechselnder Tatbeteiligung** ist es üblich, das Geschehen mit römischer Glie-   **250**
derung nach verschiedenen Formen der Beteiligung zu ordnen und dabei jeweils Tatzeit und -ort anzugeben.

> *Die*
>
> *...*
>
> *werden angeklagt,*
>
> *I. der Angeschuldigte Peters*
> *   zwischen dem 01.10.2016 und dem 10.10.2016 in Bad Hersfeld*
> *   ...*
>
> *II. der Angeschuldigte Peters mit dem Angeschuldigten Wüllenweber*
> *   am 01.11.2016 in Braunschweig*
> *   gemeinschaftlich*
> *   ...*
>
> *III. der Angeschuldigte Wüllenweber mit einem Unbekannten*
> *   am 01.12.2016 in Hannover*
> *   gemeinschaftlich*
> *   ...*

c) Sonderfälle Tatsachenalternativität, Postpendenz, Wahlfeststellung

Hin und wieder bleibt auch nach Ausschöpfung aller Beweismittel zweifelhaft, welche von zwei (oder mehreren) alternativ in Betracht kommenden Handlungen tatsächlich vorgelegen hat und als Folge daraus, welcher Tatbestand erfüllt ist. (s.o.
Rn. 134 ff.).

aa) Bei reiner **Tatsachenalternativität** (oder auch gleichartiger bzw. unechter Wahl-   **251**
feststellung) ist zwar die Verwirklichung eines bestimmten Straftatbestandes (hinreichend) sicher, aber unklar ist, durch welche Handlung. (s.o. Rn. 145).

Beispiel: Die Zeugin hat vor dem Zivilgericht beeidet, sie wisse ganz sicher, dass das Fahrzeug A auf
das stehende Fahrzeug B aufgefahren sei. In der Hauptverhandlung nach Einspruch gegen einen
Bußgeldbescheid erklärt sie als Zeugin unter Eid, das Fahrzeug B sei auf das stehende Fahrzeug A
aufgefahren.

Hier sind **beide Geschehensabläufe anzuklagen**, allerdings mit dem Unterschied,
dass nur ein Delikt im Anklagesatz auftaucht. Einzelheiten sind dann wiederum im
wesentlichen Ermittlungsergebnis mitzuteilen.

> *Der ...*
>
> *wird angeklagt,*
>
> *entweder ... am ... in ...*
>
> *oder ... am ... in ...*

252 **bb)** Bei der **Postpendenz** stellen sich diese Fragen nicht. Der Täter ist eines Nachtatgeschehens hinreichend verdächtig; da später auch lediglich hieraus verurteilt wird (s. oben Rn. 144), muss auch **nur das (hinreichend) sichere Anschlussgeschehen** zur Anklage gebracht werden. Hinsichtlich des nur möglicherweise verwirklichten Vortatgeschehens hat aber eine **Teileinstellung** zu erfolgen, sofern es sich – wie regelmäßig – um eine eigene prozessuale Tat handelt. Dass der Angeschuldigte möglicherweise Vortäter war und deshalb aus Rechtsgründen kein Anschlusstäter sein kann, entlastet ihn nicht. Die Verteidigungseinlassung und die rechtliche Bewältigung im Wege der Postpendenzfeststellung brauchen nur im wesentlichen Ermittlungsergebnis dargestellt zu werden.

253 **cc)** Bei der echten (oder auch: ungleichartigen) **Wahlfeststellung** sind durch verschiedene mögliche Handlungen (und in der Regel durch verschiedene Taten im prozessualen Sinn) verschiedene Strafgesetze erfüllt, doch sind diese rechtsethisch und psychologisch vergleichbar (was im materiellen Gutachten zuvor geklärt worden ist, vgl. oben Rn. 146 f.). Hier müssen **alle möglicherweise verwirklichten Handlungsabläufe** angeklagt werden. Soweit es sich bei den Geschehensalternativen immer um selbstständige prozessuale Taten handelt,[248] wäre eine Wahlfeststellung im Urteil mit nur einer angeklagten Tatvariante unzulässig. Im wesentlichen Ermittlungsergebnis sollte dann auf die rechtliche Seite der Wahlfeststellung hingewiesen werden.

> *Die ...*
>
> *wird angeklagt,*
>
> *am ... in ...*
>
> *entweder § 242 oder § 259*

d) Konkurrenzen

254 Im Anklagesatz wird auch erwähnt, ob die angeklagten Delikte in Tateinheit oder Tatmehrheit zueinander stehen, um die Verfahrensbeteiligten darüber zu informieren, ob eine Einzelstrafe oder Gesamtstrafe zu erwarten ist. (Die im Wege der Gesetzeskonkurrenz ausgeschiedenen Delikte tauchen dagegen in der Anklage überhaupt nicht mehr auf.) Im Jugendstrafverfahren, in dem die gesetzlichen Folgen der §§ 52, 53 StGB nicht eintreten, sondern bei Verurteilung auf eine Einheitsstrafe erkannt wird, erfolgt die vorgenannte Einteilung aus Klarstellungsgründen.

> **Grundregel** für die Wiedergabe von Strafvorschriften im Anklagesatz **: Der Gesetzeswortlaut einer Strafnorm soll möglichst nur einmal ausgeführt werden.**

255 **aa)** Das bedeutet für die **gleichartige Tatmehrheit**, dass nur die Zahl der selbstständigen Handlungen benannt werden muss, die hier dann üblicherweise als „Fälle" bezeichnet werden.

---

248 BGH Beschl. v. 14.07.1998 – 4 StR 214/98, NStZ 1998, 635.

> *Der ...*
>
> *wird angeklagt,*
>
> *am ...*
>
> *in ...*
>
> *in drei Fällen ...*

bb) Die **gleichartige Tateinheit** wird durch Pluralbildung bei den Tatopfern oder den Tatobjekten hinreichend zum Ausdruck gebracht (Einzelheiten können dann in der Konkretisierung genannt werden). **256**

> *Der ...*
>
> *wird angeklagt,*
>
> *am ...*
>
> *in ...*
>
> *durch dieselbe Handlung andere Personen körperlich misshandelt zu haben.*

cc) Bei **ungleichartiger Tatmehrheit** ist die genaue Zahl der **selbstständigen Handlungen** voranzustellen. Bei mehr als zwei Delikten sollte man für alle selbstständigen Handlungen **arabische Ziffern** als Gliederungszeichen verwenden. **257**

> *Der ...*
>
> *wird angeklagt,*
>
> *am ... (hier ggf. die verschiedenen Zeiten)*
>
> *in ... (hier ggf. die verschiedenen Orte)*
>
> *durch drei selbstständige Handlungen*
>
> *1. eine fremde bewegliche Sache beschädigt zu haben,*
>
> *2. eine andere Person körperlich misshandelt zu haben,*
>
> *3. eine andere Person mittels einer Tätlichkeit beleidigt zu haben.*

dd) Bei **ungleichartiger Tateinheit** genügt vorweg der Ausdruck: *„durch dieselbe Handlung".* Es folgen die einzelnen Delikte. Bei mehr als zwei Delikten in Tateinheit sollten **kleine Buchstaben** als Gliederungszeichen verwendet werden.

> *Der ...*
>
> *wird angeklagt,*
>
> *am ...*
>
> *in ...*
>
> *durch dieselbe Handlung*
>
> *a) eine fremde Sache beschädigt,*
>
> *b) eine andere Person körperlich misshandelt,*
>
> *c) eine andere Person mittels einer Tätlichkeit beleidigt zu haben.*

258   **ee)** Sind **Tatmehrheit und Tateinheit** in einem Anklagesatz zusammen darzustellen, muss man mit der Aufzählung der selbstständigen Handlungen beginnen und durch Gliederung und/oder durch die Hinzufügungen *„tateinheitlich"* und *„tatmehrheitlich"* die Konkurrenzverhältnisse verdeutlichen.

> *Die ...*
>
> *wird angeklagt,*
>
> *am ...*
>
> *in ...*
>
> *durch zwei selbstständige Handlungen*
>
> *1. durch dieselbe Handlung*
>
> *a) zur Täuschung im Rechtsverkehr eine unechte Urkunde gebraucht zu haben,*
>
> *b) in der Absicht, sich einen rechtswidrigen Vermögensvorteil zu verschaffen, ...*
>
> *2. eine andere Person beleidigt zu haben.*

7. Gesetzliche Merkmale der Tat

Nach **§ 200 Abs. 1 S. 1 StPO** i.V.m. **Nr. 110 Abs. 2 lit. c RiStBV** sind die gesetzlichen Merkmale der Straftat zu bezeichnen.

a) Nur die zur Last gelegten Tatbestandsmerkmale

259   Bei der Bezeichnung des gesetzlichen Straftatbestandes ist nicht der gesamte Tatbestand anzuführen, sondern nur die Merkmale, die dem Täter *zur Last gelegt werden* (so z.B. bei §§ 263, 266, 267 StGB).

> *Die...*
>
> *wird angeklagt,*
>
> *am ...*
>
> *in ...*
>
> ***in der Absicht, sich einen rechtswidrigen Vermögensvorteil zu verschaffen, das Vermögen eines anderen dadurch beschädigt zu haben, dass er durch Vorspiegelung falscher Tatsachen einen Irrtum erregte.***

Werden dem Angeschuldigten **mehrere Tatmodalitäten** angelastet, so sind **alle** zu erwähnen.

> *Der ...*
>
> *wird angeklagt,*
>
> *am ...*
>
> *in ...*
>
> *eine andere Person mittels einer Waffe, mittels eines hinterlistigen Überfalls und mittels einer das Leben gefährdenden Behandlung körperlich misshandelt **und** an der Gesundheit geschädigt zu haben.*

b) Die einschlägigen Bestimmungen des Allgemeinen Teils

Gemäß **Nr. 110 Abs. 1 RiStBV** muss die Anklageschrift klar, übersichtlich und vor allem für den Angeschuldigten verständlich sein. Da bei der Bezeichnung des gesetzlichen Straftatbestandes auch die im Allgemeinen Teil des StGB geregelten Begehungsweisen anzugeben sind, besteht die Gefahr, dass der Anklagesatz unverständlich wird. Nr. 110 Abs. 2 lit. c RiStBV lässt es daher zu, dass **die Bestimmungen des Allgemeinen Teils des StGB „in vereinfachter Form" umschrieben werden**. Die wichtigsten Fälle – neben der bereits beschriebenen Täterschaftsform – sind:

260

aa) Versuch, § 22 StGB

Ist die Tat nur in das Versuchsstadium gelangt, so soll bereits durch die Fassung der gesetzlichen Merkmale verdeutlicht werden, an welcher Stelle die Vollendung gescheitert ist.

261

Im nachfolgenden Beispiel wurde die Tat mangels Irrtumserregung nicht vollendet.

> *Der ...*
>
> *wird angeklagt,*
>
> *am ...*
>
> *in ...*
>
> *in der Absicht, sich einen rechtswidrigen Vermögensvorteil zu verschaffen, **versucht zu haben**, durch Vorspiegelung falscher Tatsachen einen Irrtum zu erregen und dadurch das Vermögen eines anderen zu beschädigen.*

bb) Anstiftung und Beihilfe, §§ 26, 27 StGB

In den Fällen der Anstiftung und Beihilfe wird die Haupttat nur abstrakt bezeichnet.

(1) Anstiftung gemäß § 26 StGB

262

> *Der ...*
>
> *wird angeklagt,*
>
> *am ...*
>
> *in ...*
>
> *vorsätzlich einen anderen zu dessen vorsätzlich begangener rechtswidriger Tat, nämlich einem Diebstahl in einem besonders schweren Fall, bestimmt zu haben.*

(2) Beihilfe gemäß § 27 StGB

> *Der ...*
>
> *wird angeklagt,*
>
> *am ...*
>
> *in ...*
>
> *vorsätzlich einem anderen zu dessen vorsätzlich begangener rechtswidriger Tat, und zwar einem Betrug, Hilfe geleistet zu haben.*

cc) Unterlassen, § 13

263   § 13 StGB bleibt bei der Ausführung der gesetzlichen Merkmale eines unechten Unterlassungsdelikts außer Betracht. Die Erfüllung dieser Voraussetzungen wird im Anklagesatz in der Konkretisierung dargelegt.

dd) Qualifikationen und Privilegierungen

264   Gesetzliche **Qualifizierungen** sind zu benennen. Sie werden üblicherweise dem Grundtatbestand mit der Formulierung „wobei" oder „und zwar" angefügt.

> *Der ...*
>
> *wird angeklagt,*
>
> *am ...*
>
> *in ...*
>
> *einen anderen körperlich misshandelt zu haben, wobei er die Körperverletzung mittels eines gefährlichen Werkzeugs beging.*
>
> **oder:**
>
> *Der ...*
>
> *wird angeklagt,*
>
> *am ...*
>
> *in ...*
>
> *eine fremde bewegliche Sache einem anderen in der Absicht weggenommen zu haben, die Sache sich rechtswidrig zuzueignen, wobei ein anderer Beteiligter, der gesondert verfolgte ... , ein Mittel bei sich führte, um den Widerstand eines anderen durch Drohung mit Gewalt zu verhindern.*

265   Auch die gesetzlichen Merkmale echter **tatbestandlicher Privilegierungen** – z.B. nach § 247 StGB (Haus- und Familiendiebstahl) oder nach § 216 StGB (Tötung auf Verlangen) – sind in dem Anklagesatz zu benennen.

ee) Vorsatz und Fahrlässigkeit

266   Kann eine Straftat sowohl **vorsätzlich** als auch **fahrlässig** begangen werden (z.B. §§ 315 c Abs. 1 und 3; 316; 323 a StGB), muss erkennbar werden, welche Begehungsweise dem Täter vorgeworfen wird.

> *Der ...*
>
> *wird angeklagt,*
>
> *am ...*
>
> *in ...*
>
> *sich fahrlässig durch alkoholische Getränke in einen die Schuldfähigkeit ausschließenden Rausch versetzt und in diesem Zustand eine rechtswidrige Tat, nämlich eine gefährliche Körperverletzung, begangen zu haben.*

oder:

Der ...

wird angeklagt,

am ...

in ...

grob verkehrswidrig und rücksichtslos vorsätzlich falsch überholt und dadurch fahrlässig Leib und Leben eines anderen Menschen und fremde Sachen von bedeutendem Wert gefährdet zu haben.

ff) Ungeschriebene Tatbestandmerkmale und allgemeine Deliktsmerkmale

Ungeschriebene Tatbestandsmerkmale (z.B. „Vermögensverfügung" bei § 263 StGB) sind keine „gesetzlichen Merkmale", sondern solche, die sich erst durch Interpretation der Strafnorm herausgebildet haben. Sie sind deshalb nicht zu erwähnen. Auch ist bei § 212 StGB die Floskel **„ohne Mörder zu sein" wegzulassen**. Dass kein Mord angeklagt wird, ergibt sich bereits aus der fehlenden Wiedergabe von Mordmerkmalen. **267**

Auch die allgemeinen Verbrechensmerkmale der **Rechtswidrigkeit** und **Schuld** haben bei der Wiedergabe der gesetzlichen Vorschriften keine Bedeutung. **268**

Soweit **im Tatbestand** ein Merkmal wie z.B. „rechtswidrig" oder „widerrechtlich" genannt ist, kommt es auf die Bedeutung an: **269**

- Das Merkmal ist nicht zu erwähnen, wenn es nur auf das allgemeine Verbrechensmerkmal hinweist (vgl. z.B. § 303 StGB). Das gilt auch für die durch § 240 Abs. 2 / § 253 Abs. 2 StGB ausgefüllte „Rechtswidrigkeit" der Nötigung und Erpressung. Angaben zur Verwerflichkeit erfolgen im Rahmen der Konkretisierung.

- Sobald aber ein Merkmal konstitutive, also tatbestandsbegrenzende Bedeutung erlangt (wie z.B. bei § 132 a StGB „unbefugt" und bei § 246 StGB „rechtswidrig"), muss es angesprochen werden.

gg) Anschlussdelikte und Vollrausch

Umstritten ist die genaue Benennung von **Anschlussdelikten** (z.B. §§ 258, 259 StGB) und Straftatbeständen, die ihrerseits eine andere Tat in Bezug nehmen, insbesondere der strafbare **Vollrausch** nach § 323 a StGB. Nach überwiegender Ansicht ist hier die **Vor- bzw. Rauschtat** – entsprechend dem Vorgehen bei dem Vorwurf der Beihilfe oder Anstiftung – nur **mit ihrer gesetzlichen Bezeichnung** anzuführen. **270**

In NRW sollen dagegen bei einem **Vollrausch** lediglich die gesetzlichen Merkmale des § 323 a StGB wiedergegeben werden. Die begangene Rauschtat soll nur in der Konkretisierung und im Katalog der Strafvorschriften gekennzeichnet werden.

hh) Rechtsfolgennormen

Inwieweit die Merkmale gesetzlicher Bestimmungen, die nicht für den Schuldvorwurf, sondern einzig für die zu verhängenden Rechtsfolgen von Bedeutung sind, in den Anklagesatz mit aufzunehmen sind, ist im Einzelnen umstritten.[249] Die Lösung **271**

---

249 Vgl. dazu LR-Rieß § 200 Rn. 18.

dieser Frage ist eng mit der Hinweispflicht des Gerichts in der Hauptverhandlung nach § 265 Abs. 2 StPO verknüpft. Danach ist dem Angeklagten auch dann ein solcher Hinweis zu erteilen, wenn das Gericht in der zugelassenen Anklage nicht angeführte Rechtsfolgenvorschriften und Maßregelvoraussetzungen bejahen will. Daraus lässt sich der allgemeine Grundsatz ableiten, **dass die Anklage auf die Rechtsfolge zumindest so weit einzugehen hat, wie die Hinweispflicht des § 265 Abs. 2 StPO reicht.**[250] Eine andere Frage ist natürlich, ob diese notwendige Kennzeichnung immer schon im Anklagesatz selbst erfolgen muss. Hier sollte der Bearbeiter der im Folgenden ausgeführten staatsanwaltschaftlichen Praxis – sofern sich eine solche bestimmen lässt – folgen.

(1) Gesetzliche Merkmale einer Strafzumessungsregel

272 Der staatsanwaltschaftlichen Praxis entspricht es, sowohl die durch **Regelbeispiele** erläuterten **besonders schweren Fälle** (vgl. z.B. §§ 113 Abs. 2, 240 Abs. 4, 243 Abs. 1, 253 Abs. 4, 263 Abs. 3, 263 a Abs. 2, 266 Abs. 2, 267 Abs. 3, 292 Abs. 2, 330 Abs. 1 StGB) als auch die **exemplifizierten minder schweren Fälle** (vgl. z.B. § 213 StGB) durch Nennung ihrer Merkmale hervorzuheben. Insoweit werden keine Unterschiede zu echten tatbestandlichen Qualifikationen oder Privilegierungen gemacht.

> *Der ...*
>
> *wird angeklagt,*
>
> *am ...*
>
> *in ...*
>
> *eine fremde bewegliche Sache, die durch ein verschlossenes Behältnis gegen Wegnahme besonders gesichert war, einem anderen in der Absicht weggenommen zu haben, die Sache sich rechtswidrig zuzueignen und zwar eine Handfeuerwaffe, zu deren Erwerb es nach dem Waffengesetz der Erlaubnis bedarf.*

273 Auch auf die **verminderte Schuldfähigkeit** nach § 21 StGB wird ausdrücklich hingewiesen.

> *Der ...*
>
> *wird angeklagt,*
>
> *am ...*
>
> *in ...*
>
> ***im Zustand verminderter Schuldfähigkeit ...***

274 **Unbenannte besonders und minder schwere Fälle des Besonderen Teils** (vgl. z.B. §§ 212 Abs. 2, 250 Abs. 3 StGB) – die auch außerhalb eines Regelkatalogs möglich sind (vgl. auch § 243 Abs. 1 S. 1 StGB) – müssen dagegen **nicht besonders erwähnt** werden.

---

250 Vgl. Schäfer/Sander/van Gemmeren, Praxis der Strafzumessung, 5. Aufl.. 2012, Rn. 623; Hdb StA-Eschelbach, 4. Aufl. 2013, Teil D Kap. 1 Rn. 103.

Auch die übrigen allgemein geltenden Strafzumessungsnormen (z.B. § 46 StGB) bedürfen aber keiner besonderen Erwähnung.

(2) Merkmale weiterer Rechtsfolgen

Kommt eine **Maßregel der Besserung und Sicherung nach §§ 61 ff. StGB** – oder auch bei einem Mordvorwurf die Feststellung der besonderen Schwere der Schuld nach § 57 a Abs. 1 Nr. 2 StGB – in Betracht, muss der Anklagesatz im Anschluss an die Wiedergabe der gesetzlichen Merkmale der strafbaren Handlung den Hinweis auf die Maßregel enthalten.[251] Der in Praxis und Klausur häufigste Fall ist die **Entziehung der Fahrerlaubnis** (s.o. Rn. 190) nach §§ 69, 69 a StGB: **275**

> *Der ...*
>
> *wird angeklagt,*
>
> *am ...*
>
> *in ...*
>
> *vorsätzlich im Straßenverkehr ein Fahrzeug geführt zu haben, obwohl er infolge des Genusses ...*
>
> ***Durch die Tat ergibt sich, dass er zum Führen von Kraftfahrzeugen ungeeignet ist.***

Es ist auch zulässig und in einigen Bundesländern (z.B. in NRW) üblich, auf das Erfordernis einer Maßregel und deren gesetzliche Voraussetzungen erst im Anschluss an die Konkretisierung der Tat hinzuweisen.

(3) Fahrverbot, § 44 StGB

Die Merkmale der **Nebenstrafe Fahrverbot** nach § 44 StGB (s.o. Rn. 192) können aus Klarstellungsgründen ebenfalls bereits in den Anklagesatz mit aufgenommen werden. Hierbei empfiehlt sich eine Voranstellung: **276**

> *Der ...*
>
> *wird angeklagt,*
>
> *am ...*
>
> *in ...*
>
> *... unter Verletzung der Pflichten eines Kraftfahrzeugführers ...*

Die gesetzlichen Merkmale der **sonstigen Nebenfolgen** – insbesondere des **Verfalls** nach §§ 73 ff. StGB und der **Einziehung** nach §§ 74 ff. StGB – bedürfen grundsätzlich keines besonderen Hinweises im Anklagesatz, da deren Voraussetzungen in den gesetzlichen Merkmalen der dem Angeschuldigten zur Last gelegten Straftat bereits enthalten sind.   **277**

8. Die Konkretisierung

Gemäß § 200 Abs. 1 StPO ist im Anklagesatz die Tat im strafprozessualen Sinne des § 264 StPO zu bezeichnen. § 200 Abs. 1 StPO bestimmt aber nicht den Umfang der   **278**

---

251 Vgl. Schäfer Rn. 624.

Tatschilderung. Die Mindesterfordernisse der Tatschilderung sind in der Rspr. durch zahlreiche Entscheidungen festgelegt worden. Danach muss das konkrete Tatgeschehen **als Lebensvorgang und als historisches Ereignis unverwechselbar nach bestimmten Tatumständen so genau gekennzeichnet werden, dass keine Unklarheit darüber möglich ist, was dem Angeschuldigten zur Last gelegt wird.** Das darf aber nicht dazu führen, dass in der Konkretisierung die Tat in allen Einzelheiten dargestellt wird.

Klausurhinweis: Hier liegt ein Schwachpunkt vieler Anklagen in Assessorklausuren. Bitte merken: **In die Konkretisierung gehören nur die Angaben, die den gesetzlichen Tatbestand ausfüllen.** Ergänzungen folgen im „wesentlichen Ergebnis der Ermittlungen".

---

279 Die Konkretisierung wird üblicherweise mit der Formel eingeleitet:

„Dem Angeschuldigten wird Folgendes zur Last gelegt:"

Die einzelnen Taten werden im historischen Ablauf dargestellt. Die Schilderung erfolgt im Imperfekt.

Häufige Konkretisierungen:

a) Diebstahl im Zustand der verminderten Schuldfähigkeit, §§ 242, 21 StGB

280
Der ...

wird angeklagt,

am ... in

...

im Zustand verminderter Schuldfähigkeit

eine fremde bewegliche Sache einem anderen in der Absicht weggenommen zu haben, die Sache sich rechtswidrig zuzueignen.

Dem Angeschuldigten wird zur Last gelegt, unter Einfluss von Alkohol – Blutalkoholgehalt zum Zeitpunkt der Tat 2,5‰ – bei der Firma Getränkeland auf dem Finkenweg in Hamburg eine Kiste Leergut entwendet zu haben, um diese anschließend dort einzulösen.

b) Vorsätzliche Trunkenheit im Verkehr, § 316 StGB, und Entziehung der Fahrerlaubnis, § 69 StGB

281
Der ...

wird angeklagt,

am ...

in ...

vorsätzlich im Straßenverkehr ein Fahrzeug geführt zu haben, obwohl er, was ihm bewusst war, infolge des Genusses alkoholischer Getränke nicht in der Lage war, das Fahrzeug sicher zu führen.

> ***Dem Angeschuldigten wird Folgendes zur Last gelegt:***
>
> *Er befuhr am Tattag gegen 23.30 Uhr mit einem Pkw Mercedes E 190, amtl. Kennzeichen COE-DC 350, in alkoholbedingt fahruntüchtigem Zustand u.a. die Dülmener Straße in Coesfeld. Die um 0.15 Uhr entnommene Blutprobe ergab eine Blutalkoholkonzentration von 1,9‰.*
>
> ***Aus dieser Tat ergibt sich die Ungeeignetheit zum Führen von Kraftfahrzeugen.***

Die **besonderen Voraussetzungen des § 69 StGB** sind mitzuteilen, wenn sich aus der Tat ergibt, dass der Angeschuldigte zum Führen von Kraftfahrzeugen ungeeignet ist.

c) Mittäterschaft, § 25 Abs. 2 StGB, und mehrere gleichartige Straftaten

282

> *Die ...*
>
> *werden angeklagt,*
>
> *in der Zeit von ... bis ...*
>
> *in ...*
>
> *gemeinschaftlich*
>
> *in 14 Fällen*
>
> *eine Sache, die ein anderer gestohlen hat, angekauft zu haben, um sich zu bereichern.*
>
> *Aufgrund eines einvernehmlichen Tatplans kauften die Angeschuldigten im Tatzeitraum in ihrer Wohnung in der Alfredstraße 12 in Essen 14 Autoradios, von denen sie wussten, dass sie zuvor von dem gesondert verfolgten ... entwendet worden waren, an, um diese gewinnbringend weiterzuveräußern. Im Einzelnen handelt es sich um folgende Fälle:*
>
> *1) 15.04.2017: Ankauf des am 12.04.2017 aus dem Pkw VW Golf des Ralf Meister, amtl. Kennzeichen E-HV 621, entwendeten Autoradios Marke Alpina EC 34*
>
> *2) 17.04.2017: Ankauf des am 16.04.2017 in Essen aus dem Fahrzeug Opel Corsa, amtl. Kennzeichen E-KN 1, des geschädigten Udo Nolte entwendeten Autoradios Marke Sony EP 6*
>
> *3) ...*

9. Angabe der verletzten Strafgesetze

Die „anzuwendenden Strafvorschriften" sind am Ende des Anklagesatzes zu bezeichnen (§ 200 Abs. 1 S. 1 StPO). Die Angabe der verletzten Strafgesetze ist insbesondere von Bedeutung für § 265 StPO. Anzuführen sind sowohl alle Vorschriften des Besonderen und des Allgemeinen Teils des StGB als auch Vorschriften, die Nebenstrafen und Maßregeln enthalten. Die Zitate werden mit Absatz, Ziffer, Halbsatz u.a. genau gehalten.

283

Die Bezeichnung wird eingeleitet mit der Angabe, ob es sich um ein **Vergehen** oder um ein **Verbrechen** oder – bei mehreren Taten im prozessualen Sinn – gar um beides handelt. Erfüllt eine prozessuale Tat nur Ordnungswidrigkeiten, so sind diese ebenfalls zu benennen (üblicherweise sind Ordnungswidrigkeiten durch Bearbeitervermerk ausgeklammert).

Die Vorschriften des Besonderen Teils werden **vor** denen des Allgemeinen Teils genannt. Treffen Vorschriften des Strafgesetzbuchs mit denen der Nebengesetze zusammen, werden üblicherweise die des Strafgesetzbuchs vor denen der Nebengesetze zitiert.

> **Klausurhinweis:** Sowohl die Vorschriften des Besonderen als auch die des Allgemeinen Teils sind fortlaufend in aufsteigender Ziffernfolge – also unabhängig von der Reihenfolge der Verwirklichung oder der Schwere des Delikts – zu benennen.

Einzelheiten:

284 **a)** Bei **Anklagen gegen Jugendliche und Heranwachsende** werden zusätzlich die Vorschriften des Jugendgerichtsgesetzes genannt, nämlich §§ 1, 3 JGG bei Jugendlichen und §§ 1, 105 ff. JGG bei Heranwachsenden. Die §§ 52, 53 StGB sind bei einer Anklage gegen einen Jugendlichen **nicht zu erwähnen**, da bei einer Verurteilung des Jugendlichen auf eine Einheitsstrafe (§ 31 Abs. 1 S. 1 JGG) erkannt wird und die gesetzlichen Folgen der §§ 53, 54 StGB nicht eintreten.

285 **b)** Bei **Qualifizierungen** werden die Grundtatbestände mit aufgenommen (z.B. §§ 223, 224 StGB).

286 **c)** Bei **mittelbarer Täterschaft** ist entsprechend der Angabe vor der Bezeichnung der angeschuldigten Tat und ihrer gesetzlichen Merkmale auch § 25 Abs. 1 Alt. 2 StGB anzuführen. Die Täterschaft im Sinne des § 25 Abs. 1 Alt. 1 StGB wird – da es der Regelfall ist – nicht erwähnt.

287 **d)** Zu den anzuwendenden Straftatbeständen gehören auch die **Vorschriften der Nebenstrafen und -folgen** (vgl. §§ 44, 45 ff., 92 a, 101, 102 Abs. 2, 108 c, 109 i, 129 a Abs. 8, 165, 200, 264 Abs. 6, 358 StGB), **Maßregeln** (vgl. §§ 61 ff. StGB) sowie **Verfall** (§§ 73 ff. StGB) und **Einziehung** (vgl. §§ 69 Abs. 3, 74 ff. StGB).

> *Der ...*
>
> *wird angeklagt,*
>
> *am ...*
>
> *in ...*
>
> *durch zwei selbstständige Handlungen*
>
> *1. tateinheitlich ...*
>
> *a) ...*
>
> *b) ...*
>
> *2. ...*
>
> **Dem Angeschuldigten wird Folgendes zur Last gelegt:**
>
> *...*
>
> *Verbrechen und Vergehen nach §§ 223, 224, 250 Abs. 1 Nr. 1 a, 253, 255, 52, 53, 69, 69 a, 74 StGB, §§ 29 Abs. 1 Nr. 1, 33 BtMG*

288 **e)** Die Vorschriften, nach denen ein **Strafantrag** erforderlich ist bzw. dieser durch Bejahung **eines besonderen öffentlichen Verfolgungsinteresses** ersetzt werden kann, sind anzuführen (z.B. §§ 194, 230, 248 a StGB).

10. Strafantrag und besonderes öffentliches Verfolgungsinteresse

289 Nach der Angabe der verletzten Strafgesetze werden bei Antragsdelikten die Voraussetzungen eines Strafantrags konkret dargestellt, nämlich wer (vgl. § 77 StGB – Antragsberechtigte) den Antrag wann (vgl. § 77 b StGB – Antragsfrist) gestellt hat. Für den Fall, dass der Eingang des Strafantrags drei Monate nach der Tat liegt (vgl. auch § 77 b Abs. 1 S. 1, Abs. 2 S. 1 StGB), sollte das Wort „rechtzeitig" eingefügt werden. Im wesentlichen Ergebnis der Ermittlungen folgt dann die Schilderung, zu welchem Zeitpunkt der Antragsberechtigte von der Tat bzw. von der Person des Täters Kenntnis erlangte.

Der ...

wird angeklagt,

am ...

in ...

Dem Angeschuldigten wird Folgendes zur Last gelegt:

...

Vergehen nach §§ 223 Abs. 1, 230 Abs. 1, 240 Abs. 1 StGB

Strafantrag ist durch den Berechtigten am 08.02.2017 – rechtzeitig – gestellt worden.

Sind neben einem Antragsdelikt weitere (Nichtantrags-)Delikte verwirklicht, so ist das Antragsdelikt zu erwähnen. **290**

Der ...

wird angeklagt,

am ...

in ...

durch drei selbstständige Handlungen

1. ...

2. ...

3. ...

Vergehen nach §§ 223, 230, 240, 241, 22, 23 Abs. 1, 53 StGB

Die Geschädigte Schneider hat am 15.02.2017 bezüglich der Körperverletzung rechtzeitig Strafantrag gestellt.

Wird der fehlende Strafantrag durch die Bejahung des besonderen öffentlichen Interesses ersetzt, wird ausgeführt: **291**

Der ...

wird angeklagt,

am ...

in

...

Dem Angeschuldigten wird Folgendes zur Last gelegt:

...

Vergehen nach §§ 223 Abs. 1, 230 Abs. 1, 241 Abs. 1, 242 Abs. 1, 53 StGB

Es besteht ein besonderes öffentliches Interesse an der Strafverfolgung der Körperverletzung gemäß § 230 Abs. 1 StGB.

Dieser Angabe kommt eigentlich nur deklaratorische Bedeutung zu. Bereits durch die Anklageerhebung dokumentiert die Staatsanwaltschaft, dass sie das besondere öffentliche Interesse bejaht. Anderenfalls hätte sie das Verfahren wegen des Verfolgungshindernisses des fehlenden Strafantrags nach § 170 Abs. 2 S. 1 StPO eingestellt. Gleichwohl darf die Angabe in der Klausur nicht fehlen.

II. Beweismittel

292 Nach dem Anklagesatz sind gemäß Nr. 110 Abs. 2 lit. f RiStBV die „Zeugen und anderen Beweismittel" anzugeben. Es werden die be- und entlastenden Beweismittel angeführt, die für die Hauptverhandlung erheblich und aller Voraussicht nach notwendig sind. Im Rahmen der Abschlussentscheidung bei einer Klausur sind dies regelmäßig die Beweismittel, die der Verfasser während einer Beweiswürdigung bei den einzelnen Tatbestandsmerkmalen im materiell-rechtlichen Gutachten **tatsächlich** auch **herangezogen** hat, um den hinreichenden Tatverdacht zu bejahen. Üblicherweise lautet die Reihenfolge im Beweismittelkatalog wie folgt:

Gliederung des Beweismittelkataloges
■ Angaben des Angeschuldigten / von Mitbeschuldigten
■ Zeugen
■ Sachverständige
■ Urkunden
■ Gegenstände des richterlichen Augenscheins
■ Beiakten

1. Angaben des Angeschuldigten, ggf. auch von Mitangeschuldigten

293 **a)** (Teil-)**Geständnis**, wenn es sich um ein richterliches Geständnis i.S.d. § 254 StPO handelt.

b) (Teil-)**Geständige Einlassung**, wenn der Angeschuldigte die Tat bei der verantwortlichen Vernehmung vor der Polizei oder dem Staatsanwalt eingestanden hat.

c) Einlassung, wenn der Täter zwar Angaben zur Sache gemacht, die Tat aber bestritten hat.

Sollte der Angeschuldigte **keine Einlassung** abgegeben haben, so wird dies im Beweismittelkatalog nicht angeführt.

Klausurhinweis: Teilweise findet sich der Hinweis, die „Einlassung des Angeschuldigten" sei stets anzugeben, da dieser im Hauptverhandlungstermin möglicherweise eine Aussage machen könnte. Dem ist nicht zuzustimmen. Nur die angegebenen Beweismittel begründen den für die Anklageerhebung erforderlichen hinreichenden Tatverdacht. Die Anklage kann daher gerade nicht auf die Vermutung einer Einlassung gestützt werden.

---

2. Zeugen

294 Zeugen sind mit Vor- und Familiennamen sowie deren Wohn- oder Aufenthaltsort anzugeben, wobei es jedoch der Angabe der vollständigen Anschrift nicht bedarf. Bei Angehörigen kann es sich empfehlen, im Hinblick auf § 52 StPO das Verwandtschaftsverhältnis zu dem Angeschuldigten in Klammern anzugeben. Bei Jugendlichen sind die gesetzlichen Vertreter zu nennen. Vor der Angabe des Namens des Zeugen kann unter Angabe der Blattzahl mitgeteilt werden, wo sich in der Ermittlungsakte die Vernehmung befindet.

Im Hinblick auf den Gang der Hauptverhandlung sollten Zeugen in der Reihenfolge angeführt werden, in der sie im Prozess vernommen werden.

Es sollen nur die Zeugen benannt werden, die für die Aufklärung des Sachverhalts wesentlich sind, vgl. Nr. 111 Abs. 1 RiStBV. Nach Nr. 111 Abs. 2 RiStBV ist es nicht nötig, jeden zu benennen, wenn mehrere Zeugen über denselben Vorgang im Vorverfahren übereinstimmend ausgesagt haben.

> **Klausurhinweis:** In der Klausur sind also diejenigen Zeugen zu benennen, die im materiellen Gutachten im Rahmen der Beweiswürdigung bei dem zur Anklage gebrachten Delikt geprüft worden sind und auf deren Angaben sich der hinreichende Tatverdacht stützt.

3. Sachverständige

Neben der Benennung des Sachverständigen kann zur Verdeutlichung die ergänzende Angabe erfolgen, zu welchem Tatkomplex oder Täter das Gutachten erstellt wurde, und die Angabe der Blattzahl, auf der sich das schriftliche Gutachten in der Akte befindet. Grundsätzlich ist es ein ausreichendes Beweismittel, das Gutachten in der Hauptverhandlung gemäß § 256 Abs. 1 StPO zu verlesen, vgl. Nr. 111 Abs. 3 S. 2 RiStBV, es sei denn, der Sachverständige kann ein Gutachten nur unter dem Eindruck der Hauptverhandlung erstatten (z.B. über die Schuldfähigkeit oder über besondere seelische oder geistige Eigenschaften des Angeschuldigten).

295

4. Urkunden

Hierbei handelt es sich um Urkunden im Sinne der §§ 249, 256 StPO. Der Urkundenbeweis bedeutet die Ermittlung und Verwertung des gedanklichen Inhalts des Schriftstücks. Ein begrifflicher Unterschied zwischen den Urkunden und „anderen als Beweismittel dienenden Schriftstücken" i.S.d. § 249 StPO besteht nicht. Entscheidend ist, dass die Urkunden und Schriftstücke **in der Hauptverhandlung verlesen werden können**.

296

Durch den Urkundsbeweis ist in vielen Fällen ein persönliches Beweismittel (Zeuge/Sachverständiger) entbehrlich.

Beispiele: Urkunde über das Vorliegen oder die Höhe eines Vermögensschadens, § 251 Abs. 1 Nr. 3 StPO; Protokolle der Strafverfolgungsbehörden über Ermittlungshandlungen, die keine Vernehmung zum Gegenstand haben, § 256 Abs. 1 Nr. 5 StPO.

5. Gegenstände richterlichen Augenscheins („Überführungsstücke")

Der Begriff des Augenscheins gemäß § 86 StPO umfasst im Beweismittelkatalog alle Beweisaufnahmen, die nicht als Zeugen-, Sachverständigen- oder Urkundenbeweis gesetzlich besonders geregelt sind.[252] Augenscheinsobjekte sind Abbildungen, Lichtbilder, Film-, Ton- und Videoaufnahmen.

297

Skizzen und Zeichnungen dienen regelmäßig nur als Vernehmungshilfe. Kommt es auf den gedanklichen Inhalt an, ist gemäß § 250 StPO der Hersteller zu vernehmen. Auch eine Urkunde kann Gegenstand des Augenscheins (§ 86 StPO) sein, wenn es nicht auf ihren Inhalt, sondern auf ihr Vorhandensein oder ihre Beschaffenheit ankommt.

---

252 Vgl. Meyer-Goßner/Schmitt § 86 Rn. 1.

6. Beiakten

298   Beiakten sind mit dem Aktenzeichen und der aktenführenden Stelle zu bezeichnen. Sie werden häufig als gesondertes Beweismittel angeführt, obwohl sie grundsätzlich „Urkunden" sind.

Nachfolgend ein Beispiel für einen etwas umfangreicheren Beweismittelkatalog:

Der …

wird angeklagt,

am …

in …

…

Dem Angeschuldigten wird Folgendes zur Last gelegt:

…

Vergehen nach §§ … StGB, §§ BtMG.

Beweismittel:

I. Einlassung des Angeschuldigten

II. Zeugen:

1. Petra Jansen, Bl. 2 d.A (Nichte des Angeschuldigten)

2. Elke Otte, Bl. 3, gesetzliche Vertreter: Marlies und Martin Otte, wohnhaft ebenda

3. KOK Raiser, zu laden über den Polizeipräsidenten Münster

III. Sachverständige

1. Dr. med. Werner Gehrmann, zu laden über das Institut für Rechtsmedizin, Klinikstraße 2, 48127 Münster, Gutachten Bl. 25 d.A., zur Frage der Blutalkoholkonzentration zur Tatzeit und deren Auswirkungen auf das Fahrverhalten des Angeschuldigten

2. Dipl.-Ing. Peter Prockmann, Weseler Straße 34, 48127 Münster, Gutachten Bl. 46 d.A., zur Frage der Auswirkungen des technischen Mangels der Bremsanlage des Fahrzeugs des Angeschuldigten

IV. Urkunden

1. Ärztlicher Bericht über die Blutprobenentnahme am … , Bl. … d.A.

2. Brief des Angeschuldigten an die Polizei Münster vom … , Bl. … d.A.

3. Wiege- und Testbericht der Polizei Münster vom … , Bl. … d.A.

4. Beiakte 14 Js 246/16 Staatsanwaltschaft Essen

V. Augenscheinsobjekte

1. Flasche Whisky der Marke Ballantines, asserviert bei der Staatsanwaltschaft … unter Nr. …

2. Hose, asserviert bei dem Polizeipräsidium Münster unter Nr. …

3. T-Shirt, asserviert ebenda unter Nr. …

4. Bubble Heroin, 0,1 g, asserviert bei der Staatsanwaltschaft … unter Nr. …

III. Wesentliches Ergebnis der Ermittlungen

Im Anschluss an die Angabe der Beweismittel folgt die Darstellung des wesentlichen **299** Ergebnisses der Ermittlungen, vgl. § 200 Abs. 2 S. 1 StPO. Das wesentliche Ermittlungsergebnis enthält alle weiteren Angaben, die für das Verfahren von Bedeutung sind. Für die Darstellung ist eine feste Form nicht vorgeschrieben. Das Ermittlungsergebnis muss jedoch eine in sich geschlossene Darstellung der Sach- und ggf. Rechtslage enthalten. Der Aspekt der Klarheit und Verständlichkeit steht dabei im Vordergrund.

Bei der Anklage Jugendlicher ist das Ergebnis der Ermittlungen so darzustellen, dass eine Kenntnisnahme durch den Beschuldigten möglichst keine Nachteile für seine Erziehung verursacht, § 46 JGG.

Von der Darstellung eines wesentlichen Ermittlungsergebnisses kann bei Anklagen vor dem Strafrichter (und vor dem Jugendrichter, § 33 Abs. 2 JGG) abgesehen werden. Allerdings „soll" nach Nr. 112 Abs. 1 RiStBV ein wesentliches Ergebnis der Ermittlungen in die Anklage vor einem Strafrichter aufgenommen werden, „wenn die Sach- oder Rechtslage Schwierigkeiten bietet".

> **Klausurhinweis:** Achten sie in Ihrer Klausur unbedingt auf den Bearbeitervermerk:
>
> Liegt der **Schwerpunkt auf dem Gutachten**, wird der Bearbeiter häufig von der Anfertigung eines wesentlichen Ermittlungsergebnisses **befreit**.
>
> Soll mit der Klausur die Praxisfähigkeit des Kandidaten geprüft werden, wird dagegen **„im Fall der Anklageerhebung im wesentlichen Ergebnis der Ermittlungen eine Sachverhaltsdarstellung"** verlangt!

Üblicherweise wird das Ermittlungsergebnis wie folgt gegliedert:

Gliederung des wesentlichen Ermittlungsergebnisses
■ Zur Person
■ Zur Sache

1. Zur Person

Hier erfolgen Angaben zu den persönlichen und wirtschaftlichen Verhältnissen des **300** Angeschuldigten sowie zu Umständen, die für die Rechtsfolgen der Tat von Bedeutung sein können (Krankheiten des Angeschuldigten, soziales Umfeld, Vorstrafen pp.).

Lebenslauf und Vorstrafen werden im Imperfekt oder Perfekt, die gegenwärtige Lebenssituation (Familienstand, Beruf, Einkommen pp.) im Präsens geschildert. Aus Gründen der Klarheit und Verständlichkeit sollten kurze Hauptsätze gebildet und die passive Sprachform vermieden werden. Mehrere Angeschuldigte sind jeweils mit ihrem Namen zu bezeichnen. Hier ein **Beispiel:**

Der ...

wird angeklagt,

am ...

in ...

der ...

wird angeklagt,

am ...

in ...

.... .

Dem Angeschuldigten wird Folgendes zur Last gelegt:

...

Beweismittel:

...

Wesentliches Ergebnis der Ermittlungen:

1. Zur Person

Der Angeschuldigte begann nach seinem Hauptschulabschluss im Jahre 2000 eine Lehre als Dachdecker, die er im Jahre 2003 erfolgreich abschloss. Vor ca. zwei Jahren erlitt er einen Schädelbruch, als er vom Dach stürzte. Seit dieser Zeit ist er arbeitsunfähig erkrankt und leidet unter einer teilweisen Amnesie.

Der Angeschuldigte, der zurzeit von seiner Frau in Trennung lebt, erhält eine Arbeitsunfähigkeitsrente in Höhe von 1.467 € monatlich. Von diesem Betrag zahlt er 300 € monatlich als Mietzins. Zur Tilgung eines Darlehens in Höhe von 5.000 € für die Anschaffung eines Pkw muss er weitere 100 € monatlich aufbringen. Ob und in welchem Umfang er Trennungsunterhalt an seine getrennt lebende Ehefrau zu zahlen hat, stand zum Zeitpunkt der Anklageerhebung noch nicht fest.

Der Angeschuldigte ist vorbestraft. Am 16.02.2014 verurteilte ihn das Amtsgericht – Schöffengericht – Bielefeld in dem Verfahren 37 b Ls 14 Js 436/14 –1124/14 wegen Diebstahls zu einer Freiheitsstrafe von sechs Monaten. Die Vollstreckung der Freiheitsstrafe setzte das Gericht zur Bewährung aus. Die Bewährungszeit beträgt drei Jahre.

2. Zur Sache

301 Hier wird, soweit aktenkundig, die **Vorgeschichte der Tat** – ggf. im Plusquamperfekt – ausgeführt.

Im Anschluss sind die **Tatsachen** – und zwar im Imperfekt – darzustellen, die als erwiesen anzusehen sind und von dem Angeschuldigten nicht bestritten werden. Sonstige Beweismittel können auch im Perfekt wiedergegeben werden.

Danach folgt die **Einlassung des Angeschuldigten**. In den Fällen, in denen der Angeschuldigte umfassend geständig ist und auch das sonstige Ermittlungsergebnis von seinem Geständnis nicht abweicht, ist es nicht erforderlich, im wesentlichen Ergebnis die Aussagen der Zeugen darzustellen.

302 **Bestreitet der Angeschuldigte** die ihm zur Last gelegte Tat, schließt sich die **Beweiswürdigung** an. Hier sind die Gründe darzulegen, aus denen die Einlassung des Angeschuldigten widerlegt und der hinreichende Tatverdacht bejaht wird. Unangebracht ist daher die formelhafte Wendung „der Beschuldigte bestreitet die Tat, wird aber in der Hauptverhandlung aufgrund der angegebenen Beweismittel überführt werden" (möglich sind solche Formulierungen nur, wenn der Bearbeitervermerk erlaubt, auf eine Beweiswürdigung im wesentlichen Ermittlungsergebnis zu verzichten).

Zeugen und Sachverständige sind bei der ersten Erwähnung im wesentlichen Ergebnis der Ermittlungen mit ihrem Beruf und ihrer prozessualen Stellung zu bezeichnen; anschließend ist die Namensangabe ausreichend. Persönliche Anrede oder die ständige Wiederholung des Wortes „Zeuge" sind zu vermeiden. Bei der Beweiswürdigung sind nur solche Beweismittel zu verwenden, die vorher als solche aufgeführt worden sind; andererseits ist kein Beweismittel zu benennen, dessen Beweisbezug sich nicht aus dem Ermittlungsergebnis erkennen lässt.

Bei schwierigen Rechtsfragen empfiehlt es sich auch, entsprechende **Rechtsausführungen** in das wesentliche Ergebnis der Ermittlungen mit aufzunehmen. Zu erwähnen sind auch **besondere Umstände für die Strafzumessung oder für die Verhängung einer Maßregel der Besserung und Sicherung**. **303**

Bei **umfangreichen Anklagen**, insbesondere bei einer Vielzahl von selbstständigen Taten, werden in der Praxis unter dem Aspekt der Klarheit und Verständlichkeit für die einzelnen Taten **Abschnitte** gebildet, die mit Überschriften versehen werden. Am Rand werden dann die **Blattzahlen der Fundstelle** für jede ermittelte Tatsache, Zeugenaussage pp. angegeben. Dies dürfte in Examensklausuren allerdings nicht veranlasst sein. **304**

> **Klausurhinweis:** Achten Sie darauf, dass das wesentliche Ergebnis der Ermittlungen das **„Ergebnis"** und nicht den Gang des Verfahrens wiedergibt (Ausnahme: Wechsel der Aussage bei Vorhalt neuer Feststellungen).

Der ...

wird angeklagt,

am ... und am ...

in ...

Dem Angeschuldigten wird Folgendes zur Last gelegt:

...

Beweismittel:

...

Wesentliches Ergebnis der Ermittlungen:

1. Zur Person

...

2. Zur Sache

Am Tattag begab sich der Angeschuldigte in die Abteilung „Herrenbekleidung" in der „Galeria Kaufhof" in Düsseldorf. Dort kam es zu der in der Konkretisierung näher bezeichneten Tat. Anschließend wollte er das Kaufhaus verlassen, konnte aber am Hauptausgang zur Heinestraße von dem Zeugen Roters, der dort im Sicherheitsdienst beschäftigt ist, gestellt werden. Der Mantel verblieb im Kaufhof.

Der Angeschuldigte ist hinsichtlich dieses Tatvorwurfs geständig. Soweit ihm zur Last gelegt wird, bereits am 30.09.2016 im Kaufhof auf die gleiche Art und Weise einen Mantel entwendet zu haben, bestreitet er den Tatvorwurf. Er hat sich eingelassen, an diesem Tag nicht in Düsseldorf gewesen zu sein. Demgegenüber hat der Zeuge Roters ausgesagt, den Angeschuldigten am 02.10.2016 im Kaufhof wiedererkannt zu haben.

Bereits am 30.09.2016 habe er den Angeschuldigten im Kaufhaus beobachtet, wie er – voll bekleidet – mit einem Mantel das Geschäft verließ. Er habe zuerst gedacht, der Angeschuldigte wolle sich den Mantel „bei Tageslicht" ansehen. Er, der Zeuge, habe ihn noch darauf hinweisen wollen, dass das Sicherungsetikett Alarm auslösen werde, als der Angeschuldigte das Geschäft mit dem Mantel ohne Alarmauslösung verließ. Bei der anschließenden Verfolgung habe er den Angeschuldigten dann im Bereich der Fußgängerzone aus den Augen verloren.

Nach dieser glaubhaften Aussage ist der Angeschuldigte des zweifachen Diebstahls im besonders schweren Fall hinreichend verdächtig. Zwar ist das Sicherungsetikett an einem Kleidungsstück in einem Warenhaus keine „andere Schutzvorrichtung" im Sinne des § 243 Abs. 1 S. 2 Nr. 2 StGB. Es dient vorrangig dazu, die spätere Wiedererlangung zu erleichtern. Jedoch ist ein dem Regelbeispiel gleichkommender besonders schwerer Fall anzunehmen.

Anhaltspunkte dafür, dass aufgrund zeitweiser Amnesie die Voraussetzungen einer verminderten Schuldfähigkeit gemäß § 21 StGB oder Schuldunfähigkeit nach § 20 StGB gegeben sind, liegen nicht vor. ...

IV. Der Antrag

305 Die Anklageschrift schließt mit dem Antrag. Es handelt sich um einen prozessualen Antrag, der auf die Eröffnung des Hauptverfahrens gerichtet ist.

Der Zusatz „ ... *die Anklage zur Hauptverhandlung zuzulassen"* ist – im Hinblick auf § 207 Abs. 1 StPO – zu vermeiden, ebenso der Antrag, *„einen Hauptverhandlungstermin zu bestimmen",* denn dies erfolgt von Amts wegen.

Hier zwei typische Formulierungen:

Es wird beantragt, das Hauptverfahren vor dem Amtsgericht – Schöffengericht (Jugendschöffengericht, Strafrichter, Jugendrichter) – ... zu eröffnen.

oder:

Es wird beantragt, das Hauptverfahren vor dem Landgericht – Große Strafkammer (Jugendkammer, Schwurgerichtskammer, Wirtschaftskammer) – ... zu eröffnen.

Teilweise – so z.B. in Norddeutschland – wird die Eröffnung des Hauptverfahrens ohne Benennung des Spruchkörpers beantragt.

V. Unterschrift

306 Die Anklage ist schließlich von dem Verfasser zu unterzeichnen.

Staatsanwaltschaft   *Dortmund, den 07.01.2017*
11 Js 6/17

An das   **Haft!**
Amtsgericht   **Nächster HPT gemäß §§ 121, 122 StPO:**
– Schöffengericht –   **15.06.2017**
Dortmund

Anklageschrift

*Der Werkzeugmacher **Ralf Köster**,*
geboren am 25.02.1968 in Gelsenkirchen,
wohnhaft Heiliger Weg 14 bei Wolters, 44135 Dortmund,
Deutscher, ledig,

– in dieser Sache vorläufig festgenommen am 15.12.2016 und seither in Untersuchungshaft aufgrund des Haftbefehls des Amtsgerichts Dortmund vom 16.12.2016 – 15 Gs 246/16 – in der Justizvollzugsanstalt Dortmund, Buch-Nr. 386/00/16 –

Verteidiger: Rechtsanwalt Weber aus Dortmund
                Vollmacht Bl. 9 d.A.

wird angeklagt

am 14. und 15.12.2016

in Dortmund

in zwei Fällen

eine fremde bewegliche Sache einem anderen in der Absicht weggenommen zu haben, sich die Sache rechtswidrig zuzueignen, wobei er zur Ausführung der Tat in eine Wohnung einbrach.

Dem Angeschuldigten wird Folgendes zur Last gelegt:

1. Am 14.12.2016 hebelte der Angeschuldigte das Toilettenfenster der geschädigten Elke und Ralf Wolf, Rosenweg 85 in Dortmund, auf, gelangte so in die Wohnung und entwendete dort Ringe, Perlenketten und andere Schmuckstücke im Werte von ca. 10.000 €, die er noch am selben Tag versetzte.

2. Am 15.12.2016 gelangte der Angeschuldigte in die Wohnung der geschädigten Sabine und Martin Lissner, Rosenweg 75 in Dortmund, nachdem er zuvor das Küchenfenster aufgehebelt hatte. Der Angeschuldigte hatte bereits einige Schmuckstücke an sich genommen, als er von den Zeugen POM Meißner und POM Fischer in der Wohnung gestellt und festgenommen werden konnte.

Vergehen, *strafbar gemäß §§ 242 Abs. 1, 244 Abs. 1 Nr. 3, 53 StGB*

Beweismittel:

I.   Geständige Einlassung des Angeschuldigten

II. Zeugen:
1. POM Meißner und
2. POM Müller, beide zu laden über den Polizeipräsidenten Dortmund.
3. Elke Wolf, Bl. 2 d.A.
4. Ralf Wolf, Bl. 2 d.A.
5. Sabine Lissner, Bl. 3 d.A.
6. Martin Lissner, Bl. 3 d.A.

Wesentliches Ergebnis der Ermittlungen:

Zur Person:

Der Angeschuldigte besuchte die Hauptschule und schloss anschließend eine Lehre als Werkzeugmacher erfolgreich ab. Vor ca. drei Jahren wurde er arbeitslos. Er wohnte bis zu seiner Inhaftierung bei seiner Freundin, Petra Wolters, am Heiligen Weg 14 in Dortmund.

Im Alter von 18 Jahren begann der Angeschuldigte im Kreis von Arbeitskollegen und Freunden zu pokern. Mit 20 Jahren besuchte er zum ersten Mal eine Spielbank in Bad Bentheim. Nachdem er dort zunächst häufiger Geldgewinne erzielt hatte, setzte er sein Spiel dergestalt fort, dass er „spielsüchtig" wurde. Als er seine Verluste nicht mehr finanzieren konnte, beging er einige Straftaten, um sich Geld zu beschaffen.

Bereits 2014 verurteilte ihn das Amtsgericht Dortmund wegen Einbruchdiebstahls in dem Verfahren 6 Ds 186/14 zu einer Freiheitsstrafe von drei Monaten unter Strafaussetzung zur Bewährung für die Dauer von drei Jahren. Letztmalig verurteilte ihn das Amtsgericht Dortmund am 01.10.2015 in dem Verfahren 6 Ds 214/15 wegen Einbruchdiebstahls zu einer Gesamtfreiheitsstrafe von einem Jahr und zehn Monaten. Es erfolgte noch einmal eine Strafaussetzung zur Bewährung für die Dauer von vier Jahren. Aufgrund dieser Verurteilung wurde die Bewährungszeit in dem vorgenannten Verfahren um ein Jahr verlängert. Zurzeit belasten den Angeschuldigten Verbindlichkeiten in Höhe von ca. 15.000 €.

Sein Einkommen besteht aus 240 € Sozialleistungen, die alle zwei Wochen ausgezahlt werden.

Zur Sache:

Am 14.12.2016 begab sich der Angeschuldigte in den Rosenweg in Dortmund. Mittels eines Stemmeisens hebelte er das der Straßenfront abgewandte Toilettenfenster im Haus der Zeugen Wolf auf. Anschließend stieg er in die Wohnung ein und entwendete dort Schmuckstücke im Wert von ca. 10.000 €. Die Schmuckstücke versetzte er sofort in Leihhäusern in Dortmund.

Am 15.12.2016 brach er erneut mit einem Stemmeisen das auf der rückwärtigen Hausseite liegende, in Kippstellung stehende Küchenfenster im Haus der Zeugen Lissner, Rosenweg 75 in Dortmund, auf und gelangte in die Wohnung. Bereits zuvor hatte eine Anwohnerin telefonisch die Polizei benachrichtigt, dass sich eine verdächtige Person an dem Haus Rosenweg 75 aufhalte. Die Zeugen POM Meißner und POM Müller begaben sich nach diesem Hinweis zum Tatort, wo sie den Angeschuldigten noch in der Wohnung stellten und festnehmen konnten. In seinen Taschen konnten einige Schmuckstücke sichergestellt werden, die der Angeschuldigte bereits dort entwendet hatte.

Der Angeschuldigte ist umfassend geständig. Als Motiv gab er an, mit dem Erlös aus dem Verkauf der Gegenstände seine Spielleidenschaft finanzieren zu wollen.

Es wird beantragt,

das Hauptverfahren vor dem Amtsgericht – Schöffengericht – in Dortmund zu eröffnen und Haftfortdauer anzuordnen.

Unterschrift, Dienstbezeichnung

C. Besonderheiten der Anklageschrift in den Ländern Bayern und Baden-Württemberg

In **Bayern und Baden-Württemberg** werden im Anklagesatz zunächst die Tat und ihre gesetzlichen Merkmale angeführt, und zwar mit der Einleitung *„Die Staatsanwaltschaft legt aufgrund ihrer Ermittlungen dem Angeschuldigten folgenden Sachverhalt zur Last"* (Bayern) oder *„Der/Die... wird angeschuldigt, er/sie habe folgende Straftaten begangen"* (Baden-Württemberg). Im Anschluss folgt die Wiedergabe der gesetzlichen Merkmale der Tat, die mit den Worten *„Der Angeschuldigte wird daher beschuldigt"* (Bayern) oder *„Er habe somit"* (Baden-Württemberg) eingeleitet wird.

308

Danach wird in Bayern das wesentliche Ergebnis der Ermittlungen mitgeteilt. Es folgt der Hinweis, welches Gericht zuständig ist und dass öffentliche Klage erhoben wird. Schließlich werden die Anträge gestellt, die Anklage zur Hauptverhandlung zuzulassen und Termin zur Hauptverhandlung anzuberaumen.[253]

Nach der Darstellung der gesetzlichen Merkmale der Tat werden in **Baden-Württemberg** die verletzten Strafgesetze angeführt, gefolgt von dem Antrag nach § 199 Abs. 2 StPO, das Hauptverfahren zu eröffnen. Die Angabe der Beweismittel und das wesentliche Ergebnis der Ermittlungen schließen sich an.[254]

Muster einer Anklageschrift in **Bayern**:

Staatsanwaltschaft	*Passau, den 07.01.2017*
11 Js 6/17	**Haft!**

**Nächster HPT gemäß §§ 121, 122 StPO:
15.06.2017**

Anklageschrift

**In der Strafsache
gegen**

K ö s t e r, Ralf, *geboren am 25.02.1968 in Passau,
Werkzeugmacher, wohnhaft Heiliger Weg 14 bei Wolters,
94032 Passau
Deutscher, ledig,*

– in dieser Sache vorläufig festgenommen am 15.12.2016 und seither in Untersuchungshaft aufgrund des Haftbefehls des Amtsgerichts Passau vom 16.12.2016 – 15 Gs 246/16 – in der Justizvollzugsanstalt Passau, Buch-Nr. 386/00/16. Die Staatsanwaltschaft legt aufgrund ihrer Ermittlungen dem Angeschuldigten folgenden Sachverhalt zur Last:

1. Am 14.12.2016 hebelte der Angeschuldigte das Toilettenfenster der geschädigten Elke und Ralf Wolf, Rosenweg 85 in Passau, auf, gelangte so in die Wohnung und entwendete dort Ringe, Perlenketten und andere Schmuckstücke im Werte von ca. 10.000 €, die er noch am selben Tag versetzte.

2. Am 15.12.2016 gelangte der Angeschuldigte in die Wohnung der geschädigten Sabine und Martin Lissner, Rosenweg 75 in Passau, nachdem er zuvor das Küchenfenster aufgehebelt hatte. Der Angeschuldigte hatte bereits einige Schmuckstücke an sich genommen, als er von den Zeugen POM Meißner und POM Fischer in der Wohnung gestellt und festgenommen werden konnte.

---

253 Zu Strafrichter-, Schöffengerichts- und Kammeranklagen in Bayern vgl. Graf/Schroers, Mustertexte zum Strafprozess, 8. Aufl. 2011, Muster 16, 19, 27.

254 Zu Strafrichter-, Schöffengerichts- und Kammeranklagen in Baden-Württemberg vgl. Graf/Schroers, Muster 18, 23, 26.

Der Angeschuldigte wird daher beschuldigt,

durch zwei selbstständige Straftaten

eine fremde bewegliche Sache einem anderen in der Absicht weggenommen zu haben, sich die Sache rechtswidrig zuzueignen, wobei er zur Ausführung der Tat in eine Wohnung einbrach.

Wesentliches Ergebnis der Ermittlungen

I.

Zur Person:

Der Angeschuldigte besuchte die Hauptschule und schloss danach eine Lehre als Werkzeugmacher erfolgreich ab. Vor ca. drei Jahren wurde er arbeitslos. Er wohnte bis zu seiner Inhaftierung bei seiner Freundin Petra Wolters, Heiliger Weg 14 in Passau.

Im Alter von 18 Jahren begann der Angeschuldigte im Kreis von Arbeitskollegen und Freunden zu pokern. Mit 20 Jahren besuchte er zum ersten Mal eine Spielbank in Passau. Nachdem er dort zunächst häufiger Geldgewinne erzielt hatte, setzte er sein Spiel dergestalt fort, dass er „spielsüchtig" wurde. Als er seine Verluste nicht mehr finanzieren konnte, beging er einige Straftaten, um sich Geld zu beschaffen.

Bereits 2014 verurteilte ihn das Amtsgericht Passau wegen Einbruchdiebstahls in dem Verfahren 6 Ds 186/14 zu einer Freiheitsstrafe von drei Monaten unter Strafaussetzung zur Bewährung für die Dauer von drei Jahren. Letztmalig verurteilte ihn das Amtsgericht Passau am 01.10.2015 in dem Verfahren 6 Ds 214/15 wegen Einbruchdiebstahls zu einer Gesamtfreiheitsstrafe von einem Jahr und zehn Monaten. Es erfolgte noch einmal eine Strafaussetzung zur Bewährung für die Dauer von vier Jahren. Aufgrund dieser Verurteilung wurde die Bewährungszeit in dem vorgenannten Verfahren um ein Jahr verlängert.

Zurzeit belasten den Angeschuldigten Verbindlichkeiten in Höhe von ca. 15.000 €.

Sein Einkommen besteht aus 240 € Sozialleistungen, die alle zwei Wochen ausgezahlt werden.

II.

Zur Sache:

Am 14.12.2016 begab sich der Angeschuldigte in den Rosenweg in Passau. Mittels eines Stemmeisens hebelte er das der Straßenfront abgewandte Toilettenfenster im Haus der Zeugen Wolf auf. Anschließend stieg er in die Wohnung ein und entwendete dort Schmuckstücke im Wert von ca. 10.000 €. Die Schmuckstücke versetzte er sofort in Leihhäusern in Passau.

Am 15.12.2016 brach er erneut mit einem Stemmeisen das auf der rückwärtigen Hausseite liegende, in Kippstellung stehende Küchenfenster im Haus der Zeugen Lissner, Rosenweg 75 in Passau, auf und gelangte in die Wohnung. Bereits zuvor hatte eine Anwohnerin telefonisch die Polizei benachrichtigt, dass sich eine verdächtige Person an dem Haus Rosenweg 75 aufhalte. Die Zeugen POM Meißner und POM Müller begaben sich nach diesem Hinweis zum Tatort, wo sie den Angeschuldigten noch in der Wohnung stellten und festnehmen konnten. In seinen Taschen konnten einige Schmuckstücke sichergestellt werden, die der Angeschuldigte bereits dort entwendet hatte.

Der Angeschuldigte ist umfassend geständig. Als Motiv gab er an, mit dem Erlös aus dem Verkauf der Gegenstände seine Spielleidenschaft finanzieren zu wollen.

Zur Aburteilung ist nach §§ 24, 25, 28 des GVG, § 7 der StPO

*das **Amtsgericht Passau***

zuständig.

Wahlverteidiger: **Wahlverteidiger** *Rechtsanwalt Weber in Passau,*
        Vollmacht Bl. 9 d.A.

Ich erhebe öffentliche Klage und beantrage,

die Anklage zur Hauptverhandlung vor dem Schöffengericht bei dem Amtsgericht Passau zuzulassen und Haftfortdauer anzuordnen.

Als Beweismittel bezeichne ich:

I. *Geständige Einlassung des Angeschuldigten*

II. Zeugen:
    1. POM Meißner
    2. POM Müller, beide zu laden über den Polizeipräsidenten Passau
    3. Elke Wolf, Bl. 2 d.A.
    4. Ralf Wolf, Bl. 2 d.A,
    5. Sabine Lissner, Bl. 3 d.A.
    6. Martin Lissner, Bl. 3 d.A.

Mit den Akten dem Amtsgericht Passau – Schöffengericht – übersandt.

Unterschrift, Dienstbezeichnung

Musteranklage in **Baden-Württemberg**:   **309**

Staatsanwaltschaft   *Freiburg, den 07.01.2017*
11 Js 6/17

                                    Haft!
        Nächster HPT gemäß §§ 121, 122 StPO:
                              15.06.2017

An das
Amtsgericht
– Schöffengericht –
Freiburg

                      Anklageschrift

Unter Vorlage der Akten und mit dem Antrag, das Hauptverfahren vor dem Amtsgericht – Schöffengericht – Freiburg zu eröffnen, wird

                      Anklage

erhoben gegen

den Werkzeugmacher **Ralf Köster**,
geboren am 25.02.1968 in Freiburg,
wohnhaft Heiliger Weg 14 bei Wolters, 79100 Freiburg,
Deutscher, ledig,

– in dieser Sache vorläufig festgenommen am 15.12.2016 und seither in Untersuchungshaft aufgrund des Haftbefehls des Amtsgerichts Freiburg vom 16.12. 2016 – 15 Gs 246/16 – in der Justizvollzugsanstalt Freiburg, Buch-Nr. 386/00/17–

Verteidiger: *Rechtsanwalt Weber aus Freiburg*
        Vollmacht Bl. 9 d.A.

Er wird angeschuldigt,

1. am 14.12.2016 das Toilettenfenster der geschädigten Elke und Ralf Wolf, Rosenweg 85 in Freiburg, aufgehebelt zu haben, so in die Wohnung gelangt zu sein und dort Ringe, Perlenketten und andere Schmuckstücke im Werte von ca. 10.000 € entwendet zu haben, die er noch am selben Tag versetzt habe und

2. am 15.12.2016 in die Wohnung der geschädigten Sabine und Martin Lissner, Rosenweg 75 in Freiburg gelangt zu sein, nachdem er zuvor das Küchenfenster aufgehebelt hatte. Er habe bereits einige Schmuckstücke an sich genommen, als er von den Zeugen POM Meißner und POM Fischer in der Wohnung gestellt und festgenommen werden konnte.

Er habe somit in zwei Fällen eine fremde bewegliche Sache einem anderen in der Absicht weggenommen, sich die Sache rechtswidrig zuzueignen, wobei er zur Ausführung der Tat in eine Wohnung eingebrochen sei.

Strafbar als Wohnungseinbruchdiebstahl gemäß §§ 242, 244 Abs. 1 Nr. 3, 53 StGB

Beweismittel:

I. Geständige Einlassung des Angeschuldigten

II. Zeugen:
*   1. POM Meißner*
*   2. POM Müller, beide zu laden über den Polizeipräsidenten Freiburg*
*   3. Elke Wolf, Bl. 2 d.A.*
*   4. Ralf Wolf, Bl. 2 d.A.*
*   5. Sabine Lissner, Bl. 3 d.A.*
*   6. Martin Lissner, Bl. 3 d.A.*

Wesentliches Ergebnis der Ermittlungen:

I.

Zur Person:

Der Angeschuldigte besuchte die Hauptschule und schloss anschließend eine Lehre als Werkzeugmacher erfolgreich ab. Vor ca. drei Jahren wurde er arbeitslos. Er wohnte bis zu seiner Inhaftierung bei seiner Freundin, Petra Wolters, am Heiligen Weg 14 in Freiburg.

Im Alter von 18 Jahren begann der Angeschuldigte im Kreis von Arbeitskollegen und Freunden zu pokern. Mit 20 Jahren besuchte er zum ersten Mal eine Spielbank in Freiburg. Nachdem er dort zunächst häufiger Geldgewinne erzielt hatte, setzte er sein Spiel dergestalt fort, dass er „spielsüchtig" wurde. Als er seine Verluste nicht mehr finanzieren konnte, beging er einige Straftaten, um sich Geld zu beschaffen.

Bereits 2014 verurteilte ihn das Amtsgericht Freiburg wegen Einbruchdiebstahls in dem Verfahren 6 Ds 186/14 zu einer Freiheitsstrafe von drei Monaten unter Strafaussetzung zur Bewährung für die Dauer von drei Jahren. Letztmalig verurteilte ihn das Amtsgericht Freiburg am 01.10.2015 in dem Verfahren 6 Ds 214/15 wegen Einbruchdiebstahls zu einer Gesamtfreiheitsstrafe von einem Jahr und zehn Monaten. Es erfolgte noch einmal eine Strafaussetzung zur Bewährung für die Dauer von vier Jahren. Aufgrund dieser Verurteilung wurde die Bewährungszeit in dem vorgenannten Verfahren um ein Jahr verlängert. Zurzeit belasten den Angeschuldigten Verbindlichkeiten in Höhe von ca. 15.000 €.

Sein Einkommen besteht aus 240 € Sozialleistungen, die alle zwei Wochen ausgezahlt werden.

II.

Zur Sache:

Am 14.12.2016 begab sich der Angeschuldigte in den Rosenweg in Freiburg. Mittels eines Stemmeisens hebelte er das der Straßenfront abgewandte Toilettenfenster im Haus der Zeugen Wolf auf. Anschließend stieg er in die Wohnung ein und entwendete dort Schmuckstücke im Wert von ca. 10.000 €. Die Schmuckstücke versetzte er sofort in Leihhäusern in Freiburg.

Am 15.12.2016 brach er erneut mit einem Stemmeisen das auf der rückwärtigen Hausseite liegende, in Kippstellung stehende Küchenfenster im Haus der Zeugen Lissner, Rosenweg 75 in Freiburg, auf und gelangte in die Wohnung. Bereits zuvor hatte eine Anwohnerin telefonisch die Polizei benachrichtigt, dass sich eine verdächtige Person an dem Haus Rosenweg 75 aufhalte. Die Zeugen POM Meißner und POM Müller begaben sich nach diesem Hinweis zum Tatort, wo sie den Angeschuldigten noch in der Wohnung stellten und festnehmen konnten. In seinen Taschen konnten einige Schmuckstücke sichergestellt werden, die der Angeschuldigte bereits dort entwendet hatte.

Unterschrift, Dienstbezeichnung

Allerdings findet sich in Baden-Württemberg auch noch eine abweichende Form der Anklageschrift, die teilweise dem Aufbau in Nordrhein-Westfalen folgt.[255]
Nach dem Briefkopf folgt jedoch nicht die Anschrift des Gerichts, sondern es beginnt mit den Personalien, Angaben zur Haft und der Benennung des Verteidigers. Es schließen sich der Anklagesatz, die Beweismittel und das wesentliche Ergebnis der Ermittlungen an. Vor der abschließenden Unterschrift wird der Antrag ausgeführt.

...

Antrag

I. Eröffnung des Hauptverfahrens vor dem Amtsgericht – Schöffengericht – Freiburg

II. Anordnung der Haftfortdauer

---

255 Vgl. zu den verschiedenen Formen Wolters/Gubitz, Strafrecht im Assessorexamen, 8. Aufl. 2017, S. 89 FN 337.

4. Teil: Endkontrolle

310

> Prüfen sie vor Abgabe Ihrer Arbeit, dass die Klausurlösung entsprechend **der Sei-
> tenzahl vollständig und chronologisch** von der Aufsicht führenden Person ge-
> heftet werden kann.
>
> Überzeugen Sie sich aber auch, ob die Ausführungen im Gutachten zu den Aus-
> führungen in der Entschließung der Staatsanwaltschaft passen, sogenannte
> **Wechselwirkung**.

So müssen insbesondere die Ausführungen in einer Beweiswürdigung den Angaben
der Beweismittel in der Anklageschrift entsprechen.

Beispiele:

Wird im Gutachten auf die Bekundungen des Zeugen Z der hinreichende Tatverdacht begründet,
der zur Anklage führt, so muss der Zeuge Z auch als Beweismittel in der Anklage genannt werden.

Ist in der Anklage der Zeuge Z genannt, so müssen sich umgekehrt auch seine Bekundungen im
materiell-rechtlichen Gutachten wiederfinden.

Wird der Zeuge X in der Anklage als Beweismittel aufgeführt, ohne ihn aber im Rahmen der Beweiswürdigung bei der Prüfung des einzelnen Delikts erwähnt oder festgestellt zu haben, dass seine Bekundungen für die Bejahung des hinreichenden Tatverdachts keinerlei Einfluss haben, so ist auch
dies fehlerhaft, da Gutachten und Entschließung der Staatsanwaltschaft nicht korrespondieren. X
ist dann nicht als Beweismittel zu erwähnen.

Wird im materiell-rechtlichen Gutachten der hinreichende Tatverdacht für ein Verbrechen bejaht,
so muss im verfahrensrechtlichen Gutachten neben der Frage der Zuständigkeit des Schöffengerichts oder des Landgerichts die Frage der Verteidigerbestellung erörtert werden. Die Anklage kann
deshalb auch nur vor dem AG – Schöffengericht – oder dem Landgericht erhoben werden.

Die folgende Übersicht verdeutlicht, welche Zusammenhänge zwischen dem Gutachten und der Entschließung der Staatsanwaltschaft bestehen.

A-Gutachten	Entschließung der Staatsanwaltschaft
I. 1. Tatkomplex: Das Geschehen am König-Ludwig-Platz	
1. Indem der Beschuldigte B den Zeugen Geier mit der Faust niederschlug, könnte **hinreichender Tatverdacht** für einen **Raub gemäß § 249 Abs. 1 StGB** begründet sein.	
Fraglich ist zunächst, ob der B als Täter in Betracht kommt. **B bestreitet**, überhaupt am Tatort gewesen zu sein. Der **Zeuge Geier** hat **bekundet**, dass er nur eine dunkelhaarige Person mit einer roten Lederjacke gesehen habe, die einen auffälligen weißen Querstreifen hatte. Der **Zeuge Müller**, ein unbeteiligter Passant, hat bekundet, dass er die Person mit der roten Jacke und dem weißen Querstreifen schon oft auf dem Platz gesehen habe. Er sei ihm wegen dieser Jacke auch aufgefallen. Er habe bewusst den Vorfall gesehen und bestätigt, dass es sich bei dem Angeklagten um die Person handelt, die anschließend in unmittelbarer Nähe des Platzes von alarmierten Polizeibeamten festgenommen werden konnte. Bei der Festnahme trug der B auch die bereits beschriebene **Lederjacke**. Somit kann B als Täter hinreichend sicher festgestellt werden.	**(Anklageschrift)**
	…
	Beweismittel:
	I. **Einlassung** des Angeschuldigten
	II. **Zeugen:**
	1. Rolf **Geier**, Bl. 2 d.A.
	2. Markus **Müller**, Bl. 3 d.A.
…	
Der Faustschlag, der nach dem **ärztlichen Attest** zum Nasenbeinbruch bei dem G führte, war als Körperverletzung auch Gewalt im Sinne des § 249 Abs. 1 StGB.	III. Urkunden und Augenscheinsobjekte
	1. **Lederjacke** (rot mit weißem Querstreifen)
…	
II. 2. Tatkomplex: Das Geschehen im Kaufhof	2. **Ärztliches Attest** des Herrn Dr. Pohl vom 17.04.2017
…	

III. Ergebnis:

Der B ist im ersten Tatkomplex eines Raubes nach **§ 249 Abs. 1 StGB** und **zugleich** einer Körperverletzung nach **§ 223 Abs. 1 StGB** hinreichend verdächtig.

Im zweiten Tatkomplex besteht hinreichender Tatverdacht für einen **tateinheitlich** begangenen Betrug nach **§ 263 Abs. 1 StGB** und einer Urkundenfälschung **gemäß § 267 Abs. 1 Var. 1 und Var. 3 StGB**.

Die beiden Tatkomplexe stehen zueinander in Realkonkurrenz, **§ 53 StGB**.

Im dritten Tatkomplex vermag der für die Anklageerhebung erforderliche hinreichende Tatverdacht nicht festgestellt werden zu können.

B-Gutachten

1. Es ist Anklage zu erheben, so weit der Beschuldigte der Taten im 1. und 2. Tatkomplex hinreichend verdächtig ist. Der Anklageerhebung bezüglich des Diebstahls könnte entgegenstehen, dass die Geschädigte Z keinen Strafantrag gestellt hat. Der fehlende Strafantrag bei der Körperverletzung kann durch die Bejahung des besonderen öffentlichen Interesses ersetzt werden. B ist bereits erheblich vorbelastet. Die Körperverletzung war zugleich Mittel des tateinheitlich begangenen Raubes.

Anklageschrift

…
wird angeklagt,
am … in

durch zwei selbstständige Handlungen

1. tateinheitlich (durch dieselbe Tat)

a) mit Gewalt gegen eine Person eine fremde bewegliche Sache einem anderen in der Absicht weggenommen zu haben, die Sache sich rechtswidrig zuzueignen,

b) eine andere Person körperlich misshandelt und an der Gesundheit geschädigt zu haben.

2. tateinheitlich (durch dieselbe Tat)

a) in der Absicht, sich einen rechtswidrigen Vermögensvorteil zu verschaffen, das Vermögen eines anderen dadurch beschädigt zu haben, dass er durch Vorspiegelung falscher Tatsachen einen Irrtum erregte,

b) zur Täuschung im Rechtsverkehr eine unechte Urkunde hergestellt und gebraucht zu haben.

…

Verbrechen und Vergehen strafbar gemäß **§§ 223, 230 249 Abs. 1, 263 Abs. 1, 267 Abs. 1 Var. 1 und Var. 3, 52, 53 StGB**

(Abschlussverfügung)

Staatsanwaltschaft
Aktenzeichen

Verfügung

1. Die Ermittlungen sind abgeschlossen.

2. Soweit im dritten Tatkomplex ein hinreichender Tatverdacht ausscheidet, ist fraglich, ob eine **Einstellung nach § 170 Abs. 2 StPO** zu erfolgen hat.

Eine Einstellung nach § 170 Abs. 2 StPO ist erforderlich, wenn eine Tat im Sinne des § 264 StPO vorliegt. Eine Tat nach § 264 StPO ist das gesamte Verhalten des jeweils Beschuldigten, soweit es nach der Lebensauffassung einen einheitlichen Vorgang bildet und dessen getrennte Strafverfolgung als unnatürliche Aufspaltung erscheinen würde.

Der Tatvorwurf des Diebstahls im dritten Tatkomplex ist eine eigene prozessuale Handlung im Sinne des § 264 StPO. Er wurde zwar auch am 15.04.2017 begangen, doch erst in den Abendstunden in den Räumlichkeiten des Baumarktes. Die Tat ist daher zeitlich, räumlich in Bezug auf den Tatgegenstand und die Angriffsrichtung von dem Raub und der Körperverletzung sowie der Urkundenfälschung und dem Betrug im 1. und 2. Tatkomplex voneinander abgrenzbar.

Das Verfahren ist daher wegen des Diebstahls im dritten **Tatkomplex gemäß § 170 Abs. 2 StPO einzustellen**.

3. Dem Anzeigeerstatter ist gemäß § 170 Abs. 2 StPO ein Bescheid zu erteilen. Es ist eine Rechtsmittelbelehrung gemäß § 171 S. 2 StPO beizufügen, da der durch den Diebstahl geschädigte Inhaber des Baumarktes Verletzter im Sinne dieser Norm ist.

2. **Einstellung des Verfahrens gemäß § 170 Abs. 2 StPO** aus den Gründen des Bescheides zu Ziffer 3 dieser Verfügung, soweit dem Beschuldigten ein Diebstahl gemäß § 242 StGB im Baumarkt in Kempten am 15.04.2017 gegen 18:30 Uhr zur Last gelegt wird.

3. **Einstellungsbescheid** an den Anzeigeerstatter Bl. 1 d.A.: mit Rechtsmittelbelehrung,

Ermittlungsverfahren gegen Hermann-Friedrich Lessing

Ihre Strafanzeige vom 15.04.2017

Sehr geehrter Herr Mahler,

das Ermittlungsverfahren habe ich gemäß § 170 Abs. 2 der Strafprozessordnung eingestellt.

Der Beschuldigte bestreitet, die ihm zur Last gelegte Tat begangen zu haben. Tatzeugen sind nicht vorhanden. Beweismittel, die eine bedenkenfreie Überführung ermöglichen könnten, liegen nicht vor.

Letztlich stehen sich Ihre Angaben und die Angaben des Beschuldigten unvereinbar gegenüber, wobei keiner der Sachverhaltsschilderungen ein höherer Beweiswert beigemessen werden kann. Im Falle einer Anklageerhebung wäre daher nicht mit der Verurteilung des Beschuldigten zu rechnen.

Hochachtungsvoll

Staatsanwalt

Anlage: Rechtsmittelbelehrung

4. Dem B ist, da er verantwortlich vernommen worden ist, **eine Einstellungsnachricht** mit dem Hinweis zu erteilen, dass sich die Einstellung ausschließlich auf den Diebstahl im Baumarkt vom 15.04.2017 bezieht.

5. Gemäß §§ 24, 25 GVG ist Anklage vor dem Amtsgericht – Schöffengericht – in Kempten zu erheben. Dem B wird ein Verbrechen zur Last gelegt. Eine höhere Strafe als 4 Jahre Freiheitsstrafe ist nicht zu erwarten. Örtlich zuständig ist gemäß § 7 StPO das Schöffengericht in Kempten, da auch dort der Tatort war.

6. Gemäß Nr. 13 MiStra ist dem Amtsgericht Dortmund zu 6 Ds 186/16 ein Überstück der Anklage zu senden, da dort zu prüfen ist, ob im Rahmen der Bewährungsaufsicht etwas zu veranlassen ist.

7. Dem Beschuldigten ist gemäß § 140 Abs. 1 Nr. 2 StPO ein Pflichtverteidiger beizuordnen, da Anklage wegen eines Verbrechens erhoben wird.

8. Es ist eine **Frist** von nur einem Monat zu notieren um zu prüfen, ob die beantragte Pflichtverteidigerbestellung erfolgt ist.

---

4. **Einstellungsnachricht** an den Beschuldigten, Bl. 2, Zusatz: Die Einstellung bezieht sich ausschließlich auf den Diebstahl im Baumarkt vom 15.04.2017.

5. Anklageschrift in Reinschrift fertigen.

6. Entwurf und ein Überstück der Anklage zu der Handakte.

(Anklageschrift)

An das
Amtsgericht
– Schöffengericht –
Kempten

…

Es wird beantragt, das Hauptverfahren vor dem Amtsgericht – Schöffengericht – Kempten zu eröffnen.

7. Überstück der Anklage an das Amtsgericht Dortmund zu 6 Ds 186/16 gemäß Nr. 13 MiStra zur Kenntnis.

8. U.m.A.
dem Amtsgericht
– Schöffengericht –
Kempten

mit dem Antrag aus der Anklageschrift und dem weiteren Antrag übersandt, dem Angeschuldigten einen **Pflichtverteidiger** gemäß § 140 Abs 1 Nr. 2 StPO beizuordnen.

9. Einen Monat (Beschluss Verteidiger?)

Datum, Unterschrift, Dienstbezeichnung

5. Teil: Besondere Aufgabenstellungen

1. Abschnitt: Der Strafbefehl

In den Examensklausuren kann im Bearbeitervermerk aber auch ausdrücklich auf die Prüfung der Möglichkeit eines Strafbefehls nach den §§ 407 ff. StPO hingewiesen werden.   **311**

In der Praxis werden viele Strafverfahren durch **Strafbefehl gemäß §§ 407 ff. StPO** erledigt.[256] Der Strafbefehlsantrag der StA hat die Wirkungen der Anklageschrift, § 407 Abs. 1 S. 4 StPO. Er muss schriftlich gestellt werden, § 407 Abs. 1 S. 1 StPO, und bereits den für den Strafbefehl gemäß § 409 StPO vorgeschriebenen Inhalt haben. Der vom zuständigen Richter erlassene Strafbefehl erlangt mit Ablauf der Einspruchsfrist die Wirkungen eines rechtskräftigen Urteils, § 410 Abs. 3 StPO.

A. Die Prüfung im verfahrensrechtlichen Gutachten

Die Prüfung, ob als Entschließung der Staatsanwaltschaft ein Antrag auf Erlass eines Strafbefehls in Betracht kommt, hat im verfahrensrechtlichen Gutachten zu erfolgen.

I. Zulässigkeitsvoraussetzungen

Im verfahrensrechtlichen Gutachten muss der Bearbeiter, der einen Strafbefehl in Betracht zieht, zunächst die **Zulässigkeitsvoraussetzungen** erörtern: **312**

1. Anwendung allgemeinen Strafrechts

In dem Verfahren muss das **allgemeine Strafrecht** anzuwenden sein, denn gegen Jugendliche oder Heranwachsende, auf die Jugendrecht zur Anwendung gelangt, darf ein Strafbefehl nicht erlassen werden, §§ 79 Abs. 1, 109 Abs. 2 S. 1 JGG.   **313**

2. Vergehen, die zur Zuständigkeit des Strafrichters, § 25 GVG, gehören

Das Verfahren darf sich nur auf **Vergehen** beziehen, die zur **Zuständigkeit des Strafrichters**, § 25 GVG, gehören.   **314**

Der Gesetzeswortlaut des § 407 StPO, der auch auf das Schöffengericht verweist, ist überholt. Eine Zuständigkeit des Schöffengerichts kann es nach der Änderung des § 25 GVG nicht mehr geben, da der Strafrichter immer bei Vergehen und keiner höheren Straferwartung als Freiheitsstrafe von zwei Jahren zuständig ist.

3. Rechtsfolgen des § 407 Abs. 2 StPO

Es dürfen nur die in § 407 Abs. 2 StPO abschließend aufgezählten **Rechtsfolgen** infrage kommen: **Geldstrafe** bis zu 360 Tagessätzen (§ 40 Abs. 1 S. 2 StGB) bzw. im Fall einer Gesamtgeldstrafe bis zu 720 Tagessätzen (§ 54 Abs. 2 S. 2 StGB); **Freiheitsstrafe** darf **nur bis zu einem Jahr** verhängt werden und auch dies nur, wenn es sich um **Erwachsene** handelt, § 109 Abs. 3 JGG, ferner, wenn der Angeschuldigte einen Verteidiger hat und wenn die **Vollstreckung zur Bewährung** ausgesetzt wird. Bei Entziehung der Fahrerlaubnis darf die Sperre für die Wiedererteilung nicht mehr als zwei Jahre betragen.   **315**

Auch gegen mehrere Beschuldigte ist ein Strafbefehlsantrag möglich.[257]

---

256 Meyer-Goßner/Schmitt Vor § 407 Rn. 1.

257 Pfeiffer, StPO, 5. Aufl. 2005, § 407 Rn. 13.

4. Nichterforderlichkeit der Hauptverhandlung

316   Nach dem Ergebnis der Ermittlungen muss die **Hauptverhandlung als nicht erforderlich** erachtet werden, § 407 Abs. 1 S. 2 StPO. Diesen unbestimmten Rechtsbegriff konkretisiert Nr. 175 Abs. 3 RiStBV: Danach soll von dem Strafbefehlsantrag nur abgesehen werden, wenn sich alle für Schuld und Strafe wesentlichen Umstände nicht ohne Hauptverhandlung feststellen lassen oder wenn die erzieherischen Gründe der Spezial- und Generalprävention die Hauptverhandlung geboten erscheinen lassen. **Ein zu erwartender Einspruch ist danach kein Grund, auf den Strafbefehl zu verzichten.**

Auch die Abwesenheit des Beschuldigten steht dem Erlass eines Strafbefehls dann nicht entgegen, wenn er einen Zustellungsbevollmächtigten benannt hat, vgl. z.B. § 145 a StPO.

Bejaht der StA all diese Voraussetzungen, ist er verpflichtet, den Strafbefehl zu beantragen.[258]

II. Bestimmung der Rechtsfolge und Kostenentscheidung

317   Im Weiteren sind die inhaltlichen Details des Antrags zu erarbeiten. Dazu gehören vor allem die **Bestimmung der Rechtsfolgen mit Darlegung der Strafzumessungsgründe** und eine Kostenentscheidung.

III. Ergänzende Prüfungspunkte im verfahrensrechtlichen Gutachten

318   Schließlich kann noch Anlass bestehen, einzelne Formalien des Antrags zu erwähnen, z.B. Adressat, weiterer Antrag auf Bestellung eines Pflichtverteidigers, § 408 b StPO, Mitteilungspflichten nach MiStra oder Abweichungen von der gemäß § 409 Abs. 1 Nr. 7 i.V.m. § 35 Abs. 2 S. 1 StPO, Nr. 179 RiStBV vorgeschriebenen förmlichen Zustellung an den Beschuldigten.

> Wird nach dem Bearbeitervermerk die Prüfung der Möglichkeit eines Strafbefehls verlangt, ist besondere Vorsicht geboten. Häufig fehlt es gerade in den Klausuren an den Zulässigkeitsvoraussetzungen, so z.B. weil der Beschuldigte Jugendlicher ist oder ihm ein Verbrechen zur Last gelegt wird.

B. Die Entschließung der Staatsanwaltschaft bei einem Antrag auf Erlass eines Strafbefehls nach § 407 StPO

I. Die Abschlussverfügung

319   Die Abschlussverfügung entspricht im Wesentlichen der Abschlussverfügung bei der Anklageerhebung:

---

258 Meyer-Goßner/Schmitt § 407 Rn. 9.

Staatsanwaltschaft   Essen, den 05.01.2017

29 Js 234/17

Vfg.

1. Die Ermittlungen sind abgeschlossen.

2. Strafbefehl nach anliegendem Entwurf in Reinschrift fertigen mit ... Überstücken.

3. Entwurf und ein Überstück zu den Handakten.

4. **U.m.A.**
   dem
   Amtsgericht
   – Strafrichter –
   Münster

   mit dem Antrag übersandt,

   > den Strafbefehl nach anliegendem Entwurf zu erlassen.

5. Drei Monate

(Unterschrift Staatsanwalt/Staatsanwältin)

Für den Fall, dass eine Freiheitsstrafe von bis zu einem Jahr gemäß § 407 Abs. 2 S. 2 StPO beantragt wird und der Beschuldigte noch keinen Verteidiger hat:

1. ...

2. ...

3. Bewährungsbeschluss fertigen*
   wegen: Diebstahls
   Bewährungsdauer:
   Wohnungswechselmitteilung
   Auflage: Buße: 300 € in Raten von jeweils 30 € monatlich an die Staatskasse

4. **U.m.A.**
   dem
   Amtsgericht
   – Strafrichter –
   Münster
   mit dem Antrag übersandt,

   > den Strafbefehl nach anliegendem Entwurf zu erlassen.

Es wird beantragt, dem Beschuldigten einen Pflichtverteidiger für die Zustellung des Strafbefehls mit dem Wirkungskreis der Prüfung der Einlegung eines Einspruchs zu bestellen.

5. Drei Monate

Unterschrift, Dienstbezeichnung)

* Auch der Bewährungsbeschluss ist im Entwurf von der Staatsanwaltschaft zu entwerfen, damit dieser als Anlage des Strafbefehls direkt vom Gericht mitgezeichnet werden kann.

II. Form und Inhalt der Strafbefehls

320 Der Inhalt des Strafbefehls ist in § 409 StPO mit der Ergänzung der Nr. 176, 177 RiStBV geregelt. Er ist im Wesentlichen mit dem Inhalt der Anklageschrift identisch. Gemäß § 407 Abs. 1 S. 4 StPO wird durch ihn die öffentliche Klage erhoben.

In die Adresse des Strafbefehls werden die Angaben zur Person eingesetzt. Der Tatvorwurf wird mit den Worten eingeleitet: *„Die Staatsanwaltschaft ... beschuldigt Sie, am ... in ..."*. Die anschließende Darstellung ist mit der Anklageschrift identisch. Zwar fehlt das wesentliche Ergebnis der Ermittlungen; der Strafbefehl verlangt aber einen konkreten Strafantrag und eine Kostenentscheidung.

Amtsgericht Geschäfts-Nr.: 23 Js 356/17 (Bitte bei allen Schreiben an das Amtsgericht – insbesondere bei Einlegung eines Rechts- mittels – angeben!)	**Ort und Tag** **Anschrift und Fernruf** Rechtskräftig seit .... , den .... als Urkundsbeamtin/Urkundsbeamter der Geschäftsstelle

Strafbefehl

gegen	Henry **Obamba**
geboren	am 29.04.1983 in Koko-Delta State, Staatsangehörigkeit: nigerianisch
wohnhaft	Yorkstr. 86 45789 Bochum

Verteidiger/in:
Nebenbeteiligte:

Auf Antrag der Staatsanwaltschaft Bochum wird gegen Sie

wegen Betruges

– Vergehen nach §§ 267 Abs. 1, 263 Abs. 1, Abs. 2, Abs. 4, 248 a, 52 StGB –

eine Geldstrafe von 30 Tagessätzen zu je 10,00 Euro (= 300,00 Euro) festgesetzt.

Gemäß § 465 StPO werden Ihnen die Kosten des Verfahrens auferlegt.

Die Staatsanwaltschaft beschuldigt Sie,

am 25.02.2017 in Bochum

tateinheitlich

a) zur Täuschung im Rechtsverkehr eine unechte Urkunde gebraucht zu haben,

b) in der Absicht, sich einen rechtswidrigen geringwertigen Vermögensvorteil zu verschaffen, das Vermögen eines anderen dadurch zu beschädigen, dass er durch Vorspiegelung falscher Tatsachen einen Irrtum zu erregen versuchte.

Ihnen wird Folgendes zur Last gelegt:

Sie fuhren am 25.02.2017 gegen 09.45 Uhr mit dem Zug Nr. 2359 von Bochum Hbf zum Bahnhof Bochum Nokia. Dem Fahrkartenprüfer Reimer zeigten Sie ein Ticket 2000 vor, dessen Wertmarke für den Monat Februar 2017 mittels eines Farbkopierers hergestellt war.

☒ Der erforderliche Strafantrag der Deutschen Bahn ist rechtzeitig gestellt.
☐ Das besondere öffentliche Interesse an der Strafverfolgung wird von der Staatsanwaltschaft bejaht.
☐ Die Einzelstrafen betragen für die 1. Tat und für die 2.Tat.

Als Beweismittel hat die Staatsanwaltschaft bezeichnet:

1. Zeugen:

a) Kurt Reimer, c/o Deutsche Bahn AG
Hollestr. 3, 45127 Essen

b) PHM Ehrlich, zu laden über Bundespolizeiamt Köln, Bundespolizeiinspektion Bochum, Obere Brinkstr. 81–89, 47841 Bochum

2. Gegenstände des Augenscheins:
Gefälschte Werkmarke in Hülle Bl. 6 d. A.

Rechtsbehelfsbelehrung

Dieser Strafbefehl wird rechtskräftig und vollstreckbar, wenn Sie nicht **innerhalb von zwei Wochen nach der Zustellung** bei dem umstehend bezeichneten Amtsgericht schriftlich oder zu Protokoll der Geschäftsstelle **Einspruch** einlegen. Bei schriftlicher Einlegung ist die Frist nur gewahrt, wenn die Einspruchsschrift vor Ablauf von zwei Wochen bei dem Gericht eingegangen ist. Sie können den Einspruch auf bestimmte Beschwerdepunkte beschränken. In der Einspruchsschrift können Sie auch weitere Beweismittel (Zeuginnen, Zeugen, Sachverständige, Urkunden) angeben. Ist der Einspruch verspätet eingelegt oder sonst unzulässig, so wird er ohne Hauptverhandlung durch Beschluss verworfen. Andernfalls findet eine Hauptverhandlung statt. In dieser entscheidet das Gericht nach neuer Prüfung der Sach- und Rechtslage. Dabei ist es an den in dem Strafbefehl enthaltenen Ausspruch nicht gebunden, soweit sich der Einspruch auf ihn bezieht.

Soweit in diesem Strafbefehl eine Geldstrafe gegen Sie festgesetzt wurde und Sie den Einspruch auf die Höhe der Tagessätze beschränken, kann das Gericht – sofern Sie, ggf. Ihre Verteidigerin / Ihr Verteidiger und die Staatsanwaltschaft hierzu Ihre Zustimmung erteilen – ohne Hauptverhandlung durch Beschluss entscheiden.

Bei einem solchen beschränkten Einspruch empfiehlt es sich, zugleich zu der Frage Stellung zu nehmen, ob Sie (und ggf. Ihre Verteidigerin / Ihr Verteidiger) zustimmen, dass das Gericht durch Beschluss entscheidet.

In diesem Beschluss darf von den Feststellungen des Strafbefehls nicht zu Ihrem Nachteil abgewichen werden. Gegen diesen Beschluss ist sodann noch die sofortige Beschwerde möglich.

Gegen die Entscheidung über die Verpflichtung, Kosten oder notwendige Auslagen zu tragen, können Sie, wenn der Wert des Beschwerdegegenstandes 200 € übersteigt, bei dem umstehend bezeichneten Amtsgericht **binnen einer Woche nach Zustellung** allein oder neben dem Einspruch schriftlich oder zu Protokoll der Geschäftsstelle das Rechtsmittel der **sofortigen Beschwerde** einlegen.

Die schriftliche Rechtsmitteleinlegung muss in deutscher Sprache erfolgen.

Die Wochenfristen beginnen mit dem Tage der Zustellung, der auf dem Briefumschlag vermerkt ist, und enden mit dem Ablauf des entsprechenden Tages der zweiten Woche (im Falle des Einspruchs) bzw. der folgenden Woche (im Falle der sofortigen Beschwerde). Fällt das Ende der Frist auf einen Sonntag, einen allgemeinen Feiertag oder einen Sonnabend, so endet die Frist mit Ablauf des nächsten Werktages.

	Ausgefertigt:	
Richter/in am Amtsgericht		(Name, Amtsbezeichnung)
		als Urkundsbeamtin/Urkundsbeamter
		der Geschäftsstelle

Zahlen Sie bitte nur nach schriftlicher Aufforderung.
Die Staatsanwaltschaft wird Ihnen nach Rechtskraft eine Zahlungsaufforderung übersenden, in der auch die Verfahrenskosten berechnet sein werden.

Hinweis zu den Verfahrenskosten (Stand 18.10.2013):

Für das Strafbefehlsverfahren werden Kosten nach dem Gerichtskostengesetz erhoben, und zwar

1. eine Gebühr	In Höhe von
a) für die Festsetzung von Freiheitsstrafe/Geldstrafe	
bis zu sechs Monaten / bis zu 180 Tagessätzen	70,00 €
bis zu einem Jahr / von mehr als 180 Tagessätzen	140,00 €

b) für die Verwarnung mit dem Vorbehalt
einer Verurteilung zu einer Geldstrafe

dieselbe Gebühr wie zu a) bei
Festsetzung einer Geldstrafe

2. Auslagen,
die in dem bisherigen Verfahren entstanden sind.

Dazu zählen unter anderem insbesondere die Beträge
(Vergütung nach dem JVEG, Ersatz von Aufwendungen),
die an den Zeuginnen/Zeugen und – zum Beispiel für eine
Blutuntersuchung – an Sachverständige gezahlt worden sind,
und die Postauslagen für jede Zustellung.

Üblicherweise ist der Wortlaut der Rechtsmittelbelehrung – Bearbeitervermerk beachten! – nicht auszuführen. Dies gilt auch für mögliche Bewährungsauflagen oder die Bestimmung der Bewährungszeit nach § 56 a StGB. Die Kostenentscheidung ist im vorgenannten Beispiel lediglich informatorisch ausgeführt. Sie ist nicht Gegenstand der Klausurlösung.

2. Abschnitt: Der Antrag auf Erlass eines Haftbefehls

321 In den Examensklausuren ist die Prüfung der Haftfrage üblicherweise mit der klassischen Aufgabenstellung in Bezug auf eine Anklageerhebung verbunden. Dort genügt eine kurze Prüfung im verfahrensrechtlichen Gutachten (**Achtung**: dann aber <u>dringender</u> Tatverdacht!) sowie die Erwähnung in der Entschließung der Staatsanwaltschaft. Nicht auszuschließen ist aber eine Aufgabenstellung, in der als Aufgabe neben der üblichen Begutachtung als Entschließung der Staatsanwaltschaft der Antrag auf Erlass eines Haftbefehls zu fertigen ist. Auch hier findet sich der übliche Aufbau, nämlich materiell-rechtliches Gutachten, verfahrensrechtliches Gutachten und Entschließung der Staatsanwaltschaft in Form des Antrages an das Gericht auf Anordnung der Untersuchungshaft nach § 112 Abs. 1 StPO.

A. Das materielle Gutachten

I. Dringender Tatverdacht

322 § 112 Abs. 1 StPO verlangt dringenden Tatverdacht.

Dringender Tatverdacht liegt vor, wenn nach dem gesamten bisherigen Ermittlungsergebnis die Wahrscheinlichkeit groß ist, dass sich der Beschuldigte als Beteiligter einer verfolgbaren Straftat strafbar gemacht hat.[259]

Es dürfen also keine nicht behebbaren Verfahrenshindernisse bestehen und die Tat muss tatbestandsmäßig, rechtswidrig und schuldhaft sein. Ist die Tat im Zustand der Schuldunfähigkeit oder der verminderten Schuldfähigkeit begangen worden, besteht die Möglichkeit der einstweiligen Unterbringung in einem psychiatrischen Krankenhaus oder einer Entziehungsanstalt nach § 126 a StPO.

II. Haftgründe

323 Für die Anordnung der Untersuchungshaft sind Haftgründe erforderlich. Die gesetzlichen Haftgründe sind neben der Flucht und Fluchtgefahr, auch die Verdunkelungs- und Wiederholungsgefahr.

---

259 Vgl. Meyer-Goßner/Schmitt § 112 Rn. 5.

1. Flucht, § 112 Abs. 2 Ziffer 1 StPO

Ein Haftgrund der Flucht besteht, wenn aufgrund bestimmter Tatsachen festgestellt **324**
werden kann, dass der Beschuldigte **flüchtig** ist oder **sich verborgen hält**.
Der Haftgrund der Flucht ist gegeben, wenn sich ein Beschuldigter während oder
nach Begehung der ihm angelasteten Straftat ins Ausland absetzt, um für Ermittlungsbehörden und Gerichte in dem gegen ihn bereits eingeleiteten oder zu erwartenden Verfahren unerreichbar zu sein und sich ihrem Zugriff dauernd oder für längere Zeit zu entziehen.[260]
Ein deutscher Beschuldigter ist aber auch dann flüchtig, wenn er zwar postalisch oder
telekommunikativ im Ausland erreichbar ist, sich aber durch seine Nichtrückkehr in
das Bundesgebiet den Zugriffsmöglichkeiten der deutschen Justiz entzieht.[261]

Ein Beschuldigter hält sich im Sinne des § 112 Abs. 2 Nr. 1 StPO verborgen, wenn er
sich nicht oder unter falschem Namen anmeldet, an einem unbekannten Ort lebt
oder bewirkt, dass er unauffindbar ist und dadurch seinen Aufenthalt den Behörden
verschleiert in der Absicht, sich dem Strafverfahren zu entziehen.[262]

2. Fluchtgefahr, § 112 Abs. 2 Ziffer 2 StPO

Gemäß § 112 Abs. 2 Nr. 2 StPO besteht die Fluchtgefahr, wenn aufgrund bestimmter **325**
Tatsachen bei Würdigung der Umstände des Einzelfalls die Gefahr im Sinne einer
überwiegenden Wahrscheinlichkeit besteht, der Beschuldigte werde sich dem Strafverfahren entziehen. Das Sichentziehen setzt dabei eine auf Verfahrensvereitelung
oder Verfahrenserschwerung gerichtete Tätigkeit voraus, wobei es ausreicht, dass
dieser Erfolg lediglich in Kauf genommen wird.[263] Hier spielen Gesichtspunkte wie
fehlende örtliche und soziale Bindungen, aber auch die Höhe der zu erwartenden
Strafe eine wichtige Rolle. Die Beurteilung der Fluchtgefahr erfordert daher neben
der Berücksichtigung der Straferwartung die Würdigung aller Umstände des Falles,
insbesondere auch der Lebensverhältnisse des Beschuldigten.

Eine hohe Straferwartung allein kann grundsätzlich die Fluchtgefahr nicht begründen. Sie ist in der Regel nur Ausgangspunkt für die Erwägung, ob der in ihr liegende
Anreiz zur Flucht auch unter Berücksichtigung aller sonstigen Umstände so erheblich
ist, dass die Annahme gerechtfertigt ist, der Beschuldigte werde ihr wahrscheinlich
nachgeben und flüchtig werden.[264]

3. Verdunkelungsgefahr, § 112 Abs. 2 Ziffer 3 StPO

Der Haftgrund der Verdunkelungsgefahr besteht, wenn sich aufgrund bestimmter **326**
Tatsachen aus dem Verhalten, den Kontakten und Lebensumständen oder den persönlichen oder familiären Verhältnissen des Beschuldigten der dringende Verdacht
ergibt, dass er unlauter auf sachliche oder persönliche Beweismittel unmittelbar ein-
wirkt oder dies veranlasst und so die Beweislage zu beeinträchtigen droht.[265] Dabei
muss das Einwirken des Beschuldigten aktiv erfolgen; das bloße Bestreiten oder das
Verweigern einer Einlassung reicht also ebenso wie die bloße Möglichkeit verdun-
kelnder Handlungen nicht aus.[266]

---

260 Meyer-Goßner/Schmitt § 112 Rn. 13.

261 OLG Koblenz, Beschl. v. 11.07.1984 – 2 Ws 470/84, NStZ 1985, 88.

262 Saarländisches Oberlandesgericht Saarbrücken, Beschl. v. 26.01.2000 – 1 Ws 3/00, BeckRS 2000, 10381; OLG Stuttgart NStZ 1998, 427.

263 Meyer-Goßner/Schmitt § 112 Rn. 18.

264 Meyer-Goßner/Schmitt § 112 Rn. 24 m.w.N.

265 Meyer-Goßner/Schmitt § 112 Rn. 26.

266 OLG Hamm, Beschl. v. 14.01.2010 – 2 Ws 347/09, BeckRS 2010, 03922.

Aus der Art des Delikts allein kann im Allgemeinen nicht auf Verdunkelungsgefahr geschlossen werden. Es müssen im konkreten Einzelfall besondere Umstände feststellbar sein, die den entsprechenden Verdacht stützen. Auch für die gewählte Begehungsart des Delikts, so z.B. Verschleierungsmaßnahmen bei der Planung und Begehung der Tat, hat dies zu gelten. Ebenso reicht es allein nicht aus, dass noch weitere umfangreiche Ermittlungen erforderlich sind.

Der Haftgrund der Verdunkelungsgefahr ist aber nicht begründet, wenn die Wahrheitsfindung nicht mehr konkret gefährdet werden kann, so z.B. bei einem umfassenden und glaubhaften Geständnis,[267] beim Vorliegen eindeutiger Beweise (DNA-Tatortspuren, Fingerabdrücke, Auffinden der Beute oder des Tatwerkzeugs) oder aber bei richterlich protokollierten Aussagen unbeeinflussbarer Zeugen.[268]

4. Schwerkriminalität, § 112 Abs. 3 StPO

327 § 112 Abs. 3 StPO ermöglicht in den dort bestimmten Fällen der schweren Kriminalität den Erlass eines Haftbefehls, ohne dass ein Haftgrund nach § 112 Abs. 2 StPO vorliegt.

Die Vorschrift erfasst neben den verschiedenen Formen der Täterschaft (§ 25 StGB) auch den Versuch gemäß § 22 StGB,[269] die Anstiftung (§ 26 StGB), die Beihilfe (§ 27 StGB) und den Versuch der Beteiligung (§ 30 StGB).[270]

Der Haftbefehl kann aber ergänzend bei den unter § 112 Abs. 3 StPO fallenden Delikten auch auf einen der Haftgründe des § 112 Abs. 2 StPO gestützt werden. § 112 Abs. 3 StPO steht selbstständig neben § 112 Abs. 2 StPO.[271]

5. Wiederholungsgefahr, § 112 a StPO

328 Der Haftgrund der Wiederholungsgefahr betrifft neben bestimmten Sexualdelikten verschiedene Serienstraftaten (z.B. Körperverletzungen, Brandstiftung, Handel mit Betäubungsmitteln, aber auch Vermögensdelikte).

Wiederholungsgefahr im Sinne dieser Vorschrift besteht, wenn zum dringenden Tatverdacht einer der in ihr genannten Straftaten bestimmte Tatsachen hinzutreten, welche die Gefahr begründen, dass der Beschuldigte vor rechtskräftiger Aburteilung weitere erhebliche Taten gleicher Art begehen wird und die Haft zur Abwendung dieser Gefahr erforderlich ist.[272] Dabei reicht es bei den in § 112 a Abs. 1 Nr. 1 StPO anders als bei den in § 112 a Abs. 1 Nr. 2 StPO genannten Taten aus, dass der dringende Verdacht der Begehung einer solchen Tat begründet ist, weil ein besonders schutzwürdiger Kreis der Bevölkerung vor schweren Straftaten bewahrt werden soll, wenn diese mit hoher Wahrscheinlichkeit drohen.[273]

Die Wiederholungsgefahr i.S.d. § 112 a Abs. 1 StPO muss durch bestimmte Tatsachen begründet sein, die eine so starke Neigung des Beschuldigten zu einschlägigen Straftaten erkennen lassen, dass die Gefahr besteht, er werde gleichartige Taten wie die Anlasstaten bis zur rechtskräftigen Verurteilung in der den Gegenstand des Ermittlungsverfahrens bildenden Sache begehen.[274] Diese Gefahrenprognose erfordert eine hohe Wahrscheinlichkeit der Fortsetzung des strafbaren Verhaltens vor rechtskräftigem Abschluss des Verfahrens. Dabei sind im Rahmen der Beweiswürdigung

---

267 OLG Düsseldorf StV 1984, 339.

268 LG Hamburg StV 2000, 373.

269 BGHSt 28, 355.

270 OLG Hamm, Beschl. v. 26.07.1982 – 3 Ws 365/82, NJW 1982, 2786.

271 BGH, Beschl. v. 23.12.2009 – StB 51/09, BeckRS 2009, 89440.

272 Meyer-Goßner/Schmitt § 112 a Rn. 11 f.

273 OLG Hamm, Beschl. v. 20.11.2012 – III-1 Ws 604/12, BeckRS 2012, 24189.

274 OLG Bremen, Beschl. v. 31.08.2006 – Ws 174/06, StraFo 2008, 72 f.

auch Indiztatsachen zu berücksichtigen, wie die Vorstrafen des Beschuldigten und die zeitlichen Abstände zwischen ihnen sowie Persönlichkeitsstruktur und Lebensumstände des Beschuldigten.[275]

III. Verhältnismäßigkeit, § 112 Abs. 1 S. 2 StPO

Bei der Untersuchungshaft ergibt sich ein Spannungsverhältnis zwischen dem in Art. 2 Abs. 2 und Art. 104 GG gewährleisteten Recht des Einzelnen auf persönliche Freiheit und den unabweisbaren Bedürfnissen einer wirksamen Strafverfolgung. Die Untersuchungshaft darf niemals zwingend sein, sondern steht stets im pflichtmäßigen Ermessen; das folgt aus dem Wort „darf" in § 112 Abs. 1 und 4 StPO.
Bei der Prüfung der Verhältnismäßigkeit wird üblicherweise auf die Bedeutung der Sache und die Rechtsfolgen abzustellen sein. Die Bedeutung der Sache richtet sich nach der gesetzlichen Strafandrohung, der konkreten Tatbegehung (z.B. Gelegenheits- oder Serientat, sozialschädliche Auswirkungen und den tatrelevanten Umständen in der Person des Beschuldigten (z.B. Neigungen, Vorstrafen).[276] Bei der Frage der Rechtsfolgenerwartung ist unter Strafzumessungserwägungen auf die zu erwartenden Strafe in diesem Verfahren abzustellen.

329

B. Das Verfahrensrechtliche Gutachten

Im verfahrensrechtlichen Gutachten verbleibt dann ausschließlich die Darstellung des für die Anordnung der Untersuchungshaft zuständigen Gerichts. Vor Erhebung der öffentlichen Klage erlässt gemäß **§ 125 StPO** grundsätzlich der Richter, in dessen Bezirk ein Gerichtsstand begründet ist, auf Antrag der Staatsanwaltschaft den Haftbefehl.

330

C. Form und Inhalt des Antrages auf Erlass eines Haftbefehls

Nach der Nr. 46 der Richtlinien für das Straf- und Bußgeldverfahren sind die Anträge in Haftsachen zu begründen. Dort ist ausgeführt:

331

(1) Der Staatsanwalt hat alle Anträge und Erklärungen, welche die Anordnung, Fortdauer und Aufhebung der Untersuchungshaft betreffen, zu begründen und dabei die Tatsachen anzuführen, aus denen sich

a) der dringende Tatverdacht,
b) der Haftgrund

ergeben.

(2) Wenn die Anwendung des § 112 Abs. 1 S. 2 StPO naheliegt, hat der Staatsanwalt darzulegen, weshalb er auch bei Berücksichtigung des Grundsatzes der Verhältnismäßigkeit die Anordnung der Untersuchungshaft für geboten hält.

(3) Soweit durch Bekanntwerden der angeführten Tatsachen die Staatssicherheit gefährdet wird, ist auf diese Gefahr besonders hinzuweisen (§ 114 Abs. 2 Nr. 4 StPO).

(4) Besteht in den Fällen des § 112 Abs. 3 und des § 112 a Abs. 1 StPO auch ein Haftgrund nach § 112 Abs. 2 StPO, so sind die Feststellungen hierüber aktenkundig zu machen.

---

275 Meyer-Goßner/Schmitt § 112 a Rn. 14.
276 KK § 112 Rn. 49 ff.

332   Ein staatsanwaltschaftlicher Antrag auf Erlass eines Haftbefehls könnte deshalb lauten:

Staatsanwaltschaft   *Essen, den 19.05.2017*
29 Js 356/17

Verfügung

1. U.m.A.
dem Amtsgericht
– Ermittlungsrichter –
in Essen

   mit dem Antrag übersandt,

   g e g e n den Beschuldigten

      Erwin Lindemann,
      geb. am 25.06.1976 in Gladbeck,
      wohnhaft Bäuminghausstraße 45, 45326 Essen
      deutscher Staatsangehöriger, ledig

   w e g e n räuberischer Erpressung

die Untersuchungshaft anzuordnen.

Er ist **dringend verdächtigt**, *am 01.10., 16.10. und 25.10.2016 in Essen*

durch vier selbstständige Handlungen

a) in zwei Fällen
einen anderen mit Gewalt gegen eine Person und unter Anwendung von Drohungen
mit gegenwärtiger Gefahr für Leib und Leben zu einer Handlung genötigt und dadurch
dem Vermögen des Genötigten einen Nachteil zugefügt zu haben, um sich zu Unrecht
zu bereichern, wobei es in einem Fall beim Versuch blieb und tateinheitlich in einem
Fall eine andere Person körperlich misshandelt zu haben, wobei die Körperverletzung
mittels eines gefährlichen Werkzeuges begangen wurde;

b) in zwei Fällen
eine andere Person körperlich misshandelt und an der Gesundheit geschädigt zu ha-
ben, wobei die körperliche Verletzung mittels eines gefährlichen Werkzeuges began-
gen wurde.

Am 01.10.2016 hetzte der Beschuldigte seinen Schäferhund auf den Zeugen Koch, in
dem er in aufforderte, diesen zu beißen. Der Hund sprang auf den Zeugen los, biss ihn
jedoch nicht. Der Beschuldigte folgte sodann dem Geschädigten in seine Wohnung
und forderte ihn auf, ihm 50,00 € zu geben. Als der Zeuge sich weigerte, drohte der Be-
schuldigte ihm Schläge an. Unter dem Eindruck der Drohung und des Hundes übergab
ihm der Zeuge einen 50-€-Schein.

Am 16.10.2016 sprach der Beschuldigte den Geschädigten erneut an und forderte ihn
auf, ihm Geld zu geben, da er anderenfalls den Hund auf ihn hetzen werde. Der Zeuge
war verängstigt, jedoch nicht bereit, dem Beschuldigten Geld zu zahlen. Als dieser kein
Geld erhielt, hetzte er seinen Schäferhund auf den Geschädigten. Dieser erlitt dabei er-
hebliche Bisswunden an der rechten Hand sowie am rechten Oberschenkel.

Am 25.10. 2016 schlug der Beschuldigte in der Gaststätte „Zur Einkehr" in der Pferde-
bahnstraße dem Zeugen Rutkowski von hinten mit einer Bierflasche auf den Kopf. Da-
bei erlitt dieser eine Prellung am Hinterkopf. Anschließend entfernte sich der Beschul-
digte aus der Gaststätte.

Als er nach geraumer Zeit dorthin zurückkehrte, hetzte er erneut seinen mitgeführten Schäferhund auf den Geschädigten. Dieser biss ihn in das rechte Bein sowie in den Gesäßbereich.

Verbrechen und Vergehen strafbar gemäß den §§ 223, 224, 253, 255, 22, 23 Abs. 1, 52, 53 StGB.

Der **dringende Tatverdacht** ergibt sich aus den Bekundungen der geschädigten Zeugen Rutkowski und Koch.

Es bestehen die **Haftgründe** der **Fluchtgefahr** (§ 112 Abs. 2 Nr. 2 StPO) und der **Verdunklungsgefahr** (§ 112 Abs. 2 Nr. 3 b StPO).

Der Beschuldigte ist seit längerer Zeit arbeitslos und unterhält Kontakte zum Drogenmilieu. Er ist strafrechtlich bereits erheblich in Erscheinung getreten. Gegen die Beschuldigten sind die weiteren Verfahren 29 Js 184/16, 25 Js 64/16 und 29 Js 348/16 anhängig. Sämtliche Verfahren haben eine Bedrohung, Körperverletzung, Nötigung oder Sachbeschädigung zum Gegenstand. Weiterhin wird bei der Staatsanwaltschaft in Essen gegen den Beschuldigten ein Verfahren wegen Verstoßes gegen das Betäubungsmittelgesetz unter dem Aktenzeichen 14 Js 256/16 geführt. In dem Verfahren wird dem Beschuldigten Handel mit Heroin zur Last gelegt.

Der Beschuldigte hat im vorliegenden Verfahren mit der Verhängung einer längeren Freiheitsstrafe zu rechnen. Er ist ledig, ohne familiäre Bindung und lebt in leicht lösbaren Verhältnissen. Es besteht die Gefahr, dass der Beschuldigte sich dem vorliegenden Verfahren durch Untertauchen entzieht, was ihm durch seine offensichtlich weitreichenden Kontakte ins Drogenmilieu auch ohne Weiteres möglich sein dürfte.

Darüber hinaus ist der Beschuldigte in der Pferdebahnstraße, ebenso wie der Geschädigte Rutkowski, in einem sogenannten „Übergangsheim" wohnhaft.

Der Zeuge Rutkowski hat bereits bekundet, der Beschuldigte habe versucht, ihn nach Erstattung der Strafanzeige mit den Worten „mein Hund hat Dich zum Fressen gern" zu deren Rücknahme zu veranlassen.

Bei der zu erwartenden Strafe ist daher zu befürchten, dass der Beschuldigte weiterhin auf den Zeugen einwirken werde.

Die Haft ist angesichts der Schwere des Schuldvorwurfes **verhältnismäßig**. Weniger einschneidende, Erfolg versprechende Maßnahmen zur Verhinderung weiterer Straftaten sind nicht ersichtlich.

Nach Erlass des Beschlusses bitte ich um unmittelbare Rücksendung der Vorgänge, um von hier aus die Vollstreckung des Haftbefehls zu veranlassen.

2. 2 Wochen

Unterschrift, Dienstbezeichnung

3. Abschnitt: Der Antrag auf Erlass eines Durchsuchungsbeschlusses, § 102 StPO

333   Mit einer von der üblichen Aufgabenstellung abweichenden Formulierung kann auch der Weg der Prüfung einer Zwangsmaßnahme eröffnet werden. So könnte die Aufgabenstellung lauten:

Bearbeitervermerk

I.

Der Sachverhalt ist dahin zu begutachten, ob der Anregung der Polizei zu folgen ist; die Entschließung der Staatsanwaltschaft ist zu entwerfen.

Die tatsächliche Wertung des Sachverhaltes ist bei den einzelnen Merkmalen der untersuchten Straftatbestände vorzunehmen.

Sollten weitere Ermittlungen für erforderlich gehalten werden, so ist davon auszugehen, dass diese durchgeführt worden sind und keine neuen Gesichtspunkte ergeben haben.

Unabhängig von dem gefundenen Ergebnis ist im Fortgang davon auszugehen, dass bei der Durchsuchung mehrere Raubkopien und Bankunterlagen des Beschuldigten aufgefunden werden konnten, die einen umfassenden und schwunghaften Handel mit Raubkopien dokumentieren.

Der Sachverhalt ist ergänzend zu begutachten; die Entschließung der Staatsanwaltschaft ist zu entwerfen.

II.

…

III.

…

Die Aufgabenstellung ist zwar im Examen überraschend, aber in der Darstellung sowie im Aufbau orientiert sich die Prüfung an dem bereits bekannten Schema. Auch hier ist zunächst ein materiell-rechtliches und verfahrensrechtliches Gutachten gefordert, bevor dann als praktische Entschließung der Antrag auf Erlass eines Durchsuchungsbeschlusses zu fertigen ist.

A. Das materiell-rechtliche Gutachten

334   Auch hier ist der Sachverhalt vorab zu strukturieren und in Tatkomplexe einzuteilen. Es folgt dann in der Klausur die Prüfung der Voraussetzungen des § 102 StPO.

I. Anfangsverdacht für das Vorliegen einer Straftat

335   Anders als bei § 170 Abs. 1 StPO, der den hinreichenden Tatverdacht verlangt, genügt bei der Prüfung des § 102 StPO bereits der Anfangsverdacht.

Anfangsverdacht liegt vor, wenn es aufgrund von Tatsachen und nicht nur Vermutungen nach kriminalistischer Erfahrung möglich erscheint, dass eine Straftat begangen worden ist und – sofern diese einer bestimmten Person zur Last gelegt wird – dass diese Beteiligter gewesen ist.[277]

II. Auffindungsvermutung

336   Neben dem Durchsuchungszweck des für die Klausur nicht relevanten Ergreifens des Beschuldigten ist hier ausschließlich auf den Durchsuchungszweck des Auffindens von Beweismitteln abzustellen. In den entsprechenden Klausuren ist es häufig so,

---

277   Meyer-Goßner/Schmitt § 152 Rn. 4.

dass zwar Beweismittel aufzufinden sein dürften, die aber nicht zwingend als unmittelbares Beweismittel zu bewerten sein dürften, sondern Rückschlüsse auf das Einlassungsverhalten oder Aussageverhalten von Zeugen zulassen dürften, um so die Glaubhaftigkeit ergänzend beurteilen zu können. Das Beweismittel ist lediglich als Indiz im Rahmen der Indizienkette umfassend zu werten.

III. Verhältnismäßigkeit

Wie bei allen prozessualen Beweismitteln muss auch bei dem Antrag auf Erlass eines Durchsuchungsbeschlusses der Verhältnismäßigkeitsgrundsatz beachtet werden.[278] Die Durchsuchung muss in einem angemessenen Verhältnis zur Schwere der Straftat und zur Stärke des Tatverdachts stehen.[279] In der Klausur ist bei der Abwägung der entgegenstehenden Interessen regelmäßig für den Beschuldigte auf Art. 13 GG abzustellen, der auch im Gutachten zu erwähnen ist.

337

> *Die Staatsanwaltschaft wird der Anregung der Polizei folgen und einen Antrag auf Erlass eines Durchsuchungsbeschlusses stellen, wenn die Voraussetzungen des § 102 StPO vorliegen.*
>
> ***A. A-Gutachten***
>
> *I. Voraussetzung dafür ist zunächst ein Anfangsverdacht für das Vorliegen einer Straftat.*
>
> *Ein Anfangsverdacht i.S.d. § 152 Abs. 2 StPO liegt vor, wenn es aufgrund von Tatsachen und nicht nur Vermutungen nach kriminalistischer Erfahrung möglich erscheint, dass eine Straftat begangen worden ist und – sofern diese einer bestimmten Person zur Last gelegt wird – dass diese Beteiligter gewesen ist.*
>
> *1. 1. Tatkomplex: Die Ereignisse im Supermarkt*
>
> *a) Indem B den teuren Wein mit dem Preisschild versah, das einen günstigen Preis auswies, könnte ein Anfangsverdacht für eine Urkundenfälschung gemäß § 267 Abs. 1 Var. 1 StGB begründet sein. ...*
>
> *b) ...*
>
> *2. 2. Tatkomplex:*
>
> *...*
>
> *3. Ergebnis*
>
> *Es besteht ein Anfangsverdacht für ...*
>
> *II. Es muss zu vermuten sein, dass die Durchsuchung zur Auffindung von Beweismitteln führen wird.*
>
> *Die Durchsuchung könnte hier zur Auffindung der Weinflasche führen. ...*
>
> *III. Fraglich ist, ob die Anordnung der Durchsuchung unter Berücksichtigung von Art. 13 GG verhältnismäßig ist. ...*
>
> ***B. B-Gutachten***
>
> *...*

---

278 BVerfGE 20, 162, 187; BVerfGE 42, 212, 220.

279 BGH a.a.O.

B. Das verfahrensrechtliche Gutachten

338 Das verfahrensrechtliche Gutachten ist regelmäßig kurz, da lediglich die Zuständigkeit des Gerichts darzustellen ist. Gemäß **§ 162 Abs. 1 StPO** stellt die Staatsanwaltschaft ihre Anträge vor Erhebung der öffentlichen Klage bei dem Amtsgericht, in dessen Bezirk sie oder ihre den Antrag stellende Zweigstelle ihren Sitz hat.

C. Inhalt und Form des Antrages auf Erlass eines Durchsuchungsbeschlusses

Staatsanwaltschaft   *Essen, den 05.02.2017*
29 Js 456/17

Verfügung

1. Vermerk:

Wegen des Sachverhalts wird auf den Bericht der Kriminalpolizei vom 18.01.2017, Blatt 45–47 d.A. Bezug genommen.

2. U.m.A.
    dem Amtsgericht
    – Ermittlungsrichter –
    Essen

mit dem Antrag übersandt, in dem Ermittlungsverfahren

*gegen **Dorian Christopher,***
    geboren am 08.02.1963 in Coesfeld
    wohnhaft Schützenstraße 23, 45138 Essen
    ledig, Deutscher

wegen unerlaubter Verwertung urheberrechtlicher Werke

*gemäß **§§ 102, 105 Abs. 1, 162 Abs. 1 StPO** die*

Durchsuchung

der Wohn- und Geschäftsräume, einschließlich sämtlicher Keller- und Nebenräume, sowie die Durchsuchung der Person des Beschuldigten und der ihm gehörenden Sachen (einschließlich Kraftfahrzeugen) anzuordnen.

*Soweit Beweismittel, insbesondere PC-Anlage einschließlich Tastatur, Monitor, Maus, Drucker, externes Modem und externe Speichermedien wie zum Beispiel Wechselfestplatten, CD-ROMs, Disketten oder ZIP-Medien, auch Ausdrucke von entsprechenden Dateien, die bei der Durchsuchung gefunden und nicht freiwillig herausgegeben werden sollten, soll deren Beschlagnahme gemäß **§§ 94, 98 StPO** als **Beweismittel** und gemäß **§§ 111 b, 111 c StPO** für die **Einziehung** angeordnet werden.*

*Aufgrund des bisherigen Ermittlungsergebnisses ist der Beschuldigte verdächtig, sich gemäß **§§ 108, 77, 78 Abs. 1 Nr. 1, 85, 16, 19 a UrhG** schuldig gemacht zu haben.*

Ihm wird zur Last gelegt,

über ein Filesharingsystem zahlreiche komprimierte Musikdateien (MP3-Files) illegal zum Herunterladen verfügbar gemacht zu haben.

Insgesamt umfasst das Angebot 3490 Dateien, davon 2150 Audio-Dateien. Teilweise hat der Beschuldigte die Dateien gegen Zahlung eines Entgeltes Interessenten zur Verfügung gestellt. Die Zahlungen sollen auf Konten bei der Sparkasse Essen geflossen sein.

Es wird daher weiterhin beantragt, gemäß §§ 94, 98 StPO die Beschlagnahme sämtlicher Kontounterlagen anzuordnen, die sich auf die Geschäftsbeziehungen des Beschuldigten mit der

Sparkasse Essen
Finanzstraße 1–12
45133 Essen

beziehen.

Die Beschlagnahme umfasst alle bestehenden oder inzwischen erloschenen Konten einschließlich der Konten, die zwar auf andere Namen oder Firmen lauten, für die jedoch eine Zeichnungsberechtigung des Beschuldigten bestand oder besteht, einschließlich der Datenträger, Mikrofilme, Akten, Schriftverkehr, Urkunden, insbesondere Unterlagen über Konten mit laufender Rechnung, Sparkonten, Festgeldkonten, Darlehenskonten, Anlagekonten, Hypothekenkonten, sonstige Kreditkonten, Abrechnungskonten für Wertpapiere, Depotkonten, CpD-Konten oder ähnliche Konten (Sammel-, Unter-, Vorläufer- oder Zwischenkonten, Kredit und Kreditnebenakten [Kreditanträge, -beschlüsse, -verhandlungsnotizen] bankinterne Vermerke, eingeholte Auskünfte, Unterlagen über sonstige Pfandrechte, Unterlagen und Aufzeichnungen über Tafelgeschäfte, Tageskassenstreifen).

Der Zeitraum, der von der Beschlagnahme erfasst sein soll, erstreckt sich auf die Zeit vom 01.08.2016 bis zum 01.02.2017.

Ferner wird die Beschlagnahme aller Gegenstände des Beschuldigten angeordnet, die in Schließfächern, Safes, Miet- oder Sammeldepots oder ähnlichen Behältnissen des oben genannten Geldinstituts aufbewahrt werden.

Es ist zu vermuten, dass die Gegenstände und Unterlagen als Beweismittel für die weiteren Ermittlungen und Untersuchungen von Bedeutung sind.

Sofern der Ermittlungsbeamte keine abweichende Anordnung trifft, kann das Geldinstitut die Beschlagnahme von Schriftstücken durch Übergabe von Fotokopien abwenden, die Beschlagnahme von Datenträgern, Mikrofilmen o.ä. dadurch, dass es die gespeicherten Daten in lesbarer und nicht verschlüsselter Form (wie zum Beispiel Übersichten, Auszügen, Buchungsaufstellungen) zur Verfügung stellt.

*Für den Fall, dass das Geldinstitut die genannten Beweismittel nicht freiwillig herausgibt, wird **gemäß §§ 103, 105 StPO** die Durchsuchung der Geschäftsräume sowie der darin befindlichen Behältnisse angeordnet.*

Die Durchsuchung und die Beschlagnahme der Beweismittel stehen in angemessenem Verhältnis zur Schwere der Tat und zur Stärke des Tatverdachts und erscheinen für die weiteren Ermittlungen notwendig.

Gemäß § 33 Abs. 4 StPO soll von der vorherigen Anhörung des Beschuldigten abgesehen werden, da sonst der Erfolg der beabsichtigten Untersuchungshandlung gefährdet würde.

3. Bei antragsgemäßer Entscheidung wird, unter Abgabenachricht und Übersendung einer Beschlussabschrift hierher, um unmittelbare Weiterleitung an die

Polizei E s s e n

gebeten.

Diese wird ersucht, die Durchsuchung durchzuführen den Beschuldigten vorab zu befragen, ob er sich mit der Sicherstellung als Beweismittel und Einziehungsgegenstand einverstanden erklärt und der Auswertung der PC-Anlagen, der Datenträger und

Durchsicht der Papiere von den Ermittlungspersonen ausdrücklich zustimmt. Die Durchsicht der Papiere wird bereits jetzt vorsorglich gemäß § 110 Abs. 1 Var. 2 StPO den Ermittlungspersonen übertragen. Anschließend wird gebeten, den Beschuldigten verantwortlich zum Tatvorwurf zu vernehmen.

Sollte die Auswertung längere Zeit andauern, wird um Rücksendung der Akten gebeten.

4. Zwei Wochen (Beschluss?)

Unterschrift, Dienstbezeichnung

Nach den vielen Hinweisen und Tipps noch ein letzter – und zwar der **wichtigste**: Den Umgang mit Akten unter Zeitdruck, das saubere Strukturieren und die vielen Formalien müssen Sie üben. Je mehr, umso sicherer sind Sie!

Testen Sie mal den AS- Fernklausurenkurs zur Vorbereitung auf das 2. Examen mit individueller Korrektur. Den gibt es schon seit weit über 30 Jahren, auch als online-Kurs und mit der Möglichkeit, Ihre Klausurlösungen als PDF-Datei per E-Mail einzusenden. Sie erhalten Aktenstücke, die von Praktikern nach landesspezifischen Anforderungen erstellt wurden und Lösungen auf dem neuesten Stand von Rspr. und Lit.

Wir wünschen Ihnen viel Erfolg!

Stichwortverzeichnis

Die Zahlen verweisen auf die Randnummern.

K2
Fernklausurenkurs 2. Examen

Mehr als Fall und Lösung

Alpmann Schmidt
Juristische Repetitorien bundesweit
Die Wahl des richtigen Repetitoriums ist Vertrauenssache, denn wie gut Ihre Examensvorbereitung wirklich war, wissen Sie erst nach dem Examen.
Vergleichen Sie! Probehören ist jederzeit möglich. Wir sind sicher auch in Ihrer Stadt!
Informationen und Anmeldung unter www.alpmann-schmidt.de

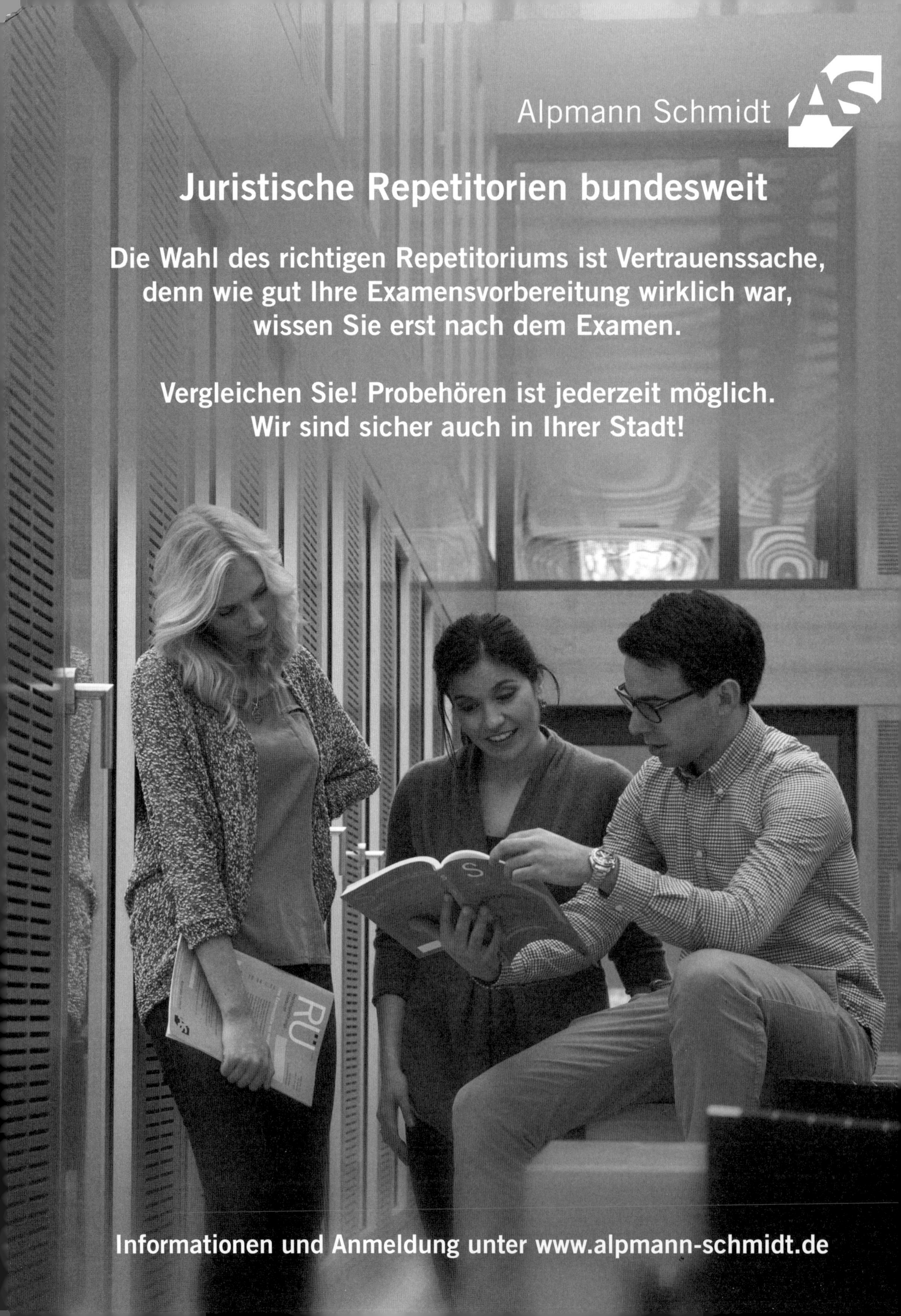

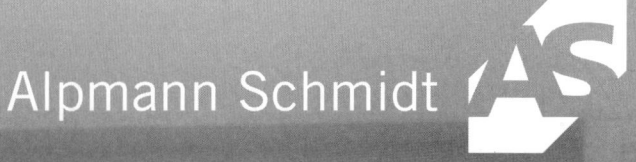